现代新儒家的文化价值论

余秉颐◎著

北京师范大学出版集团
BEIJING NORMAL UNIVERSITY PUBLISHING GROUP
安徽大学出版社

图书在版编目(CIP)数据

现代新儒家的文化价值论/余秉颐著. —合肥:安徽大学出版社,2017.6
ISBN 978-7-5664-1419-9

Ⅰ. ①现… Ⅱ. ①余… Ⅲ. ①新儒家-研究-中国-现代 Ⅳ. ①B244.05

中国版本图书馆 CIP 数据核字(2017)第 119431 号

本书出版得到安徽大学中国哲学与安徽思想家研究中心的资助

现代新儒家的文化价值论 余秉颐 著

出版发行: 北京师范大学出版集团
安 徽 大 学 出 版 社
(安徽省合肥市肥西路 3 号 邮编 230039)
www.bnupg.com.cn
www.ahupress.com.cn
印　　刷: 合肥远东印务有限责任公司
经　　销: 全国新华书店
开　　本: 170mm×240mm
印　　张: 19.25
字　　数: 273 千字
版　　次: 2017 年 6 月第 1 版
印　　次: 2017 年 6 月第 1 次印刷
定　　价: 45.00 元
ISBN 978-7-5664-1419-9

策划编辑: 程中业
责任编辑: 程中业
责任印制: 陈　如
装帧设计: 丁　健
美术编辑: 李　军

目 录

序言

1997年，余秉颐教授在访问哈佛大学燕京学社期间曾致函并打电话给我，询及有关现代新儒学的意义与价值问题，我回应了他的问题，指出现代新儒家思想所代表的正是文化价值与精神意义。若从哲学层面来说，现代新儒家的思想内涵也可说是一种以中国哲学与中国文化为主题的文化哲学与价值哲学。余教授于第二年回国后，我们有机会在数次国际会议中见面，非常高兴得知余教授在新儒家的研究上继续努力并有所创见。最近余教授告我他写好了一本书稿，希望我为他写序。我立即欣然表示同意，基于我多年的了解，除了要对余教授的研究作出高度评价之外，还想表明我对当代儒学的发展的一些新的理解。

首先我要指出余秉颐教授的这本书，不同于过去二十年讨论现代新儒学的其他书，它具有几个非常突出的特点：(1)余教授突出了现代新儒家的文化哲学，并视为文化价值学。这是一个非常深刻与重要的哲学课题，重点在立足于人的精神层面建立对中国文化的价值反思，肯定中国文化所包含的崇高精神境界与统合天地的人文道德精神。在此一话题下，我们可以展开中西比较价值哲学，以及民族文化的价值基础等问题。(2)余教授十分重视思想概念的清晰性以及命题主张的逻辑论证性，在论述重要的现代新儒家的行文中，理路分明，重点突出，评论公允，处处还原到一个观点的完整面上来。如对张君劢与贺麟的有关民族文化的评论，都极为精到；对方东美与唐君毅的文化哲学的研究，也都展现了哲学的智见。(3)余教授明确地把方东美先生放入现代新儒家之列，而且在一定程度上视他为现代新儒家的核心人物。这是一个非常有意义的见解。理由是：方东美先生虽有潇洒的道家风范，是一个宇宙生命哲学家，但他仍然十分重视人的发展与人对文化的参与，以及人的生命精神价值的建立。他把中国文化放在世界舞台上来理解与呈现，更加突出了中国文化的精神价值。中国文化与西方文化相较，后者虽有极为精彩的生命价值，并具有深层次的宗教性，但不妨碍有其精神价值，尤其不妨碍西方宗教有其精神价值。这深刻地突出方先生对此点的洞见是具有前瞻性的。(4)余教授对方东美等人哲学的论述比较突出，而对一般学者重视的牟宗三却较少发挥。我认为是有他的一定的理由的。他的理由应该是牟先生是更为思辨型的哲学家，对文化价值的关注远比唐君毅要淡薄得多。如果文化的重心在形上学与哲学，那么牟宗三的道德形上学正凸显了中国文化的核心精神或重要部分。(5)余教授对1958年元旦四先生发表的《为中国文化敬告世界人士宣言——我们对中国学术研究及中国文化与世界文化前途之共同的认识》(以下简称《文化宣言》)提出较为详细的表述与分析，对四君子的思想面貌有深入的把握，并把《文化宣言》中对西方文化人士对中国文化的错误态度与错误认识的批评进行了认真的说明。经过余教授的疏解，我相信一般读者也会对当时提出《文化宣言》的四先生产生更深入的同情的理解。这可以说是本书极有价值的一部分，不仅有史料的价值，也具有说明现代新儒家哲学心态与终极关怀的价值。

以下我想对余教授提出的一些看法作出我的理解。诚如余教授所说，现代新儒家思想的重心在文化哲学，而文化哲学的重心则在文化的价值哲学或价值学，这是非常正确的观点。本来人类的发展就是基于生活的实践与对生活方式的自然适应与选择，在适应与选择的过程中，逐渐提炼出来成为自觉的价值，成为生活的目标并成为具有丰富内涵的文化理想。一种文化能达到一种自觉性，成为理想的价值，甚至形成生活与行为的规范，这也就代表了它有一定的人性基础，并具有普及性的本体论的含义。哲学家必须站在这个认识高度来谈文化及其价值。而一种哲学对文化的理解也就是对文化所包含的价值的理解。由此理解，我们问中国文化的价值何在，它具有何等价值上的含义，以及如何与西方比照与评价，也就是一项不可不面对的有关中国文化今后如何发展的课题。

余教授指出现代新儒家对此一问题特别关切，有其客观的原因。客观的原因是什么呢？回答是，当时新儒学的深刻发展是正当中国文化面对生死存亡的关头，因而表现出一种油然而生的迫切感与深厚的忧患意识。所担忧者是中国文化的衰亡，中国文化所彰显的价值的失所，中国文化价值所包含的人的智慧与真理的迷失。明显的是，如果中国文化被丧失，那么中国人就会丧失他的身份认同，丧失他安身立命的根本，就会流离失所，沦为其他文化或强权的附庸。如果西方文化是唯一选择，中国人也将沦落为西方人的附庸。

全盘西化论者预设了西方文化在价值上高于中国文化。但事实上却不尽然，我们有良知与理性，能辨别是非善恶，绝对无法把西方文化看成完美，也不能因其“完美”而取代中国文化。现代新儒家的第一智慧，就在于它认识到中国文化在许多方面优于西方文化，虽然西方文化在另外一些方面优于中国文化。现代新儒家深刻忧虑中国文化濒临灭亡，他们认识到中国文化濒临灭亡的危机是由于西方军事强权主宰了世界潮流，导致西方文化显示出强烈的吸引力，而非先验地发自中国文化的本身。因之，要救中国就必须救中国人心，使其重新认识与发扬中国文化的优质与智慧，恢复中国人对自己文化的信心。但现代新儒家的困境则在于如何克服中国文化在现代社会呈现的散漫与诸多弱点，又如何说明西方文明何以建立的，如欧美除发展了近代科学，更建立了严谨的法律秩序与民主政治制度，使社会具有较大的稳定度。他们深刻地强调了中国文化的人文精神，并认为可以从这种人文精神中开出科学精神。牟宗三先生就是持此一态度。但他们却未能说明西方何以发展了科学而未丧失一定的人文关怀。产业革命之后，资本主义兴起，西方的知识分子也就提出了社会主义革命。因之，一个持衡的看法应该是：基于生态的环境，中西文化有不同的出发点。西方走天人分离二元主义之路，虽然发展了客观的科学，也成就了主体的创造与自由的规范，但有利用科技以逐私利之偏失，最后统一于一个超越的上帝，这也难免有利用上帝来征服世界之嫌。中国文化走天人合一的一元主义之路，虽然发展了慎独、修养自我的道德精神，也呈现了人生和乐融洽境界、天地一片生机的广大和谐的美善景象，却未能改善物质生活，也无法持续保证圣王之治。中国历史上的朝代更替往往陷社会于混乱失落之中，虽有法令，却难免法令滋彰，盗贼多有。

基于此一分析，我们显然可以看到中西文化各有所长，各有特色，但一个民族为了改善物质生活与社会立法，不能不重视科学与法治；为了提升个人精神质量与生命愉悦，则不能不重视个人的德性培育以及社会的情谊发展。若放大到全人类，显然中西文化的精神都是人类所需要的，两者必须各自平衡地发展，也必须相互平衡地发展。这两点应是21世纪人类共同的自觉，也应是经济全球化、文化全球化的精义，对此一自觉的推广与全球化的深入认识仍是当前人类的责任。反思现代新儒家对中西哲学与文化的观点，基本上着眼于中国文化与哲学的独特的精神价值，要求自我肯定与高度自觉，同时也强调西方文化在这方面的阙如，这样就形成了中西哲学与文化之间在形上学与形下学方面的对比。中国形上学特别偏向于道德形上学的意识与实践精神。因之中西的对比就呈现出科学主义与道德主义的对比，因此，两者的相互激励以获得进一步的发展就成为必要。

余秉颐教授对现代新儒家强调道德形上学与道德的实践精神此一特色的叙述与分析，可以说是细致入微、鞭辟入里，他将现代新儒家的文化观视为泛道德主义的价值取向，并称之为文化保守主义，这无疑是一针见血之论。在他研究的数位新儒家中，唐君毅、牟宗三与贺麟是最强调道德意识的，而且从此角度来肯定中国文化的精神价值，甚至以此作为建立现代化中国文化的基础与起点。牟宗三论说内圣开出新外王的观点最为典型。但他的"坎陷说"或"进退说"却很难积极开出科学，也未必能解决科学与人文如何融合、平衡发展的问题。也许此一问题也正是所有现代新儒家的问题。但我们却不能不指出，方东美先生并不必然采取同样的看法，他的精神文化现象学侧重于呈现世界重大文化体系的不同丰富内涵，表明了各大文化的各擅己长，各具相对独立的价值，既可以各自体验，也可以相互欣赏。但为了人类更高层次的价值理想的实现，各大文化应相互交往，走向和而不同、不同而合的和睦境界。这是一种截长补短、美善相与的开放态度与博大诉求，自然不同于上述泛道德的文化保守主义。我们可以从中清楚地体会到中西文化相互包含与相互学习的理想原则，以及中国文化在中西相互理解中如何充实茁壮起来的努力方向。当然，我们也可以同时体会到现代新儒家“为天地立心，为生民立命，为往圣继绝学，为万世开太平”的气概与精神。

在今天对于中西文化我们不仅要进行深刻的理解，而且要积极地去追求相互的理解，从相互的诠释中建立共识与共信，更要进一步参与多元思考与学术的交往，在西方哲学的语境中彰显与重建中国哲学，也在中国哲学的语境中说明西方概念，学习在客观分析中既相互承认又相互评述的方法。如此，方得以拓深理解，进入对方的思绪之中，达到观点的比照与会通，以找到彼此的差异何在、源于何因、导向何处。如此，才能更有效地自我发展，以寻求共同发展之道。我们必须认清有些差异是绝对需要的，不但反映时空的具体性与适域性，也表示人之本体本来就可以容纳不同的自由选择，因之中西文化都应该受到尊重，但又不能不讲求文化传统之间的相互理解与相互和谐之道。

1958年，新儒家的《文化宣言》显示了当时新儒家学者对中西文化与哲学的差异高度重视，并因此提出西方学界应向中国文化及哲学学习五种西方所阙如的智慧与精神：(1)“当下精神”(一切放下)，(2)“圆而神精神”，(3)“深度同情精神”，(4)“悠久精神”，(5)“世界大同精神”。在《文化宣言》产生这五十多年后的今天，我可以从与西方直接交往已至少一个世代的经验角度，来评价这五个期盼与要求的当前合理性与可行性，也就是说，西方是否可以学到中国文化及哲学的基本精神，中西哲学与中西文化应如何继续建立理解与契合的重要态度，这是一个重要的问题。

1. 要西方人做到“当下即是”、“一切放下”的实践是非常困难的事。这一要求是基于中国禅学中的“无执的存有”境界而提出的。但“当下即是”却与西方基督教的外在超越精神有所冲突，而“一切放下”则与西方实事求是的科学精神有所冲突。中国哲学的超越是一种内在超越，心性的

“反身而诚”带来道德的安顿，更重要的是对太极变化与宇宙的认识与体验：所谓“时时是好时”。此是一太极，彼亦一太极。但基督教的“上帝”概念并非“太极”概念。“一切放下”必须不涉及实际利益，但西方为了生存怎能放弃既得利益的考量呢？因此，此要求只有在自身才有超越有用，而难以涉及他者与外界。要西方人理解此意，只能先让他们明白修持的目的与扶持的阶段与过程，在他们自愿投入的情况下，方可为之引导。

2. 张、唐、牟、徐四人在《文化宣言》中要求西方人要有“圆而神”的智慧，要跳出“方以智”的思维方法。这体现了唐君毅所说的“天德流行”的境界。在《易传·系辞》中，“方以智”指的是易卦的明确表露，而“圆而神”指的是蓍法的易无体、神无方的圆融含蓄。如果“方以智”指的是实证的知识，那么“圆而神”指的是无往而不利的圆融明觉，这也是西方传统中极难实现的事，除非我们能够证明“圆而神”的智慧就能带来“方以智”的知识（而这正是易卜的作用）。西方现代的知识传统显然无法认同这样的智慧，除非把它看成神性的智慧或知识（divine knowledge）。

3. 要求西方人具有基于爱与敬的同情心，其目的在于希望西方人真正做到“己所不欲，勿施于人”，更希望西方人做到“己欲立而立人，己欲达而达人”。这应是中国哲学与文化中最高的道德精神。对此，我们不能说西方宗教中完全没有此一忠恕精神，但要依循中国儒家的“克己复礼”的方式进行，却是涉及具体实践形式的问题。西方人有其表达生命关怀的方式，不管是理智形式，或情感形式，都有其特殊的形式。在此我们无法要求在形式上的一致。

4. 要求西方人学习中国文化能够持续悠久的智慧。但中国人又如何使得文化能够悠久持续呢？中国人重视生生不息，凡事留下余地，不为已甚，确是美德。但往往又陷入马虎模糊，不实事求是，却是缺陷。因此中国文化虽然悠久却显出挂漏度日、委曲求全的姿态。西方人力求生活精彩活泼，追求英雄气概，与中国人重视儿女情长的特点形成对比。要求西方人舍此求彼，恐难如愿。因为这涉及文化与生活价值的选择与生活世界的安顿问题，因此只能要求彼此欣赏与彼此尊重，不必求同。

5. 要求西方人学习中国人天下一家之情怀。对此，西方人的回应是中国应先成为一个现代国家，才有权利和立场高谈世界一家。而这也正是中国人从鸦片战争以后所追求的目标。再说，西方并非没有世界主义与世界公民的思想或理想，如何具体推动与实现此思想或理想，这才是全球有眼光的政治家与哲学家应该关怀的问题。如果只谈情怀并不能解决问题，只能显示新儒家在这点上的务虚而不务实。

总结以上五点分析，人们应该认识到中国文化所要求西方人的，不但西方人难以做到，在当代情境中的中国人也难以做到。相反的是，要使这些理想的价值及相关情怀保存下去，我们应该先学习如何讲求实际责任与权利，讲求方正的知识与技能，讲求解决问题、实际帮助他人，讲求具体成果的进步（但这种进步必须是持续的），讲求自身的健全化与完善化，然后以身作则来具体推动全球人类的和平与繁荣。而这些也都是最根本的儒学精神与智慧。因之，我们对《文化宣言》的评价是：对西方的理解尚需加深，对自身的信心尚需提升。加深与提升之道不仅在于系统地认识对方，更在于建立自己的体系。站在人类文化多元发展的立场，任何文化不能强加己于人，甚至也不能强求对方学习自己，而只能显示自身的美德，使对方自发来学习。孔子说，“修己以敬”，修己以安人，修己以安百姓，是从自身的修持做起。孔子又说：“故远人不服，则修文德以来之。既来之，则安之。”所以，我们应把重点放在自身的完善化上。可以说孔子处处都显示反求诸己、用具体成就以服人之心的态度。

总之，我们必须认识到中国文化对西方文化的要求不必陈义过高，西方人能否学习以及能否实践中国文化的特殊精神是一值得思虑的重要问题。要求西方人学习中国文化的作用，只在彰显中国文化具有与西方文化一样的平等交往的权利，其目的在说明中国文化与哲学有其内在特色，虽然难以学习，但应该受到严肃尊重。此一原则自然也应该用在对西方文化与哲学的学习上面，西方文化有其特色，并非中国或其他文化传统都必须学到做到，但却可以得到中国或其他文化的认知、理解与尊重。至于中西文化及哲学中有属于普遍性的部分，则应是中西方人都应该去学习，而且必须学到，比如在科学技术方面，在经济管理的基本规则方面，在语言思想的分析与推理方面。为了改进物质生活，实现国家的现代性与全球化的环境伦理,也为了人类族群、文化与宗教传统之间的有效沟通与共同发展,我们必须自我学习,也必须相互学习。

基于以上分析,我们也许可以看出新一代儒学或第三代儒家的态度可以具有的改变与创新。至少就我来说,中国文化要求西方的是对中国文化及生活方式的尊重,以“己所不欲,勿施于人”的平等心对待之,以“己欲立而立人,己欲达而达人”的为善之心待之。同时,我们对自己的要求也要更为谨严,要积极自我修持,力求自我完善,也要积极理解自身,建立自身的哲学体系话语,清晰地表述自身的文化价值,以言行一致来示范于人,而非强加于人。这就是中国文化与中国哲学发展的新精神与新方向。

是为序。

成中英

于美国檀香山夏威夷大学主校区

2010年8月8日

导 论

现代新儒家文化哲学的核心理念

现代新儒家文化哲学的核心理念，是其文化价值观。所谓文化价值观，即关于人类文化的组成及其价值结构的见解。现代新儒家的文化价值观体现了他们的基本文化立场，反映了他们的文化理想，奠立了他们的文化哲学的基本理论框架。现代新儒家对于人类文化的本原和性质的理解，对中西文化的评价，关于世界未来文化的设想，以及他们在中国文化现代化问题上所持的根本方针，都可以从其文化价值观中找到根据。

文化哲学与文化学的根本区别，有如哲学与科学[①]的根本区别：前者以价值评判为中心，后者以结构和功能研究为中心。文化学主要考察各种文化现象的形成、功能、演变规律、传播途径等问题，文化哲学则从哲学形上学的层次审视、反思人类文化，着重关注和研究文化的价值问题。在文化哲学的视阈中，“文化是价值系统”。[②] 从这个意义上说，文化哲学就是文化的价值学，现代新儒家的文化哲学也不例外。

拙著在对现代新儒家若干代表人物文化哲学思想的考察中，将文化的价值问题作为一个基本的视角。本书各章所考察的现代新儒家代表人物的文化哲学思想，在著者看来正在这个问题上富于代表性。梁漱溟在

---

① “文化学”在英语中亦被称为“文化科学”(Science of Culture)，归属于“科学”领域。

② 《徐复观先生谈中国文化》，载《徐复观杂文——记所思》，台湾时报文化出版公司 1980 年版，第 85 页。

堪称现代新儒家文化哲学奠基之作的《东西文化及其哲学》中，依据其关于人类文化"居中心而为之主的"是"价值判断"的观念，对中国文化、印度文化、西方文化所具有的不同价值取向进行分析、比较，由此开创了现代新儒家文化哲学的一个重要研究方向——东方文化（中国文化）与西方文化的比较研究。张君劢在科学主义与人文主义两大文化思潮的颉颃中，引发了继"五四"新文化运动之后给予中国思想界巨大影响的"科玄论战"，他提出科学与玄学（人生观）属于不同的价值领域，以注重内在道德价值的、富于儒家传统精神的人文主义反对来自西方的科学主义思潮，由此开启了现代新儒家文化哲学的一个基本精神方向——拒斥科学主义。贺麟在其被称为前期现代新儒家思想纲领的《儒家思想的新开展》中，第一次提出了现代"新儒家思想""新儒学运动"概念，明确地肯定了儒家思想的现代价值。他还对儒家传统道德观念的价值作出了深入的分析。方东美关于人类生命精神与文化价值问题的思想，典型地体现了生命哲学对现代新儒家文化哲学的影响。而他关于精神文化价值结构问题的系统见解，在现代新儒家文化哲学理论中也极具代表性。唐君毅在现代新儒家学者中对道德理性与文化价值的关系问题作出了最为全面的阐释。他关于文化是人类道德理性之表现的理念，以及植根于这个理念的关于中西文化的特点、中国文化的精神价值等问题的见解，典型地反映了现代新儒家文化哲学的道德理想主义。牟宗三、徐复观、张君劢、唐君毅四位新儒学重镇联名发表的《为中国文化敬告世界人士宣言——我们对中国学术研究及中国文化与世界文化前途之共同认识》（以下简称《文化宣言》），则通过多角度的论述，阐释了中国文化的永恒价值和现代意义。这种阐释不仅是现代新儒家有关思想的集中反映，而且是能够代表后期现代新儒家思想的纲领性的意见。

当然，本书对现代新儒家代表人物文化哲学思想的考察在凸显他们关于文化价值问题的见解的同时，力求内容比较全面，而不限于那些直接阐释文化价值问题的内容。因为在著者看来，那些并非直接阐释文化价值问题的著述同样贯穿着现代新儒家关于文化价值问题的思想。他们对人类文化的本原和性质、生命精神与文化形态、不同民族的文化发展道路、东方文化与西方文化的比较、传统文化与现代化的关系、中国文化的复兴与人类文化的重建等问题的论述，都蕴含和体现着现代新儒家的文化价值观。

一、文化价值的集中体现：精神文化

现代新儒家一般将文化分为物质文化、制度文化、精神文化三个层面。他们承认这三个层面对于人类生活各有其意义。例如，钱穆在其《文化学大义》中就提出，文化包括"三个阶层"。第一个阶层"是属于物质经济方面的"，倘若人类没有了物质生活条件，自然无文化可言。第二个阶层"则为政治法律，社会礼俗，群体结合之种种规定与习惯"，倘若没有这些制度，就没有作为"集体"而存在的人类，那同样无人类文化可言。"循此再发展，乃有最高的，亦即最后的，最终极的第三阶层。此一阶层，包括宗教、哲学、文学、艺术等项，属于纯精神的部门。我们可以说，文化是物质的，集体的，精神的，三部门之融合体"。[①] 精神文化的价值，在于让人们求得内心的"安乐"，这是一种比物质享受"更崇高的安乐"。此处所谓"集体的"，亦即"制度的"。可见这里谈论的就是物质文化、制度文化、精神文化的价值问题。

现代新儒家认为，文化的价值集中体现在精神文化层面。因为所谓文化，本来就是人的精神生命的表现。这是他们考察文化价值问题时的基本出发点。

唐君毅在《中国文化之精神价值·自序》中说："盖文化之范围至大，论文化最重要者，在所持以论文化之中心观念。如中心观念不清或错误，则全盘皆输。"这个"中心观念"，就是他所说的"文化即人之精神活动之表现或创造"。[②] 牟宗三、徐复观、张君劢、唐君毅联名发表的《文化宣言》，则一再申述："照我们的意思，文化是各民族精神生命之表现。""客观上的历史文化，本来自始即是人类之客观精神生命之表现"。他们说人的生命精

---

① 方克立、李锦全主编：《现代新儒家学案》，中国社会科学出版社 1995 年版，中册，第 565—566 页。

② 唐君毅：《文化意识与道德理性》，中国社会科学出版社 2005 年版，第 1 页。

神充实于内而形之于外，当其充实于内时，乃是主观的、内在的精神，亦可称之为“心”或“性”；当其形之于外时，便成了客观的、外化了的精神，这种精神通过人类的文化创造活动而表现出来。所以，“一切人类文化，皆是人心之求真善美等精神的表现，或为人之精神的创造”。[①] 这表明，现代新儒家从文化的发生学意义上，便肯定了精神文化是人类文化价值的集中体现。

现代新儒家还从文化的精神层面与物质层面、制度层面关系的角度，说明了为什么他们考察文化的价值时，注重的是其精神层面。他们说，通常人们所谈论、所研究的文化，其实指的就是精神文化。余英时在《文化建设私议》一文中说：“本文所谓文化是指人生的精神层面而言，它不但有别于衣、食、住、行之类的物质层面，也不同于有形的制度和礼仪，这一精神层面和物质以及制度层面当然是互为影响而不可截然分离的，但它本身仍具有一相对独立的领域……它不仅不是物质与制度的基础所能完全‘决定’，并且还能在一定的条件下‘决定’物质生活和社会制度所表现的方式。”文化的物质层面和制度层面，都是精神层面的基础。精神层面虽然在一定程度上被物质和制度层面所决定（不能完全决定），但它又是一个相对独立的领域，而且能对物质和制度层面发生“决定”作用。现代新儒家肯定了物质和制度层面作为社会文化的组成部分有其重要性，但认为说到某种民族文化的价值，则集中体现在它的精神层面。

从时代背景看，现代新儒家对精神文化的注重，直接与他们对民族危机的体认有关。在他们看来，近代以来中华民族的危机实质上是文化危机。半个多世纪前，贺麟在《儒家思想的新开展》一文中就提出：“中国近百年来的危机，根本上是一个文化的危机。”此后牟宗三也说：“今日中国的问题……其最内在的本质是一个文化问题。”[②]而且现代新儒家还认为，尽管这种危机看上去是由于中国不敌列强的坚船利炮、不及西方的科学技术而造成，但民族危机从根本上说并不在文化的物质方面，而在精神方面。因此要解决此危机，也必须从精神方面入手，首先求得中华民族在精

① 唐君毅：《心物与人生》，台湾学生书局 1975 年版，第 82 页。

② 牟宗三：《道德的理想主义》，台湾学生书局 1985 年版，第 246 页。

神上的新生。这种认识决定了现代新儒家对文化价值结构的考察采取的是精神主义的进路，决定了他们将精神文化视为文化价值的集中体现者。

二、精神文化的价值结构：形而下文化与形而上文化

精神文化又被现代新儒家进一步区分为“形而下文化”与“形而上文化”。他们认为科学是“形而下的文化”；精神文化的其他领域，主要是艺术、宗教、哲学，则属于“形而上的文化”。

科学的作用在于认识客观存在的“事理”，掌握自然界的规律，然后通过技术的手段改造自然界，为人类谋取物质利益。现代新儒家普遍承认科学的这种重要作用。从科玄论战时期作为“玄学派”主帅的张君劢，到当今正活跃于海内外的现代新儒家，无不肯定科学对于人类的重大作用。他们还提出，科学的落后不仅影响一个民族的物质生活，而且妨碍它的精神生活。冯友兰就曾指出：“中国落后，在于它没有科学。这个事实对于中国现实生活状况的影响，不仅在物质方面，而且在精神方面。”[①]牟宗三则从儒家“内圣外王”之教的角度提出，科学技术（以及民主制度）属于“外王”层面，在民族“文化生命”中不处于最高境界，而只能是“中间架构性的东西”。但为了实现内圣之学所追求的道德理性，“这中间架构性的东西却是不可少的。而中国文化生命在以往的发展却正少了这中间一层”。[②]这不仅制约了“外王”，而且阻滞了“内圣”，使个人的道德生命和民族的文化生命都不能圆满。正因为现代新儒家充分肯定科学的作用，他们才会提出“儒学第三期发展”的主要任务之一，就是“学统之开出，此即转出‘知性主体’以容纳希腊传统”，即从传统儒学的“德性主体”转出希腊文化的“知性主体”，以发展科学。

尽管现代新儒家充分肯定科学的作用，却严格地将它界定在精神文化的“形而下”层次。他们认为，由于科学的作用表现在人对自然界的关系方面，表现在人的物质生活领域，而物质生活属于人生的形而下境界，

---

① 冯友兰：《三松堂学术文集》，北京大学出版社 1984 年版，第 23 页。

② 牟宗三：《历史哲学》，台湾学生书局 1984 年版，第 193 页。

因此科学是形而下的文化。张君劢在《科学之评价》一文中就提出，参悟人生之形而上境界实非科学所能为，科学不能解决人生观问题。因此任何民族的文化建设，都不可“专恃有益于实用之科学知识，而忘却形而上方面”。他明确地将科学作为“实用”知识而区别于形而上文化。熊十力借用佛学概念，说科学研究的是形而下的“俗谛”世界，不是形而上的“真谛”世界。牟宗三在《关于文化与中国文化》一文中说，科学的最大特点在于“只以平铺事实为对象，这其中并没有‘意义’与‘价值’。这就显出了科学的限度与范围……在科学的‘事实世界’以外必有一个‘价值世界’、‘意义世界’，这不是科学的对象。这就是道德宗教的根源，事实世界以上或以外的真善美之根源”。所谓“事实世界”就是形而下世界，“价值世界”、“意义世界”则是形而上世界。现代新儒家多次提出，科学只有对宇宙“秩序的信仰”，而没有对人生“价值的信仰”，它不讲形而上的价值，所以是形而下的文化。

艺术、宗教和哲学，则属于精神文化的“形而上”层次，它们构成了现代新儒家所说的“意义世界”、“价值世界”。它们的作用，不表现在人与自然的关系中，而表现在人与人、人与社会的关系中；不表现在物质生活领域，而表现在精神境界方面，表现在“人生态度”方面。徐复观提出，动物与人同样有“生活”，但动物对其生活没有自觉的态度。人则对自己的生活有自觉的态度，有是非、善恶、美丑方面的标准，这就是形而上的“价值世界”。人的生活尽管离不开“科学世界”，但“人类生活的基本动力和基本形态，毕竟是来自人类的价值世界”，即是说，人的生活的指导原则来自“价值世界”。形而上文化的作用，就在于它为人们的生活提供正确的价值原则。“所谓文化的最根本意义，乃在形成人们所共同保持的健全的人生态度”。[①] 张君劢则在《人生观之论战・序》中说：“夫人生关键，不外心理，舍心理则无所谓人生。”他所谓“心理”，也是指人生态度。

这种认为文化的根本意义在于对“人生态度”起规范作用的观念，决定了现代新儒家对形上文化之价值的高度推崇。也正是从这种观念出

---

① 《徐复观文录选粹》，台湾学生书局 1980 年版，第 163 页。

发，牟宗三、徐复观等人的《文化宣言》在论中国文化时提出，儒家的心性之学是中国文化的本原和大流，“中国之学术文化，当以心性之学为其本原”，“此心性之学，乃中国文化之神髓之所在”。众所周知，儒家的心性之学，从本质上说是关于人生修养的形而上学。因此，现代新儒家以心性之学为中国文化根本精神的代表，说明他们十分赞赏中国文化注重个人人格修养的传统。余英时在《人文与自然科学应如何均衡发展》一文中提出：“中国文化是在非宗教世界中，唯一强调人本身修养的文化。”他们认为这表明了中国文化形而上层次的“坚实”，表明了中国文化价值结构的合理性和优越性。

在现代新儒家看来，精神文化之所以会分为形而下文化与形而上文化，是因为人的生命精神是在不断追求价值提升的。人为了获取物质生活资料，为了“戡天役物”，要去认识自然界的“事理”，这就产生了科学和技术。但人的生命追求远不止于此。方东美说：“这个自然界是形而下的境界，我们站在形而下的里面，各方面的要求都满足了……我们还要提升向上，向上去发见形而上的世界的秘密。”[①]人的生命精神要“发见”（发现）和追求形而上的价值，因此即使科学十分发达，“也不能够满足我们文化的要求”。用梁漱溟的话来说，就是一个民族的文化建设不仅需要发扬“自然理性”，而且尤其需要发扬“神圣理性”。这个“神圣理性”，就体现在形而上文化之中。钱穆也提出，“讲文化”不能只讲形而下，而必须“把形上、形下都包在内”。现代新儒家持这种观点来论近现代西方文化，批评其重科技的利用而轻人文理想，虽然在征服自然方面非常成功，但漠视了人自身的精神修养，结果导致了社会生活中“价值的危机”“意义的危机”“道德的迷失”“形上的迷失”，导致了“科学与人文之间的不平衡”。他们认为，从文化的价值结构来看，这就是片面地发展了形而下文化，忽略了形而上文化。

① 《方东美先生演讲集》，台湾黎明文化事业公司1980年版，第20页。

三、形而上文化的核心:哲学思想

在现代新儒家中,关于形而上文化的价值结构问题,方东美作过较多论述。他说人在形而下的境界中即使“各方面的要求都满足了”,其生命精神“还要提升向上,向上去发见形而上的世界的秘密”,进入形而上的价值领域。“从历史上面看,许许多多最好的文化,代表文化的优良精神,第一层是宗教,第二层是哲学,第三层是艺术。这些都是高尚的精神构成的形而上境界”。[①] 因此在他看来,最能代表人类文化崇高的精神价值的,是形而上文化中的艺术、哲学和宗教。他将这三者的结合——他谓之“合德”——视为精神文化的价值结构。由于方东美通常所说的“文化”或“人类文化”就是指精神文化而言,因此这种“三者合德”的精神文化的价值结构,也就被方东美视为人类文化的价值结构。他认为,艺术、哲学、宗教都是追求形而上理想的“价值文化”,是人类创进不已、追求理想人格的生命精神的表征。“宗教、哲学与诗在精神内涵上是一脉相通的:三者同具崇高性,而必藉生命创造的奇迹才能宣泄发挥出来”。[②] 这里所说的“诗”,可以广义地理解为“艺术”。正因为方东美将文化视为人类生命精神的表现,将追求真善美的价值理想视为人生的意义所在,所以他将艺术、哲学、宗教视为“文化的决定因素”,将三者的结合视为人类文化的价值结构。

在这一文化价值结构中,三者的作用又是有区别的。

“艺术领域,这是形而上世界的开始”。[③] 方东美说艺术是生命精神的体现,“一切艺术都是从体贴生命之伟大处得来的”。[④] 生命的本性就是不断创进、直指完美。“美”寄托于生命,通过生命的创进而表现出来。艺术则“透过种种符号”——即各种艺术语言、艺术手段——表现生命创进之美。艺术作为一种文化形态,其功能不在人们的物质生活领域,而在精神

---

① 《方东美先生演讲集》,第 12 页。

② 方东美:《生生之德》,台湾黎明文化事业公司 1980 年版,第 394 页。

③ 《方东美先生演讲集》,第 20 页。

④ 方东美:《中国人的人生观》,台湾幼狮文化事业公司 1984 年版,第 132 页。

生活领域。因此艺术不属于形而下的文化，而属于形而上的文化。但是，艺术之美是通过艺术家的主观感受表现出来的，这种主观感受又是因人而异、因时而异的，这就使得艺术既可以表现美，也可以表现丑，是"美丑杂居的艺术世界"。特别是有些现代艺术，在不健康的，乃至丧失理性的情绪和意志的支配之下，甚至可以变成"疯狂的艺术世界"。因此，艺术文化"在价值上面不能代表美满"。这就要求"在艺术上面的价值再加上道德的精神"。也就是说，在形而上文化领域，人的精神追求不能停留于艺术的层次，而必须朝着造就道德人格的方向去继续提升。

方东美认为，生命精神由艺术境界上臻于道德境界，有两条途径：宗教的途径和哲学的途径。"宗教思想与哲学思想中恒有一种提升的冲力"。[①] 二者都具有"提升人性"的作用。宗教作为人类的一种"精神生活方式"，可以实现人性与神性的"内在融通"，即人通过不断提升自己的人性，使之达到神圣完美的境界，从而造就高尚的道德人格。这表明在形而上文化中，宗教文化是人的生命精神所达到的比艺术层次更高的文化形态。但是，宗教的重要特征是"超乎理性"而富于"情感性"。宗教产生于人类文明形成的初期，因而"混杂过量的情感而与理性格格不入"。"宗教生活就是以炽烈凝练的情感投入玄之又玄的奥秘之中"。[②] 因此，宗教虽说能够造就道德人格，但它所造就的"美德""善德"，乃是黑格尔所说的"自然灵魂的道德"(Morality of the Natural Soul)，而不是"反省的道德"、"理性的道德"。而且，就宗教情感而论，它同样是基于人们的主观感受。倘若这种主观感受偏离了正常的轨道，那么依靠"虔敬之心"和"强烈的神秘情感"维系而远离理性的宗教，便有可能走向迷信、走向蒙昧主义。

方东美认为，宗教文化的欠缺，可以由哲学来弥补。因为宗教远离理性，"这理性却正好构成哲学的本质"。哲学兼综人生的"情"与"理"两个方面。一方面，"生命精神才是哲学"，哲学和艺术一样，要表现人类不断创进的生命精神，表现人们追求真善美价值理想的意欲和情感。从这一方面说，哲学以"情的蕴发"与艺术相通。同时，哲学又以其理性主义的反

---

① 方东美：《生生之德》，第 352 页。

② 方东美：《生生之德》，第 353 页。

思，克服了宗教依靠自发虔敬和神秘情感来提升人性而导致的缺陷。哲学使人们超越“自然灵魂的道德”，达到反省的、理性的道德境界。简言之，哲学是以“情理交融”的方式造就崇高的道德人格，使人类的生命精神由艺术境界上升到道德境界。

因此，在艺术、宗教、哲学“三者合德”的形而上文化价值结构中，哲学思想处于核心地位，从而它在精神文化乃至整个文化形态的价值结构中，都处于核心地位。某种文化形态的价值，归根结底取决于它的哲学形态。“在文化形成，尤其是文化价值的形成里面，主要的决定因素，乃是哲学智慧”。① 方东美说，不同民族在文化价值取向上的区别，如希腊文化之“契理”（探寻事物之理），欧洲文化之“尚能”（崇尚科学技能），中国文化之“妙性”（追求尽心尽性），都可以在其哲学形态中找到根据，“哲学实为民族文化生活之中枢”。② 它“决定整个文化之理论结构”，具有“批导文化生态”的功能，对文化形态及其发展具有价值导向的作用。“哲学问题之中心便集中于人类精神工作之意义的探讨，文化创作之价值的评判”。③ 在对“整个文化的价值结构”进行系统的分析之后，方东美作出如下论断：“构成文化的基本精神，理当在哲学上去追求。”④

这种以哲学为文化价值之核心的观念，是现代新儒家的共识。

熊十力于20世纪30年代在《文化与哲学》一文中就说过：“夫言一国底文化，则其所包络者，广漠无垠，一砖一石，亦莫非其文化的表现。然究其根荄，必于哲学思想方面。”他明确地提出哲学思想是民族文化之“根”。而最有代表性的说法，则见之于50年代以后被视为现代新儒家思想纲领的牟宗三、徐复观、张君劢、唐君毅联合发表的《文化宣言》。此文提出中国文化是中华民族精神生命之表现，并进而说道：“这个精神生命之核心在哪里？我们可说，它在中国人之思想或哲学之中。”所谓“思想或哲学”，还是指哲学思想。文化是民族精神生命的表现，精神生命的核心则存在

① 方东美：《原始儒家道家哲学》，台湾黎明文化事业公司1985年版，第198页。

② 方东美：《生生之德》，第156页。

③ 方东美：《科学哲学与人生》，台湾黎明文化事业公司1980年版，第9页。

④ 方东美：《新儒家哲学十八讲》，台湾黎明文化事业公司1983年版，第42页。

于哲学思想中。因此《文化宣言》又谓“欲了解中国文化，必须透过其哲学核心去了解”，“探究其哲学思想之存在，以此为研究之中心”，“由中国之哲学思想之中心，再一层一层的透出去”。冯友兰在《三松堂学术文集·自序》中概括他毕生学术研究的基本内容时，也说自己“所讨论的问题，笼统一点说，就是以哲学史为中心的东西文化问题”。① 他同样把哲学看成一个民族文化价值的核心，看成东西方文化之所以具有不同的价值取向和精神传统的内在根据。

四、结语：泛道德主义的价值取向

伴随着近代以来民族危机的加剧和中国社会所发生的深刻变革，在西方文化的强烈刺激下，人们开始用怀疑的眼光审视数千年来被视为天经地义的中国传统文化的价值结构。一些人彻底否定中国文化的价值结构，主张完全按照西方文化的价值结构来重建中国文化。这是“全盘西化”派。与之相反，有些人不仅维护中国文化的价值结构，而且维护它在历史发展中所形成的一切，视现代西方文化的成果为洪水猛兽而一概拒斥。这是“国粹派”。现代新儒家则承认中国文化有其弊病，主要是缺乏“科学之精神”和“近代之民主制度”，“从知识方面说，它缺少了‘知性’这一环……从客观实践方面说，它缺少了‘政道’之建立这一环。”②但他们强调，从“全幅人性的表现”来看，这是中国文化在其历史发展中所呈现的不足。至于中国文化以德性为宗、注重人生形而上层面的价值结构，则不仅没有错，而且优越于西方文化以知性为宗、注重人生形而下层面的价值结构。因此应该在不改变中国文化价值结构的前提下，采纳现代西方文化的优良成果为我所用、补我所短，以谋求中国文化和中国社会的现代化。他们通过中西文化的比较研究，怀着“同情、敬意”的心态来论证中国传统文化价值结构的合理性和优越性。正是在这些论述中，他们表明了自己关于什么是合理的文化价值结构的见解，表明了自己的文化价值观。可

---

① 冯友兰：《三松堂学术文集》，北京大学出版社 1984 年版，第 2 页。

② 牟宗三：《历史哲学》，第 191 页。

见，现代新儒家的文化价值观是产生于现实的需要，产生于他们力图解救中国文化的危机并使之现代化的努力。它不是一种关于文化哲学原理的纯思辨的见解。它实际上反映了现代新儒家对于中西文化的基本态度，和他们在中国文化现代化问题上所持的根本方针。在评价现代新儒家的文化哲学时，我们首先要看到这一点。

唐君毅在《中国文化之精神价值》中说："在评判中西文化之长短时，吾人之标准，亦不能离中国思想之根本信念。此根本信念，即人确有异于禽兽之心性，人之一切文化道德之活动，皆所以尽心尽性，而完成一人之人格。"①评判中西文化的"标准"，也就是文化价值观。唐君毅认为，文化价值观的根本观念应该是：文化活动当以人格之完成为最高目的。这就点明了现代新儒家文化价值观的实质是道德主义、人格主义。它试图通过道德理性的高扬、民众精神人格的塑造，来解救民族文化的危机并谋求它的现代发展。

在现代新儒家看来，文化的价值主要不表现在社会生活的物质领域，而表现在人们的精神领域；不在形而下方面，而在形而上方面。他们所理解的"形而上"，不是知识的，而是道德的、人格的。牟宗三、徐复观等人的《文化宣言》在说明心性之学是中国文化的本原和大流时，特别提出："此心性之学中，自包含一形上学。然此形上学，乃近乎康德所谓的形上学，是为道德实践之基础，亦由道德实践而证实的形上学。而非一般先假定一究竟实在存于客观宇宙，而据一般的经验理性去推证之形上学。"即是说，中国心性之学作为一种形而上学，不像西方自然哲学那样以探究世界本原为目的，而是类似于康德之道德形而上学，以探求"实践理性"（道德理性）之本质和活动规律为目的，以人格之塑造为目的。这种对形而上的理解，不仅决定了现代新儒家把科学界定在精神文化的形而下层次，而且决定了他们在评价形而上文化的价值结构时，作为依据的，就是在人们道德理性的实现方面，艺术、宗教、哲学所具有的不同功能。他们将哲学视为形而上文化的核心、精神文化的核心，乃至全部文化价值的核心，是由

---

① 唐君毅：《中国文化之精神价值》，广西师范大学出版社 2005 年版，第 357 页。

于在他们看来，就道德理性的实现而言，哲学比艺术和宗教具有更为重要的作用，唯有哲学能使人的精神达到理性的、反省的道德境界。“文化是道德理性的分殊表现”，各种文化形态都统属于人的“道德自我”，都自觉或不自觉地表现人的道德价值，而哲学则是最能体现道德理性、使人实现道德价值的文化形态。

值得指出的是，被现代新儒家视为文化价值之核心的，不是西方传统的自然哲学或认识论哲学，而是“道德形上学”，即道德哲学。这种哲学以塑造完美的人格为目的。它是“返己之学”，是人类反省自身、涵养心性的学问，熊十力谓其可以“决定人生修养之宜与其归宿”。它的作用“不是增加关于实际的和积极的知识，而是提高人的精神境界”，“教人以怎样成为圣人的方法”，“成为圣人就是达到人作为人的最高成就，这是哲学的崇高”。① 现代新儒家给“哲学”下的定义和他们的哲学论著的内容，都表明了他们所凸显的，是哲学的道德、伦理意义。正是富于这种意义的哲学——其典型代表就是儒家心性之学——被他们视为文化价值的核心。他们试图通过这个核心，在现代中国重建传统儒学的道德价值系统，并以之塑造我们民族的人格精神，从而给中国社会带来新的“文化生命”，给中华民族带来新的生机。

然而，当民族文化因深刻的社会矛盾而出现危机时，当它与同时代的先进文化形态相比，在物质层面和政治制度层面都已经十分落后时，现代新儒家还是注重这种文化的精神层面、形而上层面，试图通过道德理性的宣扬和人格的塑造来解救文化危机，并使之实现现代化，这无疑是一条走不通的路。更何况，现代新儒家在这方面所凭借的，仍是儒家传统的“内圣之学”。他们说中国文化的现代化，必须开出“这个时代所需要的外王”，开出科学和民主，就是说必须有适应时代需要的“新外王”。至于“内圣”方面，则仍然应该依据传统儒学的成德之教、心性之学。蔡仁厚所谓“现代化不能从内圣之学方面去讲”，即是说儒家的内圣之学不存在如何适应现代化需要的问题。它成了超越时代、超越社会形态的“恒常之道”、

---

① 冯友兰：《中国哲学简史》，北京大学出版社 1985 年版，第 389、391 页。

"恒常之理"。这不仅从理论上看,不符合历史主义的原则,而且从实践上看,当现代新儒家按照这种设想去谋求中国文化的现代化时,使本来在现代社会生活中(包括在道德建设方面)具有价值和积极作用的传统儒学,被赋予了它本身所无法承载的重任。

对中国文化在近代以来急剧的社会变革和西方文化的猛烈冲击下所面临的"花果飘零"的局面,现代新儒家深为忧虑。他们试图重建儒家的价值系统,并将其作为社会生活的指导原则。他们既不像"全盘西化派"那样否定传统、抛弃传统,又不像"国粹派"那样否定西学、拒斥西学,而是主张以传统文化为本位,有选择地接受西方文化,以适应世界潮流,适应中国文化和中国社会现代化的需要。这种文化保守主义思想,植根于现代新儒家的保守主义的文化价值观。正是这样的文化价值观,决定了他们对于中国传统文化的价值结构的保守主义态度。现代新儒家也是以中国文化为"体"的,他们试图在不改变中国文化价值结构的前提下,采纳现代西方文化的优良成果(基本上就是科学技术和民主制度)为我所"用",单就这一点来说,现代新儒家的"挺立自家传统,融会西方新潮"之说,并没有超出洋务运动时期张之洞的"中学治身心,西学应世事"观念。所不同者,洋务派作为封建地主阶级的代表,极力反对中国社会采纳资本主义的政治制度和思想学说,谓"泰西一切政事皆不足法";而现代新儒家作为资产阶级的思想代表,主张采纳西方资产阶级的民主制度和思想学说。但这种时代内容和阶级属性方面的不同,并不能否认二者在"中体西用"这个基本的思维框架方面的相同。而从理论思维方面看,现代新儒家真正超越洋务派"中体西用"之说的,是他们对中学之"体"的维护(尽管他们对中国文化亦有批评),能够依据颇为系统的文化哲学理论,来论证和阐释他们所理解的中国文化的价值结构的合理性、优越性。

任何理论的创造,最终都必然地归结为某种现实的追求,现代新儒家的文化哲学——包括关于文化价值问题的理论——也不例外。现代新儒家文化哲学产生于民族危机深重的时代背景下,它的形成和发展过程始终是围绕着"中国向何处去"、"中国文化向何处去"的现实问题的。这就决定了现代新儒家的文化哲学理论,最终归结为在中国文化现代化问题上的一种现实的追求:科学价值与人文价值的结合。现代新儒家代表人物在文化哲学理论方面各有创获,对某些问题的看法也不尽相同,但他们的文化哲学思想有一个基本的共识,那就是在中国文化现代化的过程中,必须谋求"科学与人文的平衡发展"。

现代新儒家提出,"儒家式的人文主义"只要"转出"科学与民主,就不仅能够解救中国文化的危机并促成其复兴和实现现代化,而且能够"救西方之自毁",即解救西方文化的自我毁灭。所谓西方文化的"自毁",意谓近代以来的西方社会发展了科学技术,在征服自然方面取得了巨大成功,人们的物质生活得到了相当的满足,但在发展科学技术的同时,却忽视了人的精神价值,忽视了人对于价值理想的追求,导致了西方社会人文精神的失落,或曰"道德的迷失""意义的迷失""形上的迷失"。这表明了文化发展中科学技术与人文精神之间的不平衡,表明了现代西方社会对人文价值的漠视。这不仅是现代西方文化的危机之所在,而且已然成为当今世界文化建设之大患。有鉴于此,人类应该"早思如何避免与做好防范措施",不重蹈西方文化的此种覆辙。刘述先提出,当今人类文化发展要想实现科学技术与人文精神之间的平衡,就必须以人文价值来统御科技成果。"以人文价值统御科学的成果,始能造福人群,不至于使人流为机器工业或者现代经济制度的奴隶"。[①] 余英时则在批评现代西方文化科学与人文之间不平衡的"偏蔽"时说:"忽视伦理,任由技术刺激人的欲望,欲望得到满足后,又以技术刺激更大的欲望,长此以往,在以利润为中心的社会,就会构成一种恶性循环。要想遏止这种循环,人必须对自己下一番工夫,而不能老是只对外界下工夫。这是人文科学的一大问题,在这一方面,中国传统确有可贡献之处。"[②]"老是只对外界下工夫",就必然片面地发展科学技术,忽视人文精神。中国传统的人文精神则重在对"自己"下工夫、对"内"下工夫,它重视伦理,重视人的道德修养。现代新儒家认为,通过传统儒学的现代转换,使"儒家式的人文主义"——以道德为本位的

① 封祖盛编:《当代新儒家》,生活·读书·新知三联书店 1989 年 4 月版,第 243 页。

② 辛华、任菁编:《内在超越之路——余英时新儒学论著辑要》,中国广播电视出版社 1992 年版,第 101 页。

人文主义——在现代社会生活中作为价值准则而发挥作用，就能够避免“科学与人文之间的不平衡”的危机。西方文化具有“方以智”的科学精神，但尚需从中国文化汲取“圆而神”的人文睿智，并且以这种人文睿智“统御科学的成果”，从而消除危机、健康发展。中国文化的现代化，则应该在努力从儒家的“内圣之学”开出科学、民主之“新外王”的同时，坚持中国历史文化的精神生命，坚持对人的关怀、对人的价值理想的关怀，即坚持“儒家式的人文主义”，实现科学价值与人文价值的结合，在人文价值的“统御”下实现中国文化的现代化。现代新儒家还认为，鉴于科学主义思想在当今世界已经盛行，“科学和技术的重要性已不需要再过分强调，人文学术如何发展，才能救治精神偏枯之病反而是当务之急”。①

可见现代新儒家既赞成中国文化的现代化，赞成中国发展科学技术、发展现代工业文明，又极为担心中国文化重蹈西方文化“科学与人文之间的不平衡”的覆辙，极为担心中国文化因此而改变了固有的人文主义传统和价值取向。他们提出“以人文价值统御科学的成果”，正是力图让中国文化在实现现代化的过程中，始终坚持“儒家式的人文主义”。在20世纪世界文化的科学主义与人文主义两大思潮的颉颃中，现代新儒家拒斥科学主义，标举和阐扬“儒家式的人文主义”，反对片面地发展人类文化中属于“工具理性”的科学技术，谋求科学价值与人文价值在中国文化中的结合，无疑是有意义的，是有利于现代中国文化健康发展的。“挖掘并发扬传统儒学中这方面的思想资源，对于加强现代人文主义思潮的力量和影响，遏制科学主义片面发展‘工具理性’所造成的种种现代弊病，可以起到一定的积极作用”。② 我们可以从现代新儒家的有关主张中，汲取有益的思想，正确处理科学技术与人文精神之间的关系（毋庸讳言，这也正是我们在当前的文化建设中亟须正确处理的问题），实现科学与人文的平衡发展。现代人类应如何处理科学技术与人文精神之间的关系，是现代新儒家深深为之忧虑的问题。正确地看待他们的忧患意识并从中获取启迪，对我们不无裨益。特别是当前，世界文化发展的一个重要动向是科学主

① 辛华、任菁编：《内在超越之路——余英时新儒学论著辑要》，第87页。

② 方克立：《现代新儒学与中国现代化》，长春出版社2008年版，第112页。

义与人文主义两大思潮既仍然处于颉颃之中，又逐渐走向协调和融合。在这样的时代背景之下，现代新儒家文化哲学对于科学理性与人文精神平衡发展的追求，将会更加显示出它的合理性和价值。

与此同时，我们也应该看到，现代新儒家所强调的人文价值，归根结底乃是道德价值。

无论何种人文主义，自然都是“以人为中心”的。但在不同的历史时期，由不同的民族文化背景所产生的人文主义思想，对于“以人为中心”，在价值取向上是侧重于不同内容的。欧洲文艺复兴时期的人文主义思想，其价值取向侧重于“人权”。它肯定人的生存权利，充分享受世俗生活的权利，爱和被爱的权利，等等。它提倡人性解放，个性自由。它以作为个体而存在的“人”为出发点，关注人应有的权力和利益的获得。它的“以人为中心”，主要是从人道主义的立场来肯定人的价值。欧洲的人文主义思想之所以具有这种特点，是因为它作为当时资产阶级反对封建压迫和中世纪宗教桎梏的思想武器，必然是以对于“人权”的诉求为其主调的。

现代新儒家的人文主义思想，其价值取向却侧重于“人伦”，即人的伦理道德。它固然也肯定人的权益，但更强调人的伦理意义、道德价值。它提倡人对真善美的价值理想作不懈的追求，使人生的意义不断提升。它强调人的道德完善、人格完美。它以“人”的个体与群体的关系为出发点，关注人的社会责任和义务的完成。它“以人为中心”，主要是从道德主义的立场来肯定人的价值的。导致这种价值取向的基本原因，当然是现代新儒家对于儒家传统的道德本位思想的继承。但除此之外，现代新儒家关于西方文化“科学与人文之间的不平衡”的见解，也是导致他们特别强调人的道德价值的重要原因。因为他们批评现代西方文化忽视人文价值，并不是说西方文化忽视“人权”（相反，“人权”在现代西方文化中倍受重视），而是说它不重视“人伦”，不重视人的伦理意义、道德价值，使人致力于“戡天役物”而缺乏人生价值理想，在精神上陷入虚无主义。有鉴于此，现代新儒家的人文主义思想突出地表达了对“人伦”的诉求。现代西方文化对中国文化和中国社会的冲击，对中国人的思想观念和精神面貌的影响，促使现代新儒家鉴于他们所理解的现代西方文化“科学与人文之间的不平衡”的危机，而大力提倡、弘扬以人的道德价值为核心的人文主义思想，即“儒家式的人文主义”思想。就此而论，现代新儒家所提出的“以人文价值统御科学的成果”，归根结底则是“以道德价值统御科学的成果”。

对作为文化保守主义学派的现代新儒家，论者一般将其保守主义性质归结为以下两个方面：其一是“中体西用”的思想纲领，其二是泛道德主义的价值取向。著者则认为，现代新儒家“中体西用”的思想纲领——以中国儒家精神为体，以西方文化为用——归根结底仍然体现了他们泛道德主义的价值取向，因为他们所谓“以儒家精神为体”，仍然是以儒家的道德精神为体。“思想纲领”实质上即是某种主张，而某种主张之所以产生，则根源于一定的“价值取向”。现代新儒家之所以主张“中学为体，西学为用”，正是根源于他们泛道德主义的价值取向。因此可以认为，泛道德主义的价值取向是现代新儒家学派文化保守主义思想的最深层的根源和最集中的体现。“所谓‘泛道德主义’，就是将道德意识越位扩张，侵犯到其他文化领域（如文学、政治、经济），去做它们的主人，而强迫其他文化领域的本性，降于次要又次要的地位；最终极的目的是要把各种文化的表现，统变为服役于道德，和表达道德的工具”。[①] 这种价值取向反映在现代新儒家的文化价值观及其全部文化哲学理论中，就是将作为文化活动主体的人视为道德主体，将人生的全部意义道德化，将一切文化活动关联于道德活动，将人文价值归结于道德价值。正因为这样，现代新儒家在力图抵制和消除科学主义所带来的现代社会弊病，谋求科学与人文的平衡发展时，也就必然地采取这种泛道德主义的价值取向，凸显出现代新儒家文化哲学乃至整个现代新儒学思潮文化保守主义的精神方向。

---

① 韦政通：《儒家与现代中国》，上海人民出版社 1990 年版，第 88 页。

第一章

梁漱溟论东西文化的"路向"与价值

梁漱溟，原名焕鼎，字寿铭、萧名、漱溟，广西桂林人。1893 年 10 月 17 日生于北京。梁家世代为宦，但是到了梁漱溟的父亲梁济时，已经家道中落。梁济屡试不第，直到 40 多岁才得以入仕做了几年不大的京官。

梁漱溟 6 岁启蒙。13 岁那年，他考入顺天中学堂。该学堂是北京最早的新式中学之一。在顺天中学堂长达 5 年半的学习生活期间，梁漱溟阅读了梁启超主编的《新民丛报》和《新小说》月刊及其编辑、注释的有关修身的格言汇编《德育鉴》。至此，他开始关注和思考人生问题和社会问题。

1910 年中学毕业后，梁漱溟参加了京津同盟会。1912 年 8 月，同盟会改建为国民党，他由同盟会会员转为国民党党员。然而政局的黑暗让抱着改造社会、救世济民的理想的梁漱溟希望破灭。在经历了现实的无奈之后，梁漱溟选择了佛家思想作为人生的寄托。他热心于佛法，试图出家为僧，直到 29 岁思想转向儒家时才放弃出家念头。

1916 年 5 月，梁漱溟在《东方杂志》上发表长文《究元决疑论》，以佛学阐释西方的唯意志论和生命哲学，引起学术界关注，并因此文被当时北京大学校长蔡元培聘任为北京大学讲师。梁漱溟主讲印度哲学，一改当时西欧和日本讲印度哲学不包括佛学的惯常做法，他自编讲义，以阐述佛法为主。梁漱溟的讲义后来汇编成《印度哲学概论》一书，与《新唯识义》第一册于 1920 年初出版。

1918年11月，梁漱溟之父梁济在北京积水潭投水自杀。他在自杀前写下《敬告世人书》，宣称自己“系殉清朝而死”，自己在思想上“以幼年所学为本位”，也就是以中国传统文化为本位。此事使梁漱溟深感自己多年来在人生问题上崇尚佛学，在社会政治问题上赞慕西学，而“于祖国风教大原、先民德礼之化，顾不知留意，尤大伤公之心”。受到父亲自杀殉道精神的震撼，在负罪感的驱使下，梁漱溟“始复有寤于故土文化之微，而有志焉”。思想感情进一步由倾慕佛家的出世主义向儒家的救国济世理想转变。

此后，梁漱溟开始对东西文化及其哲学进行比较研究。1921年8月他应邀到山东济南作“东西文化及其哲学”演讲，演讲记录被整理为《东西文化及其哲学》。在该书中，梁漱溟通过对西洋文化、印度文化和中国文化三种文化的考察，认为文化精神是民族生存的决定性因素，中国社会的根本问题是严重的文化失调，因此中华民族的复兴主要在于作为中国文化之正统和代表的儒家文化的重建。《东西文化及其哲学》是我国最早用比较方法进行文化研究的一部著作。该书出版后，不仅在当时引起强烈反响，而且对后来的现代新儒学思潮的形成和发展，特别是对现代新儒家文化哲学的形成和发展，产生了十分重要的影响。

1923年，梁漱溟到山东曹州中学演讲，提出以农立国主张。次年夏天他辞去北京大学教职，赴山东办学，从事教育实践。1927年，梁漱溟提出“乡村建设运动”设想。在随后的几年里，他为推行这种主张进行了各种尝试。在此期间，他相继发表和出版了一系列有关乡村建设的文章和著作《中国民族自救运动之最后觉悟》(又名《村治论文集》)《乡村建设论文集》《乡村建设大意》《乡村建设理论》(又名《中国民族之前途》)等。

1937年7月，抗日战争爆发，梁漱溟被聘任为国防最高会议参议会参议员。1941年，他担任中国民主政团同盟秘书长，受命在香港负责筹办同盟机关报《光明报》。年底香港沦陷，《光明报》停刊。1942年初，梁漱溟回到桂林，开始着手写《中国文化要义》一书。1945年，日本无条件投降。1946年5月，梁漱溟作为民盟的首席代表参与国共和谈。和谈失败后，梁漱溟决定退出现实政治活动，继续致力于《中国文化要义》一书的写作。

1949年11月，《中国文化要义》一书由成都路明书店出版。梁漱溟把该书看作他继《东西文化及其哲学》《乡村建设理论》之后的第三部重要著作。在该书中梁漱溟提出，西洋文化以基督教为中心，而中国文化的特殊性在于它以非宗教的孔子精神和儒家思想为中心。

新中国成立后，梁漱溟担任中国人民政治协商会议委员、常务委员。1953年，他在政协扩大会议上的发言，被毛泽东主席认为是反对"总路线"，破坏工农联盟，受到严厉批评。此后，尤其是在"文革"期间，梁漱溟的思想继续受到批判。1973年10月，"批林批孔"运动开始。次年2月，梁漱溟在政协学习会上作题为《今天我们应当如何评价孔子》的长篇发言，明确肯定孔子在中国文化发展中的历史作用。这次发言又招致为期近一年的批判。当主持批判会的人问他对批判有何感想时，胸怀坦荡、性情耿介的梁漱溟竟然脱口而出："三军可夺帅，匹夫不可夺志。"

1975年，梁漱溟完成了《人心与人生》的写作，又着手改写《东方学术概观》一书，两书先后于1984和1986年出版。《人心与人生》重点探讨道德与人生问题，认为中国传统的伦理道德经过改进之后，一定会成为人类社会共同遵循的道德标准。改写的《东方学术概观》主要是对《人心与人生》一书第十三章"东西学术分途"的补充和发挥。1985年，中国文化书院成立，梁漱溟为书院举办的中国文化讲习班讲授《中国文化要义》。

1988年6月23日，梁漱溟在北京逝世，终年95岁。

梁漱溟是现代新儒学的开山人物，也是现代新儒家文化哲学的开山人物。当初，梁漱溟本人并没有自觉的"文化哲学"意识，他甚至没有自觉的"哲学"意识，①但是他出版于1921年被称为"震古烁今之著作"（梁启超语）的《东西文化及其哲学》一书，却是现代新儒家文化哲学的奠基之作。就这部著作的基本思想原则而论，该书突出强调的文化比较研究中的民族性原则，对现代新儒家文化哲学的形成和发展产生了极为深远的影响。此后梁漱溟关于中西文化和哲学的其他著述，也表明了他对现代新儒家

① 梁漱溟曾说："我与哲学无缘。我不懂什么叫哲学……当时，别人告诉我，说你所思所谈的是哲学。我说这就是哲学啊？你说是哲学，那么就算是哲学吧。我就是这样，误打误撞地进了哲学之门。"见刘克敌编《梁漱溟的最后39年》，中国文史出版社2005年版，第265页。

文化哲学的开创作用。

一、"意欲"是文化的本原

梁漱溟认为，文化是生活的"样法"，而生活的本质是人的"意欲"，因此文化的根本是"意欲"，它是人类文化形成和发展的本原和动因。

1. 文化是生活的"样法"，生活是没尽的"意欲"

"所谓一家文化不过是一个民族生活的种种方面"。[①] "文化，就是吾人生活所依靠之一切"。[②] 梁漱溟认为人类生活包括精神生活、物质生活、社会生活，在这些方面，不同的民族都有自己的生活"样法"，这便是不同民族的文化。"你且看文化是什么东西呢？不过是那一民族生活的样法罢了"。[③] 所谓"样法"，指的是生活的准则、方式和基本形态。

因此，为了求得文化中最根本的东西，我们必须从"生活"入手向深处追寻。梁漱溟说：

> 我以为我们去求一家文化的根本或源泉有个方法……生活又是什么呢？生活就是没尽的"意欲"（Will）——此所谓"意欲"与叔本华所谓"意欲"略相近，——和那不断的满足与不满足罢了。通是个民族，通是个生活，何以他那表现出来的生活样法成了两异的彩色？不过是他那为生活样法最初本因的意欲分出两异的方向，所以发挥出来的便两样罢了。然则你去求一家文化的根本或源泉，你只要去看文化的根源的意欲，这家的方向如何与他家的不同。你要去寻这方向怎样不同，你只要他已知的特异彩色推他那原出发点，不难一目了然。[④]

生活就是没尽的"意欲"，"意欲"的不同方向决定了生活的不同"样法"。因此"生活的样法"——亦即"文化"——取决于"意欲"朝着不同方

---

① 梁漱溟：《东西文化及其哲学》，商务印书馆2005年版，第19页。

② 梁漱溟：《中国文化要义》，上海人民出版社2005年版，第6页。

③ 梁漱溟：《东西文化及其哲学》，第32页。

④ 梁漱溟：《东西文化及其哲学》，第32页。

向的发挥。可见作为“生活样法”最初本因的“意欲”，乃是“一家文化的根本或源泉”。

梁漱溟说，他所谓“意欲”略近于唯意志论哲学家叔本华所说的“意志”。叔本华认为世界的本质是“意志”，人作为世界的一部分，其本质是“生存意志”。梁漱溟谓之“意欲”，包含着“欲求”的意思，因此我们可以将他所说的“意欲”理解为意志和欲求。在他看来，这种意志、欲求是人类生活的最初本因和驱动力，因而也是人类文化的最初本因和驱动力。

2.“意欲”决定人生态度和文化的路向

梁漱溟认为，不同民族的文化之所以朝着不同方向发展，形成各自的“特异色彩”，其根源在于“意欲”追求的方向不同。人类的“意欲”从根本上说在于求得生存、发展，这决定了人类面临着三个基本问题：“人生盖有性质不相同的三大问题：1. 人对物的问题；2. 人对人的问题；3. 人对自身生命的问题。”[①]在解决这三个基本问题时，人的“意欲”表现出不同的追求方向。为着解决人对物的需求问题，“意欲”向外、向前追求，征服自然，获得物质利益；为着解决人对人的关系问题，“意欲”向内追求，调和持中，与人和谐相处；为着解决人对自身生命的问题，“意欲”向后追求，反思生命意义，寻求终极解脱。这三种不同方向的追求，代表了人生的三种态度，在文化上则表现为三种路向。“所有人类的生活大约不出这三个路径样法：（一）向前面要求；（二）对于自己的意思变换、调和、持中；（三）转身向后去要求；这是三个不同的路向……生活的根本在意欲而文化不过是生活之样法，那么，文化之所以不同由于意欲之所向不同是很明显的”。[②]

在解决人生的基本问题时，这三种路向究竟有着怎样的不同？梁漱溟说：

> （一）本来的路向：就是奋力取得所要求的东西，设法满足他的要求；换一句话说就是奋斗的态度。遇到问题都是对于前面去下手，这种下手的结果就是改造局面，使其可以满足我们的要

---

① 梁漱溟：《梁漱溟全集》，山东人民出版社 1990 年版，第 3 卷，第 653 页。

② 梁漱溟：《东西文化及其哲学》，第 61—62 页。

求，这是生活本来的路向。

（二）遇到问题不去要求解决、改造局面，就在这种境地上求我自己的满足。譬如屋小而漏，假使照本来的路向一定要求另换一间房屋，而持第二种路向的遇到这种问题，他并不要求另换一间房屋，而就在此种境地之下变换自己的意思而满足，并且一般的有兴趣。这时下手的地方并不在前面，眼睛并不望前看而向旁边看；他并不想奋斗的改造局面，而是回想的随遇而安。他所持应付问题的方法，只是自己意欲的调和罢了。

（三）走这条路的人，其解决问题的方法与前面两条路向都不同。遇到问题他就想根本取消这种问题或要求。这时他既不像第一条路向的改造局面，也不像第二条路向的变更自己的意思。只想根本上将此问题取消。这也是应付困难的一个方法，但是最违背生活本性。因为生活的本性是向前要求的。凡对于种种欲望都持禁欲态度的都归于这条路。[①]

在此，梁漱溟对三种路向的基本特征作了说明，我们可以将他的说明概括为：

第一种路向是“意欲”的自我奋斗，其结果是改造环境；

第二种路向是“意欲”的自我调和，其结果是随遇而安；

第三种路向是“意欲”的自我否定，其结果是归于寂灭。

这里值得注意的是，梁漱溟强调“意欲”向前奋斗的第一路向“是生活本来的路向”，而“意欲”自我否定的第三种路向则是“最违背生活本性”的。梁氏的这种见解，与他对于东西文化的理解和评价有着密切关系，对此我们将在后文论及。

“意欲”的路向所代表的人生态度，被梁漱溟视为人类文化价值的核心内容。面对人生问题，人们所表现出的是非好恶和所作出的取舍选择——这就是生活的“样法”——正是基于这种人生态度或曰价值判断的。不同民族之所以具有不同的生活“样法”，亦即文化形态，也是基于他们的人生态度的，所以梁漱溟说：“盖人类文化占最大部分的，诚不外那些

① 梁漱溟：《东西文化及其哲学》，第61页。

为人生而有的工具手段、方法技术、组织制度等。但这些虽极占分量，却只具从属地位。居中心而为之主的，是其一种人生态度，是其所有之价值判断。此即是说，主要还在其人生何所取舍，何所好恶，何是何非，何去何从。这里定了，其他一切莫不随之。不同的文化，要在这里辨其不同。”①

约而言之，“意欲”是生命的根本和文化的本原，它的路向决定人们的生活态度，决定民族生活的“样法”亦即文化形态。这就是梁漱溟“意欲本原论”的基本理念。

二、“路向”不同的三种文化及其价值

以“意欲本原论”为依据，梁漱溟对西方文化、中国文化、印度文化进行了比较研究。中国文化和印度文化属于东方文化，因此这种研究也就是他关于东、西方文化的比较研究。梁漱溟于 1921 年出版的《东西文化及其哲学》一书，②就是他从事这种研究的主要成果。在此书中梁漱溟提出，西方文化、中国文化、印度文化分别代表着人类文化的三种路向。西方文化“以意欲向前要求为其根本精神”，中国文化“以意欲自为调和持中为其根本精神”，印度文化“以意欲反身向后要求为其根本精神”。

1.“意欲向前要求”的西方文化

西方文化所要解决的是人类生活的第一个基本问题即人对物的关系问题。人的“意欲”只有向外追求、奋斗，才能解决物质需求问题，因此西方文化必然是“以意欲向前要求为其根本精神”的，由此也就决定了西方文化的“特异色彩”。梁漱溟不赞成简单地将“征服自然”视为西方文化的特征。他在《东西文化及其哲学》一书中，对日本早稻田大学教授金子马治、美国哲学家杜威等人关于西方文化特征的说法提出了不同的看法。金子马治认为“西洋文明是势能（power）之文明”，西方文化的特征在于

---

① 梁漱溟：《中国文化要义》，第 86 页。

② 《东西文化及其哲学》是梁漱溟于 1921 年 8 月在山东济南教育会演讲时的讲稿，同年 10 月由北平财政局出版，1922 年 1 月由上海商务印书馆正式出版。

"征服自然"。杜威评说东西方文化时也提出"西方人是征服自然,东方人是与自然融洽,此即西方文化不同之所在"。[①] 梁漱溟认为他们的说法失之简单,如西方社会所提出的"自由"、"平等"就不是"征服自然"所能包括得了的。而且,东方文化也并非不讲征服自然。"东西两方面的征服自然不过是程度之差,这'征服自然'四字,哪里就能表出西方文化特别的精神呢?"[②]

梁漱溟说自己早年(1918年)在北京大学研究东西方文化时,就认为西方文化有两样特长,"一个便是科学的方法,一个便是人的个性伸展,社会性发达。前一个是西方学术上特别的精神,后一个是西方社会上特别的精神"。[③] 这就是"赛恩斯"精神(科学精神)和"德谟克拉西"精神(民主精神)。后来他看到《新青年》杂志上陈独秀等人主张学习西方的科学和民主的文章,认为"只有近年《新青年》一班人才算主张西方化到家……然则我们如果问如何是西方化?就答作'西方化即是赛恩斯、德谟克拉西两精神的文化'对不对呢?这个答法很对,很好,比那'征服自然'说精彩得多,把征服自然说所忽略的都切实表明出来,毫无遗憾了"。[④] 尽管在梁漱溟看来这个答法仍然有"重要的不称心的地方",即没有表明西方的科学精神对于物质生活的关系以及科学精神与民主精神之间的关系,但是他明确断定科学精神和民主精神是西方文化的两大特征,"西方文化是由意欲向前要求的精神产生'赛恩斯'与'德谟克拉西'两大异彩的文化"。[⑤] "五四"时期,提倡学习西方的科学与民主的言论铺天盖地,而首先从文化哲学的角度将西方文化的特征明确地概括为科学精神和民主精神的,当推梁漱溟。

(1)西方文化的科学精神。

梁漱溟在阐释西方文化的科学精神时,将西方重"科学"与中国重"手艺"进行了对比。他说:"西方却一切要根据科学——用一种方法把许多

---

① 梁漱溟:《东西文化及其哲学》,第27页。
② 梁漱溟:《东西文化及其哲学》,第28页。
③ 梁漱溟:《东西文化及其哲学》,第29页。
④ 梁漱溟:《东西文化及其哲学》,第30页。
⑤ 梁漱溟:《东西文化及其哲学》,第33页。

零碎的经验,不全的知识,经营成学问,往前探讨,与‘手艺’全然分开,而应付一切,解决一切的都凭科学。”[①]科学是一种“学”,是全面的、系统的知识,是“客观公认的确实知识”,它重视公理公例,重视发明创造。“科学求公例原则,要大家共认证实的;所以前人所有的今人都有得,其所贵便在新发明,而一步一步脚踏实地,逐步前进,当然今胜于古”。[②] 科学这种客观、务实、求进步的精神,是西方国家经济发达、社会发展的巨大动力。在西方,工业、农业、政治、商业、医疗、军事乃至养鸡、放羊都有专门的科学,这就使得西方的文化、学术浸润着科学精神。“西方的学术思想,处处看去,都表现一种特别的色彩,与我们截然两样,就是所谓‘科学的精神’……可见‘科学’为区别东西文化的重要条件是不错的了”。[③]

(2)西方文化的民主精神。

如果说科学精神是“西方学术上特别的精神”,那么民主精神便是“西方社会上特别的精神”。梁漱溟认为西方的民主精神主要表现为人的个性伸展和社会性发达。

人的个性伸展即自由、平等,其前提是人对于自身权利的认识。梁漱溟说:

> 必要有了“人”的观念,必要有了“自己”的观念,才有所谓“自由”的。而西方人便是有了这个观念的,所以他要求自由,得到自由。大家彼此通是一个个的人。谁也不是谁所属有的东西;大家的事便大家一同来作主办,个人的事便自己来作主办,别人不得妨碍。所谓“共和”、“平等”、“自由”不过如此而已,别无深解……这种倾向,我们叫他:“人的个性伸展。”[④]

梁漱溟将西方社会的平等、自由概括为两层意思:“第一层便是公众的事大家都有参与做主的权;第二层便是个人的事大家都无过问的权。”[⑤]在他看来,西方社会“拿主意的即是听话的,听话的即是拿主意的”,人人

① 梁漱溟:《东西文化及其哲学》,第 34 页。
② 梁漱溟:《东西文化及其哲学》,第 35 页。
③ 梁漱溟:《东西文化及其哲学》,第 42 页。
④ 梁漱溟:《东西文化及其哲学》,第 45 页。
⑤ 梁漱溟:《东西文化及其哲学》,第 44 页。

既是“治人者”又是“治于人者”，乃至“无所谓尊卑上下而平等一般了”。可见梁漱溟对于西方社会平等、自由的理解存在着绝对化的倾向。

社会成员的个性伸展，又导致了“社会性的发达”。在梁漱溟看来，一个社会在政治上公平、公正、有效便是社会性发达。由君主专制演变为立宪制、共和制，由君主一人主宰天下演变为社会成员共同治理天下，体现了西方国家社会性的增强、发达。“西方的社会不可单看人的个性伸展一面，还有人的社会性发达一面……从组织的分子上看便为个性伸展，从分子的组织上看便为社会性发达”。[①] 社会是一个庞大的“组织”，作为社会成员的人是其中的“分子”，人的个性伸展，必然导致这个“组织”的社会性发达。这表明，梁漱溟是将西方社会的个人自由与社会民主问题结合起来，从这两个方面来理解他所说的西方“德谟克拉西精神”的。他总结自己对西方社会的认识，说：

> 总而言之，据我看西方社会与我们不同所在，这“个性伸展社会性发达”八(应为“九”——引者按)字足以尽之，不能复外，这样新异的色彩，给他个简单的名称便是“德谟克拉西”(democracy)。我心目中的德谟克拉西就是这般意思……西方人的社会生活处处看去都表现一种特别色彩，与我们截然两样的就是所谓“德谟克拉西的精神”。所有的西方文化通是这“德谟克拉西”与前头所说“科学”两精神的结晶。[②]

在此，梁漱溟将“个性伸展”和“社会性发达”概括为西方社会的民主精神，并进一步将民主和科学概括为西方文化的特征。文化是民族生活的“样法”，“文化的不同纯乎是抽象样法的，进一步说就是生活中解决问题方法之不同”。[③] 作为西方文化之特征的科学与民主，也正是西方人“解决问题的方法”——用“科学”的方法解决人的物质生活问题，用“民主”的方法解决人的社会生活问题。梁漱溟认为西方人正是由于采取了科学和民主的方法，而使西方社会在近代以来取得了巨大的进步，在物质生活和

① 梁漱溟:《东西文化及其哲学》，第 46 页。
② 梁漱溟:《东西文化及其哲学》，第 49 页。
③ 梁漱溟:《东西文化及其哲学》，第 61 页。

政治生活方面都走在世界的前列，可见科学和民主“这两样东西是西方化的特别所在，亦即西方化的长处所在”。[①]

(3)西方文化之弊。

梁漱溟虽然认为西方文化的科学精神和民主精神“这两种精神完全是对的；只能为无批评无条件的承认”，[②]但他同时认为西方文化有弊病。不过，这种弊病不是出自科学和民主自身，而是出自西方文化的根本态度——“意欲”，这种“意欲”一味向外、向前追求。简单地说，就是“西洋人风驰电掣的向前追求，以致精神沦丧苦闷”。[③]

梁漱溟认为，近代以来的西方人着重追求经济的发达和物质生活的改善，“所谓向前要求，就是向着自然界要求种种东西以自奉享”。[④] 对于物质利益的过分关注，导致了西方人对于精神价值的漠视，“从他那向前的路一味向外追求，完全抛荒了自己，丧失了精神；外面生活富丽，内里生活却贫乏至于零！”[⑤]所谓“外面生活”即物质生活，“内里生活”即精神生活。在此，梁漱溟用激烈的态度批评西方文化使人“精神沦丧”。他并不否认西方社会由于科学技术的迅猛发展而带来的繁荣兴旺，但是在他看来西方人的社会生活“表面非常富丽，而骨子里其人苦痛甚深……穿锦绣的未必便愉快，穿破布的或许很乐”。[⑥] 与物质生活的富裕给人们带来的享乐相比，精神生活的贫乏给人们带来的痛苦或许更加深刻，这是梁漱溟批评西方文化的弊病时所持有的一个基本理念。这个理念很值得我们注意，因为它反映了梁漱溟文化价值观的基本取向，表明了在梁漱溟看来，文化作为人们生活的“样法”，其主要功能应该表现在人们的精神生活方面。

2.“意欲自为调和持中”的中国文化

所谓“自为调和持中”，就是“对于自己的意思变换，调和持中”。[⑦] 此

---

① 梁漱溟：《东西文化及其哲学》，第 50 页。

② 梁漱溟：《东西文化及其哲学》，第 209 页。

③ 梁漱溟：《东西文化及其哲学》，第 156 页。

④ 梁漱溟：《东西文化及其哲学》，第 70 页。

⑤ 梁漱溟：《东西文化及其哲学》，第 181 页。

⑥ 梁漱溟：《东西文化及其哲学》，第 155—156 页。

⑦ 梁漱溟：《东西文化及其哲学》，第 61 页。

处“调和”，不是作用于外部事物，而是作用于“意欲”自身，亦即“意欲”的自我调和。当自己的愿望在客观现实中不能获得满足时，就主动地、自觉地变换、调节这种愿望，避免自己的意志一味向前进取，这就是“自为调和持中”。梁漱溟认为，这是中国文化的根本精神，这种根本精神表明了中国文化的“路向”不同于西方文化那种注重人对于物的关系的“第一路向”，而是注重人对于人的关系的“第二路向”。中国人的生活历来“都还是我们所谓人生第二路向。……中国人生无论是孔是老，非孔非老，要皆属于第二路者”。[①]

(1)中国文化之特征。

这“第二路向”的中国文化，在梁漱溟看来具有下列主要特征：

①“广土众民”。[②]

②“偌大民族之同化融合”，即多民族的融合。

③“历史长久，并世中莫与之比”。

④中国文化“有无比之伟大力量”，但中国文化不以(科学)知识见长，因此若按西洋人“知识就是力量”的道理，则我们指不出中国文化的力量在于何处。

⑤“历久不变的社会，停滞不前的文化”，可以说中国“只有中古史而无近代史”。

⑥“几乎没有宗教的人生”，诚如英国哲学家罗素所言“以孔子伦理为准则而无宗教”。

⑦“中国的家族制度在其全部文化中所处地位之重要，及其根深蒂固，亦是世界闻名的。……中国所以至今被人目之为宗法社会者，亦即在此”。

⑧中国学术较早发达，却“不向着科学前进”。

⑨“民主、自由、平等一类要求不见提出”，“法制不见形成”。

⑩“融国家于社会人伦之中，纳政治于礼俗教化之中，而以道法统括文化，或至少是在全部文化中道法气象特重”。这个特征与上述第六个特

---

① 梁漱溟:《东西文化及其哲学》，第155页。

② 梁漱溟:《中国文化要义》，第10页。以下关于梁氏论中国文化十四个特征的引文均见该书第10—24页，不再一一注出。

征结合起来，则表明中国文化重道法、轻宗教。

⑪“中国不是一国家，而实为一大文化社会”，也就是说中国“不属普通国家类型”。

⑫“中国自东汉以降为无兵的文化”。所谓“无兵”，指“兵匪不分，军民互相仇视”。

⑬“孝在中国文化中作用至大”，因此中国文化可以说是“孝的文化”。

⑭隐士“是中国社会的特产”，与中国文化“有相当关系”。

需要指出的是，梁漱溟所提出的中国文化这十四个特征，主要是现象上的罗列。其中有些是他本人提出的见解，有些是他转述别人的见解而予以认同。同时，这些“特征”缺乏严格的界定，它们不是中国文化结构中同一层次上的特征，它们之间的逻辑联系也没有得到应有的揭示。但是我们通过梁漱溟关于这些特征的表述，还是可以概括出他关于中国文化的几个重要观念：

其一，中国文化固然有伟大的力量，但是缺乏科学和民主。

其二，科学和民主的缺乏，导致近代以来中国社会的落后和文化的停滞，所谓“只有中古史而无近代史”。

其三，中国文化重道法、轻宗教（与西方文化相反）。这具有正面和负面的双重作用，“宗教缺乏为负面，道法特重为正面”。[①]

上述观念，反复体现在梁漱溟关于中国文化的诸多评论中。

（2）中国文化之弊。

在谈到中国文化的弊病时，梁漱溟从物质生活、社会生活和精神生活三方面作出说明。他说：“几乎就着三方面看去，中国都是不济。”[②]在物质生活方面，中国无疑是很不发达的。“社会生活方面……数千年以来使吾人不能从种种在上的威权解放出来而得自由；个性不得伸展，社会性亦不得发达，这是我们人生上一个最大的不及西洋人之处”。[③] 这就是说，中国数千年来的社会生活没有民主。在“精神生活方面，人多以为中国人在这

① 梁漱溟：《中国文化要义》，第 21 页。

② 梁漱溟：《东西文化及其哲学》，第 71 页。

③ 梁漱溟：《东西文化及其哲学》，第 156 页。

一方面是可以比西洋人见长的地方，其实大大不然；中国人在这一方面实在是失败的……这一方面的生活，中国人并没有作到好处”。[①] 在这里值得注意的是，梁漱溟不赞成那种颇为流行的认为中国人的精神生活高于西方人的观点。而在他看来，中国人在精神生活方面之所以“没有作到好处”，是因为没有贯彻孔子的精神。

应该看到的是，梁漱溟从物质生活、社会生活、精神生活方面关于中国文化弊病的议论，基本上停留在现象描述的层次。他还有一种关于“中国文化五大病”的议论，即认为中国文化“幼稚”、“衰老”、“不落实”、“落于消极亦再没有前途”、“暧昧而不明爽”的见解，[②]同样是一种不够深刻的现象描述。

梁漱溟关于中国文化之弊的深层次探讨，见之于他的中国文化“早熟”论。

梁漱溟以人们行路作比喻，说中国文化与西方文化的差别，不是同一路向上的行程远与近的差别，而是不同路向的差别。中国文化从开始走的就是注重人与人之间关系的“第二路向”，但是人类文化在其早期，本该像西方文化那样走注重人对于物的关系的“第一路向”，以解决人的生存、繁衍的物质需求问题。中国文化形成之后，所关注者便是人与人之间的关系而不是人与自然之间的关系。它在人与人的关系方面提倡“无我”“屈己让人”，在人对自然的认识方面不讲究理智的分析而满足于笼统的直觉。由此导致以下后果：

> 我们不待抵抗得天行，就不去走征服自然的路，所以至今还每要见厄于自然。我们不待有我就去讲无我，不待个性伸展就去讲屈己让人，所以至今还未曾得从种种威权底下解放出来。我们不待理智条达，就去崇尚那非论理的精神，就去好用直觉，所以至今思想也不得清明，学术也都无眉目。并且从这种态度就根本停顿了进步，自其文化开发之初到他数千年之后，也没有什么

---

① 梁漱溟：《东西文化及其哲学》，第 157 页。

② 梁漱溟：《中国文化要义》，第 250—254 页。

两样……假使没有外力进门，环境不变，他会要长此终古！[1]

在此，梁漱溟对中国文化的批评是持激烈态度的，因此我们不必要求他的每句话都是准确、妥帖的。透过这段批评我们可以看出，梁漱溟认为中国文化从一开始就走"第二路向"必然产生严重的后果，而这就是中国文化"早熟"带来的结果。中国文化"所有的不好不对，所有的不及人家之一点，是这态度拿出太早不对，这是我们惟一致误所由"。[2]

对文化的"早熟"，梁漱溟用文化发展中"身"与"心"、"理智"与"理性"的关系加以说明。他说西方文化"是从身体出发"，中国文化却"径直从心出来"。从身体出发，解决人们的物质生活需求问题，就需要认识自然环境、洞悉物理，这就促成了理智的发达。从"心"出发，解决人们精神上的安身立命问题，就需要认识人际关系、洞悉人伦，这就促进了理性的发达。这里所说的"理性"指的是"神圣理性"，也就是道德理性。梁漱溟曾说："理智者人心之妙用，理性者人心之美德。"[3]在他看来，人类文化的正常发展应该是首先从身体出发，而不是从"心"出发的，"前者是循序渐进，后者便是早熟"。[4] 文化"早熟"之后的中国"由此遂无科学"，这主要表现在两个方面：一是"中国人讲学问，详于人事而忽于物理"；[5]二是中国人有问题"多从道德观点"作判断。文化"早熟"还使得中国人的思维"长于理性，短于理智；使得中国文化终于陷于盘旋不进"。

总之，"一切一切，总不外理性早启文化早熟一个问题而已"。[6] "中国的缺欠……是理性早启文化早熟的缺欠"。[7] 这就是梁漱溟在分析中国文化的弊病时所得出的深层次结论。

(3)中国文化的优长所在。

梁漱溟指出，中国文化虽然因其"早熟"而有弊端，却自有其优长之

---

① 梁漱溟：《东西文化及其哲学》，第 205 页。

② 梁漱溟：《东西文化及其哲学》，第 205 页。

③ 梁漱溟：《人心与人生》，学林出版社 1984 年版，第 85 页。

④ 梁漱溟：《中国文化要义》，第 227 页。

⑤ 梁漱溟：《中国文化要义》，第 237 页。

⑥ 梁漱溟：《中国文化要义》，第 255 页。

⑦ 梁漱溟：《中国文化要义》，第 268 页。

处。“所谓第二路向……并非没有自己积极的精神”。[①]

就物质生活而论，中国固然物质文明不发达，但也因此而避免了“西洋近世的经济状况”，中国人没有遭遇近世西洋人那种物质富足、精神失落的痛苦。“中国人以其与自然融洽游乐的态度，有一点就享受一点”。[②]中国人在物质生活方面知足常乐的态度表现了一种积极的精神。

就社会生活而论，中国人数千年来“个性不得伸展，社会性亦不得发达”，缺乏民主、自由，但是“西洋人是有我的，中国人是不要我的。……处处尚情而无我”，[③]西方人在社会生活中以自我为中心，中国人则可以屈己让人，看重人与人之间的情感。因此在中国，“家庭里、社会上处处都能得到一种情趣，不是冷漠、敌对、算账的样子，于人生的活气有不少的培养，不能不算一种优长与胜利”。[④] 也就是说，中国人在社会生活中轻利害而重人情，这也是一种积极的精神。

就精神生活而论，中国固然在这方面也是“失败”的，但是中国有伟大的先哲孔子，以孔子为代表的儒家精神对于中华民族影响至巨，对于中国人的精神生活产生着指导作用。虽说儒家精神在中国未能很好地全面贯彻，近代以来更是日趋沦丧，但其价值仍不可否定。“就在儒家领导之下，二千多年间，中国人养成一种社会风尚，或民族精神，除最近数十年渐渐澌灭，今已不易得见外，过去中国人的生存及其民族生命之开拓，胥赖于此”。[⑤] 这就是说，指导着中国人的精神生活的儒家精神是一种十分有价值的积极的精神。

简言之，中国文化虽可谓百病丛生，却也“别有成就，非只这消极的面目而自有其积极的面目”，[⑥]这是梁漱溟从物质生活、社会生活、精神生活三方面对中国文化作出分析后得出的结论。而更值得我们关注的是，在这个结论的基础上，梁漱溟更深一层地提出了他关于中国文化的“优长所

① 梁漱溟：《东西文化及其哲学》，第158页。
② 梁漱溟：《东西文化及其哲学》，第156页。
③ 梁漱溟：《东西文化及其哲学》，第157页。
④ 梁漱溟：《东西文化及其哲学》，第157页。
⑤ 梁漱溟：《中国文化要义》，第118页。
⑥ 梁漱溟：《东西文化及其哲学》，第71页。

在”的见解。他没有明确地表述这个见解，但我们可以从他的议论中概括出这个见解，那就是：从根本上说，孔子精神是中国文化的“优长所在”。

我们从梁漱溟关于中国文化在物质生活、社会生活、精神生活方面长处的阐述中可以看出，他所谓中国文化在这三方面的长处，其实归根结底都属于精神领域。中国人在物质生活方面知足常乐而不一味向自然界索取，在社会生活方面轻利害而重人情，都属于精神方面的表现。至于儒家精神对于中国人生活的指导作用，当然更直接是精神方面的表现了。由此可见，梁漱溟认为中国文化的长处表现在精神生活方面。进一步说，这种长处表现在孔子精神对于中国人生活的指导方面。

梁漱溟所理解的“孔子精神”，主要指“自强不息的精神”。在他看来，中国文化由于过早地走上“第二路向”，导致了它处于消极、落后的状态，“惟孔子自强不息是作到第二路的恰好处”，[①]“孔家‘自强不息’的精神，很得着点第二路的积极面目”。[②] 中国文化所走的“第二路向”导致国人的性格偏向阴柔坤静，“中国人殆不免于容忍敷衍而已，惟孔子的态度全然不是什么容忍敷衍，他是无入不自得。惟其自得而后第二条路乃有其积极的面目”。[③] 这积极的面目就是自强不息的精神，它使人们对待生活表现出阳刚乾动的态度。梁漱溟又将孔子自强不息的精神称之为“刚的态度”，说：“若如孔子之刚的态度，便为适宜的第二路人生。”[④]总之，从根本上说，孔子“自强不息的精神”或曰“刚的态度”，是过早走上“第二路向”的中国文化中的积极精神，是中国文化的“优长所在”。

3.“意欲反身向后要求”的印度文化

梁漱溟说，在文化问题上“印度人是走第三条路向”，“印度文化是以意欲反身向后要求为其根本精神的”。[⑤]

---

① 梁漱溟：《东西文化及其哲学》，第 184 页。
② 梁漱溟：《东西文化及其哲学》，第 183 页。
③ 梁漱溟：《东西文化及其哲学》，第 158 页。
④ 梁漱溟：《梁漱溟全集》第 1 卷，山东人民出版社 1989 年版，第 539 页。
⑤ 梁漱溟：《东西文化及其哲学》，第 63 页。

所谓"意欲反身向后要求",就是"既非向前,又非持中,乃是翻转向后",[①]遇到问题既不像西方人那样向前奋斗,也不像中国人那样调和持中,而是"根本上将此问题取消",将人的欲望取消。"反身向后要求"就是向着否定自身欲望的方向要求,这实际上就是禁欲主义,"凡对于种种欲望都持禁欲态度的都归于这条路"。梁漱溟认为,生活的本性是向前要求的,因此这"第三路向"是"最违背生活本性"的。

梁漱溟对印度文化的评论,同样是从物质生活、社会生活、精神生活三个方面进行的。他说印度文化"其物质文明之无成就,与社会生活之不进化,不但不及西方且不如中国"。[②] 就文化生活的三个方面而论,印度文化"成了精神生活的畸形发展,而于精神生活各方面又为宗教的畸形发展……既不像西方人的要求幸福,也不像中国人的安遇知足,他是努力于解脱这个生活的"。[③] 这就决定了走"第三路向"的印度文化是典型的宗教文化。一些印度人为了达到从现实生活"解脱"的目的,甚至对生存欲望也予以否定、取消,乃至自饿不食,投入寒渊,赴火炙灼,赤身裸露,在道上等车来轧死,或是上山去找老虎。总之,"世界民族盖未有渴热于宗教如印度人者,世界宗教之最奇盛与最进步未有过于印度之上者"。[④] 中国文化是不待走"第一路向"便走上"第二路向",印度文化则是不待走"第一路向"和"第二路向"便走上"第三路向",专注于人与自身的关系问题,即人对于自身生命的态度问题。其根本主张是通过禁欲主义来否定、取消人的生存欲望,这自然使印度的物质生活、社会生活、精神生活都失去了前进的动力,使印度文化失去了前进的动力。

梁漱溟对印度文化的批评态度,与他对佛教的批评态度紧密相关。吊诡的是,梁漱溟不仅青年时代笃信佛教并且曾准备出家,而且直至晚年仍然表示:"其实我一直是持佛家的思想,至今仍然如此……持佛家精神,

---

① 梁漱溟:《东西文化及其哲学》,第 73 页。
② 梁漱溟:《东西文化及其哲学》,第 73 页。
③ 梁漱溟:《东西文化及其哲学》,第 73 页。
④ 梁漱溟:《东西文化及其哲学》,第 73 页。

过佛家的生活，是我的心愿。”[①]但是从他撰写、出版《东西文化及其哲学》时期开始，他就在该书和其他一些著作中一再表示反对提倡佛教。笔者认为，此中原因就在于梁漱溟虽然始终在精神上与佛学相通、相契，但是他认为在民族危机深重的中国，佛教的兴盛只能使国人精神更加消沉，国势更加倾颓。因此他说印度文化的“第三路向”的态度——即佛家的态度——在当时的中国决不可以提倡，“第三态度的提出，此刻还早的很……你一个人去走，我不能管；但如你以此倡导于社会，那我便不能不反对。我们因未走第一路便走第二路而受的病痛，从第三态度将有所补救呢，还是要病上加痛呢？……假使佛化大兴，中国之乱便无已”。[②] 在梁漱溟看来，印度文化不经过“第一路”和“第二路”就走上“第三路”，采取佛教禁欲主义的态度对待人生，对于中国社会来说实在是不可取、不足法的。

三、文化发展的“三期重现说”

关于世界文化的发展，梁漱溟认为其大势是：“古文明之希腊、中国、印度三派竟于三期间次第重现一遭。”他否定了当时思想界极具影响的关于东方文化与西方文化（或曰中国文化与西方文化）“融合”的理论，提出了独具一格的“三期重现说”。

1. 否定“融合论”

当时思想界“一般人议论——其实是毫无准据的想象——异口同声说世界未来文化必是融合了东西两方文化而产生的；两方文化各有所偏，而此则得其调和适中的”。[③] 梁漱溟说这种“融合论”的谬误在于不懂得以下两点：其一，每种文化都有其根本精神，“这一派根本精神和那一派根本精

---

① 王宗昱：《是儒家，还是佛家——访梁漱溟先生》，载深圳大学国学研究所主编《中国文化与中国哲学》第1辑，东方出版社1986年版，第561页。

② 梁漱溟：《东西文化及其哲学》，第211页。

③ 梁漱溟：《东西文化及其哲学》，第201页。

神何从融合起呢?”[①]其二,文化是民族生活的“样法”,也就是一种“态度”、一种“方向”,“都有其好的地方,都有其不好的地方;无所谓哪个文化就是好的文化,合用的文化,哪个文化就是不好的文化,不合用的文化……其实一态度其初都好,沿着走下来才见出弊害,或遇到他不合用的时际,就得变过一态度方行”。[②] 这就是说,文化的发展是一种“态度”变为另一种“态度”,而不是两种“态度”之间的“融合”。在梁漱溟看来,文化无好坏,只有“合宜”与“不合宜”,在不同的时期只有一家文化“合宜”,即适合于解决人类此时期面临的问题,因此不可能将东、西方文化“好的东西”汇合成为世界未来文化。从这种理念出发,梁漱溟批评杜威、罗素、梁启超、陈独秀等人关于东、西方文化“融合”、“调和”、“融通”的观点“只能算是迷离含混的”,说他们“不能说出所以然,就胡乱主张两种文化将来必然融通,实在不对”。[③] 总之,当时思想界关于东西(中西)文化融合、融通、会通的见解,一概被梁漱溟视为“对未来文化的误看”。梁氏的此种见解,在现代新儒家学者中可以说是仅有的。不过,梁漱溟的文化哲学最终还是未能真正跳出他自己所反对的东西方文化“融合论”。这也表明了东西方文化“融合论”的产生和存在是有其历史必然性和合理性的。对此,本书后文还将论及。

2. 提出“三期重现说”

在否定“融合论”的同时,梁漱溟提出:“未来文化只可斩截的改换,而照现在形势推去,亦实将斩截的改换,又所换的又确为独属于中国的一派……未来文化只可明确的为一个态度,而从现在形势推去,亦实将明确的换过一个态度,所换过的又确乎偏为从前中国人的那个态度。”[④]在他看来,在一定时期,人类文化的发展只能持一个路向、一种态度,而从现时的发展形势看,世界未来文化将改换到中国的路向和态度上来。梁漱溟强

---

① 梁漱溟:《东西文化及其哲学》,第 201 页。
② 梁漱溟:《东西文化及其哲学》,第 201 页。
③ 梁漱溟:《东西文化及其哲学》,第 19 页。
④ 梁漱溟:《东西文化及其哲学》,第 201 页。

调他并不是主张世界未来应当采用某种最好的文化，因为文化本来无所谓好坏，他只是指出人类文化正朝着某个方向（中国文化的方向）变迁。而且，作为“全世界向导的西方文化”已经有了很多显著的变迁。

其中，最根本的变迁是西方文化“态度的变迁”，或曰“哲学的变迁”。梁漱溟说：“东方人讲哲学都是想求得一个生命，西方人只想求得知识，但此刻则无不走入求生命一路了……其实今日的西洋哲学已都是归本人事。”[①]现代西方生命哲学的出现，使西方哲学由专注于追求知识改变为关注人的生命价值，由专注于“物理”改变为关注“人事”。这种“哲学的变迁”也就是西方文化人生态度的变迁。“现今西方的思想界已经彰明的要求改变他们从来人生态度；而且他们要求趋向之所指就是中国的路，孔家的路……他们一致的急要努力摆脱理智所加于他们的逼狭严酷的世界，这时惟一的救星便是生命派的哲学”。[②] 在梁漱溟看来，生命哲学的出现是人类文化由“第一路向”转向“第二路向”、由“西方态度”转向“中国态度”的标志。这可以说是梁漱溟文化哲学思想的一个基本观念。

生命哲学表明西方文化开始关注人类的情志和生命精神，这使梁漱溟对于“中国态度将代西方态度而兴”[③]充满了信心。他说：“西方人两眼睛视线渐渐乃与孔子两眼睛视线所集相接近到一处。孔子是全力照注在人类情志方面的……西洋人向不留意到此，现在留意到了，乃稍稍望见孔子之门矣！我们所怕者，只怕西洋人始终看不到此耳，但得他看到此处，就不怕他不走孔子的路！”[④]那么，人类文化走上“孔子的路”之后，将呈现何种情形呢？梁漱溟说，在物质生活方面人们的态度“一定恬淡许多而且从容不迫，很像中国人从来的样子”，[⑤]那时在社会上，物质生活将“退处于从属的地位”而不再被人们特别看重，这“便又是中国的模样”。在社会生活方面，“从情感的活动，融合了人我，走尚情谊尚礼让不计较的路——这

---

① 梁漱溟：《东西文化及其哲学》，第 180 页。

② 梁漱溟：《东西文化及其哲学》，第 181 页。

③ 梁漱溟：《东西文化及其哲学》，第 188 页。

④ 梁漱溟：《东西文化及其哲学》，第 174—175 页。

⑤ 梁漱溟：《东西文化及其哲学》，第 197 页。本自然段的以下引文均见该书第 198—200 页，不再另注。

便是从来的中国人之风……以后世界是要以礼乐换过法律的，全符合了孔家宗旨而后已”。在精神生活方面，“宗教这条路定然还走不通”，人们的精神将寄托于另一条“特殊的路”，它同样可以“奠定人生勖慰情志”，却并不包含宗教的出世倾向，“这便是什么路？这便是孔子的路……孔子那求仁的学问，将为大家所讲究，中国的宝藏将于是宣露”。梁漱溟从人类生活三个方面对世界未来文化的推测表明，他认为世界的未来文化将要持“中国文化的态度”。

值得注意的是，梁漱溟在此所言“世界未来文化”，又被他称为“世界最近未来文化”。这就是说，世界文化在由“第一路向”转入“第二路向”、由“西方态度”转向“中国态度”之后，将来仍会发生变化，而不是就此终古。这种变化，就是“中国化复兴之后将继之以印度化复兴”。梁漱溟认为现代的人类文化正处于“第一和第二的过渡时代”，因此必须“反对第三态度的倡导”，即反对提倡印度文化的佛教态度，但是他又说：“我很晓得人类是无论如何不能得救的，除非他自己解破根本二执——我执、法执……我们非把人类送过这第二路生活的一关，不能使他从佛教而得救，不能使佛教得见其真；这是我的本意。”[①]人类的最终解救还是要依靠佛教，不过这是人类文化在经历了“第二路向”之后才能进入的阶段，也只有在这时佛教的真义才能得到实现。梁漱溟说明这是他的“本意”，我们将这个说法与他晚年关于“其实我一直是持佛家的思想，至今仍然如此”的说法联系起来，便看出梁漱溟认为人类文化最终将走上“第三路向”，采取印度文化所代表的“佛家态度”。梁漱溟说：

> 质而言之，世界未来文化就是中国文化的复兴，有似希腊文化在近代的复兴那样。人类生活只有三大根本态度……世界的三大系文化实出于此。论起来，这三态度都因人类生活中的三大项问题而各有其必要与不适用……随问题的转移而变其态度——问题问到那里，就持那种态度……自其成绩论，无所谓谁家的好坏，都是对人类有很伟大的贡献。却自其态度论，则有个合宜不合宜；希腊人态度要对些，因为人类原处在第一项问题之

---

① 梁漱溟：《东西文化及其哲学》，第211—212页。

下；中国人态度和印度人态度就嫌拿出的太早了些，因为问题还不到……中国化复兴之后将继之以印度化复兴。于是古文明之希腊、中国、印度三派竟于三期间次第重现一遭。我并非有意把他们弄得这般整齐好玩，无奈人类生活中的问题实有这么三层次，其文化的路径就有这么转折。①

这段话概括了梁漱溟关于世界文化发展的“三期重现说”的基本观点：人类生活存在着三大基本问题（人对物的关系问题、人对人的关系问题、人对自身生命的关系问题），人类文化自古也就存在着路向不同的三种形态，它们分别适合于解决这三项基本问题。人类首先面对的是第一项问题，因此希腊文化的路向和态度是适宜的；而中国文化和印度文化则过早地采取了适宜于解决第二项问题、第三项问题的路向和态度。但随着“问题”的演变，世界文化将由近代西方文化（即“希腊文化在近世的复兴”）的路向转为中国文化的路向，并最终转入印度文化的路向。人类生活问题的三个层次就这样决定了世界文化发展路向的三次转折。

梁漱溟大约也是感觉到自己的想法和论说过于“整齐”（人类三问题——生活三态度——文化三路向——世界文化发展三转折），便说明自己“并非有意把他们弄得这般整齐好玩”，但这一说法恰恰被胡适抓住。于是在《读梁漱溟先生的〈东西文化及其哲学〉》一文中，②胡适便说梁漱溟的“三期重现说”是“文化轮回说”，贯穿其中的是“‘整齐好玩’的一条线”，梁氏是“用一条线的眼光来看世界文化”。③

四、中国人现在应持的态度

梁漱溟多次声明，他之所以要研究东西文化与哲学问题，完全是为了找到解救中国社会和文化危机的途径。他关于世界文化发展的“三期重现说”，同样被他落实到这个基本宗旨上来。他说：

---

① 梁漱溟：《东西文化及其哲学》，第202—203页。

② 胡适此文发表于《读书杂志》1923年3月号。

③ 胡适：《胡适语萃》，华夏出版社1993年版，第274页。

我们推测的世界未来文化既如上说，那么我们中国人现在应持的态度是怎样才对呢？对于这三态度何取何舍呢？我可以说：

第一，要排斥印度的态度，丝毫不能容留；

第二，对于西方文化是全盘承受，而根本改过，就是对其态度要改一改；

第三，批评的把中国原来态度重新拿出来。

这三条是我这些年来研究这个问题之最后结论，几经审慎而后决定，并非偶然的感想……我们绝不后悔绝无怨尤，以往的事不用回顾，我们只爽爽快快打主意现在怎样再往下走就是了。[①]

在此，梁漱溟明确地提出了中国人对人类文化三种“路向”应持的态度。他提出这种态度的出发点，则在于他努力解救民族危机（包括社会危机和文化危机）的现实目的。他坚决否定了印度文化的佛教态度，因为佛教的出世态度妨碍中国社会和文化危机的解决。中国文化倡导“屈己让人”的态度，使国人奋斗和进取的精神不足，有碍于解救民族的危机，而第三路向的印度文化所倡导的佛家的“禁欲”和“无争”的态度，则更加缺乏奋斗和进取精神。因此，“第三态度的提出，此刻还早得很……那屈己让人的态度方且不合用，何况一味教人止息向前争求态度的佛教？”[②]这再次表明梁漱溟尽管心仪佛学，但是基于解救民族危机的爱国之心和儒家传统的入世精神，他坚决反对倡导佛教。

关于梁漱溟对西方文化和中国文化的态度，我们可以将二者结合在一起加以考察。对于西方文化，他在主张“全盘承受”的同时，又提出将其“根本改过”，也就是要予以“修正”。他要“改过”和“修正”的，一言以蔽之就是西方文化在物质生活方面“一味向前追求”而在精神生活方面“沦丧苦闷”的弊端。在梁漱溟看来，只要消除了这个弊端，那么西方文化的奋斗、进取精神以及它的两大重要成果——科学和民主——都是中国人所

---

① 梁漱溟：《东西文化及其哲学》，第204—205页。

② 梁漱溟：《东西文化及其哲学》，第211页。

特别需要的，是应该“全盘承受”的。向前奋斗、进取的人生态度由于被西方文化过分强调，已经使得西方社会“见出好多弊病”，但这种态度对于中国社会来说“则适可以救其弊”。问题在于我们要“鉴于西洋文化弊害而知所戒……要把从来的西洋态度变化变化才行”，[①]即改变那种过于注重外物而忽视内心的人生态度。梁漱溟说这是一种“根本的”改变，并且强调这种改变“很必要”。由于西方文化是“第一路向”的文化，这种改变了的“西洋态度”又被梁漱溟称为“变化过的第一态度”。

对中国文化的态度，梁漱溟的主张是既对其进行“批评”，又要将它“重新拿出来”。中国文化的路向和态度本身并没有错，问题就在“步骤凌乱，成熟太早，不合时宜。并非这态度不对，是这态度拿出太早不对”，由此导致了中国文化在应当注重人对物的关系的时期却过早地注重人对人的关系，并且提倡、弘扬屈己让人的人生态度，从而压抑了中国人向前奋斗、进取的精神。如果“参取西洋态度”，振奋中国人的奋斗、进取精神，那么中国文化的路向和态度就是适宜的、值得肯定的。特别是在西方文化已经表现出严重弊端的现代社会，“中国态度”还可以匡正“西方态度”之弊。由于中国文化是“第二路向”的文化，这种改变了的“中国态度”又被梁漱溟称为“适宜的第二态度”。

值得注意的是，梁漱溟将他所主张的这种态度表述为“变化过的第一态度或适宜的第二态度”。[②] 当他作出这种表述时，实际上他认为“第一态度”与“第二态度”——亦即西方文化与中国文化——在经过修正、调整之后是可以相互会通、融合的，而且正是二者的会通、融合，构成了解救中国社会和文化危机所应持的正确态度。梁漱溟是反对中西文化“融合论”的，但是最终他还是走向了“融合论”。这是值得我们深长思之的。

至此，我们进一步的追问是：准确地说，梁漱溟认为解救中国社会和文化危机所需要的究竟是一种什么样的态度呢？那就是他所提出的孔子的“刚的态度”。他说：

---

① 梁漱溟：《东西文化及其哲学》，第 207 页。

② 梁漱溟：《东西文化及其哲学》，第 211 页。

我要提出的态度便是孔子之所谓“刚”……我们此刻无论为眼前急需的护持生命财产个人权利的安全而定乱入治，或促进未来世界文化之开辟而得合理生活，都非采取第一态度，大家奋往向前不可，但又如果不根本的把他含融到第二态度的人生里面，将不能防止他的危险，将不能避免他的错误，将不能适合于今世第一和第二路的过渡时代……我意不过提倡一种奋往向前的风气，而同时排斥那向外逐物的颓流……只有这样向前的动作可以弥补了中国人夙来缺短，解救了中国人现在的痛苦，又避免了西洋的弊害，应付了世界的需要，完全适合我们从上以来研究三文化之所审度。这就是我所谓刚的态度，我所谓适宜的第二路人生。本来中国人从前就是走这条路，却是一向总偏阴柔坤静一边，近于老子，而不是孔子阳刚乾动的态度；若如孔子之刚的态度，便为适宜的第二路人生。①

这种“刚的态度”，可以说是“第一态度”和“第二态度”的结合；进一步说，是这两种态度长处的结合和短处的舍弃。它采取“第一态度”的奋斗、进取精神，消除了“第二态度”偏于阴柔坤静的弊病；它采取“第二态度”的人生睿智，消除了“第一态度”一味向外逐物的弊病。在梁漱溟看来，为着解救民族的危机和民众的痛苦，中国人必须采取这种态度。在此我们还可以领会到梁漱溟的一个重要观念：他认为中国文化偏于阴柔坤静，他设想的消除这一弊病的途径有两条，一是吸纳西方文化“奋往向前”的精神，一是发扬中国文化中孔子所代表的“阳刚乾动”的精神。这两种精神被梁漱溟融合在他所主张的“刚的态度”之中。

总之，世界文化正在由“第一路向”转入“第二路向”，正处于“第一和第二路的过渡时代”。当此之时，中国人所需要的不是否定自己文化的“第二路向”态度（尽管这种态度由于“拿出得太早”而“不合时宜”），而是吸取“第一路向”文化的优点、克服自身的弊病，形成“适宜的第二路文化”。这不仅是中国文化的方向，也是“世界最近未来文化”的方向。作为世界文化“向导”的西方文化已经日益表现出其弊端，“西洋人和秉持西洋

① 梁漱溟：《东西文化及其哲学》，第213—215页。

思想的人，同情不自知的要从第一条路转入第二条路”。[①] 因此，我们“要鉴于西洋文化弊害而知所戒，并预备促进世界第二路文化之实现”。[②] 在梁漱溟看来，孔子是“适宜的第二路文化”的代表，“惟孔子自强不息是作到第二路的恰好处”。[③] 也正是在这个意义上，梁漱溟说世界文化的发展必然要走“中国的路、孔家的路”。

五、结　语

当我们从总体上评论梁漱溟的文化哲学思想时，有必要先阅读他的这段文字：

> 我不是“为学问而学问”的。我是感受中国问题之刺激，切志中国问题之解决，从而根追到其历史，其文化，不能不用番心，寻个明白。什么“社会发展史”、什么“文化哲学”，我当初都未曾设想到这些。从一面说，其动机太接近实用（这正是中国人的短处），不足为产生学问的根源。但从另一面说，它却不是书本上的知识，不是学究式的研究；而是从活问题和活材料，朝夕寤寐以求之一点心得。其中有整个生命在，并非偏于头脑一面之活动；其中有整整四十年生活体验在，并不是一些空名词假概念。[④]

这段文字见于梁漱溟写于1949年的《中国文化要义·自序》，它有助于我们如实地理解和评价梁漱溟的文化哲学思想。

梁漱溟的文化哲学思想，在“五四”时期的文化论争中是有重要价值和贡献的。这种思想反对全盘西化派，因为它在主张接受西方文化的同时，提出要将其“根本改过，就是对其态度要改一改”，即改变西方文化一味向外、向前逐物的人生态度，这表明了它在根本观念上对于西方文化是有所批评的。同时这种思想也反对国粹派，因为它在主张“把中国原来态度重新拿出来”的同时，提出要批判中国文化“阴柔坤静”、“屈己让人”的

① 梁漱溟：《东西文化及其哲学》，第194页。
② 梁漱溟：《东西文化及其哲学》，第207页。
③ 梁漱溟：《东西文化及其哲学》，第184页。
④ 梁漱溟：《中国文化要义·自序》，第2页。

人生态度和缺乏科学精神、民主精神的状况，这表明它在根本观念上对于中国文化也是有所批评的。这种态度，正是既不同于全盘西化派，又不同于国粹派的“第三条路线”的态度，也正是现代新儒家在文化路线问题上的根本态度。“五四”以后，在全盘西化派和国粹派在思想界的影响力渐趋微弱的情况下，现代新儒家学派的影响力却日渐增强，基本原因就在于其既不同于全盘西化派、又不同于国粹派的文化路线。这条路线，可以说是由梁漱溟的文化哲学思想首先为其奠定基础的。可见梁漱溟的文化哲学思想对于现代新儒家的文化哲学是具有开创意义的。

对中国现代文化哲学的发展，梁漱溟的文化哲学思想具有思维模式方面的突破意义。自洋务运动时期“中学为体，西学为用”之说盛行之后，“体用”模式成为文化哲学研究中基本的思维模式。梁漱溟则不认为文化可以区分为“体”和“用”，更不将不同民族文化的“体”和“用”结合在一起，而是将文化的整体视为由“意欲”决定的民族生活之“样法”，从而突破了“体用论”的思维模式。诚然，贺麟先生曾指出，梁漱溟“一面重新提出儒家的态度，而一面主张全盘接受西方的科学与民主，亦未完全逃出‘中学为体，西学为用’的圈套”。[①] 笔者认为，就思想内容而论，或者说就思想实质而论，梁漱溟的文化哲学思想确实没有脱离“中学为体，西学为用”的轨道，这是他无法脱离的思想轨道，可以说全部现代新儒家的文化哲学都没有脱离这个思想轨道。但是就思维模式而论，梁漱溟的文化哲学思想毕竟脱离“体用论”的框架而另开一路、别具一格，完全不像以前的文化哲学理论基本上都是在“体用论”的框架内论事。这在中国近现代文化哲学的发展史上是具有突破意义的。梁氏之后的中国文化哲学研究之所以不受“体用论”的思维模式束缚（尽管在思想实质上并没有脱离“体用论”），应该说是深受梁漱溟文化哲学思想影响的。

对“五四”时期盛行的关于中西文化会通、融合的观念，梁漱溟是持坚决反对态度的。他认为文化上“这一派的根本精神和那一派的根本精神”无从融合，人类文化的演进、发展只能是从一种“态度”转变为另一种“态

---

① 贺麟：《当代中国哲学》，胜利出版公司 1947 年版，第 13 页。

度”,因此“融合论”乃是“对未来文化的误看”。他的这种对中西文化“融合论”的否定、批评态度,在现代新儒家学者中是比较特别的,这也可以说是梁漱溟文化哲学思想的一个特点。但耐人寻味的是梁漱溟最终还是走向了中西文化“融合论”。他认为,在文化问题上中国人应持的态度是既接受西方文化(同时要予以“改过”),又继承中国文化(同时要予以“批评”)。采纳西方文化的勇于进取精神以纠正中国文化陷于阴柔坤静之弊,运用中国文化的人生睿智以纠正西方文化一味向外逐物之偏,从而形成“变化过的第一态度或适宜的第二态度”。这种理念表明,梁漱溟实际上又是承认和主张中西文化的会通、融合的。而且,梁漱溟在这里所主张的,恰恰是他所断然予以否定的中西文化在“根本精神”上的互补、会通、融合。对于这种情况,我们不能简单地将它理解为梁漱溟思想上的自相矛盾,而应该领悟梁漱溟由否定“融合论”到不由自主地走向“融合论”所表明的如下道理:在中国社会进入近代时期以后,关于中西文化互补、会通、融合的观念的出现和盛行,是有其历史必然性和社会现实根源的。这可以说是梁漱溟的文化哲学思想在客观上反映的一个道理。

另一方面,梁漱溟的文化哲学思想所存在的缺陷是明显的。对于它的唯意志论色彩、直觉主义和天才论等观念,已经有很多论者作出大量分析。在此著者想着重从思维方式的角度谈点看法。

梁漱溟的文化哲学思想的某些基本内容是不切合实际的。例如,梁漱溟关于人类文化的三种“路向说”、文化发展的“三期重现说”等见解都是缺乏现实根据的。胡适就曾针对梁漱溟的“三种路向说”指出,中国人的人生态度并不总是知足、寡欲、漠视物质生活的,而印度人的人生态度也是有进取、奋斗的要求而非一味崇尚寂灭的。梁漱溟的一些观念确实具有相当的主观性,往往纯粹是一种推论,甚至是带有臆测性质的推论,因而有时显得武断、牵强,难以令人信服。就思维方式而论,梁漱溟的这些见解确实表现出胡适所批评的“一条线”的思维。胡适认为梁漱溟的文化哲学提供的是一个主观、笼统、整齐、简单的“公式”,贯穿其中的是“一条线”的思维:

梁先生的文化哲学是根据于一个很笼统的出发点的,而这种笼统的论调只是梁先生的“牢牢把定一条线去走”、“爱寻求一条准道理”的人格的表现。用一条线的眼光来看世界文化,故世界文化也只走一条线了。

所以我们在这里要指出梁先生的出发点就犯了笼统的毛病……断定一种文化若能存在,必须翻身成为世界文化。他自己承认是“牢牢的把定一条线去走”的人,他就不知不觉的推想世界文化也是“把定一条线去走”的了。从那个笼统的出发点,自然生出一种很笼统的“文化哲学”。他自己推算这个世界走在“一条线”上,现在是西洋化的时代,下去便是中国化复兴成为世界文化的时代,再下去便是印度化复兴成为世界文化的时代。这样“整齐好玩”的一条线,有什么根据呢?原来完全用不着根据,只须梁先生自己的思想,就够了。[①]

张君劢在谈到梁漱溟的《东西文化及其哲学》一书时,也发表了类似的看法,可谓无独有偶。张君劢也认为梁氏该书内容笼统,对西方文化、中国文化、印度文化缺乏客观的研究。他说:“当欧战之后,梁漱溟先生尝著《东西文化及其哲学》一书。试翻此书而读之,求中印欧三方面文化之沿革,不可得焉;求三方面各派哲学之内容,不可得焉;盖漱溟先生之目的,在以持中、向后、向前之三点,说明中印欧文化之特质,至于三方面之历史的研究、客观的研究,本不在漱溟先生视线范围之内也。”[②]那么我们要问:存在于梁漱溟“视线范围”之内的主要是什么呢?那就是他极为关注的“中国问题”。他是“感受中国问题之刺激,切志中国问题之解决”,而出于爱国、救国的热忱去研究文化哲学的。我们把握住这样一个基本前提,就能够比较客观、公正地看待梁漱溟文化哲学思想的贡献与缺陷了。

---

① 胡适:《胡适语萃》,第 274 页。

② 张君劢:《明日中国文化》,山东人民出版社 1998 年版,第 1 页。

第二章

张君劢论科学与玄学的价值分野

张君劢，江苏宝山是（今属上海市）人，名嘉森，字士森，号立斋，别署"世界室主人"，笔名君房，1887年1月18日出生于一个儒医兼商人的家庭。他6岁入私塾，12岁考入西式学校上海江南制造局广方言馆。这一年发生的戊戌"百日维新"运动，引起了少年张君劢对国事的关注。他同情戊戌变法，心存反清救国之念。

1906年，张君劢受宝山县选派公费留学日本，在早稻田大学攻读法律与政治学。留学期间，他结识了梁启超，开始追随梁从事立宪活动。1910年，张君劢从早稻田大学毕业，回国应试于清学部为留学生举行的考试，第二年经殿试被授予翰林院庶吉士。

辛亥革命后，张君劢任宝山县议会议长，次年赴北京出任农业部秘书一职。1918年，张君劢等6人随从梁启超去欧洲考察各国的战后情况。访问后，张君劢留在德国师从哲学家倭伊铿学习哲学，后与倭伊铿合著有《中国与欧洲的人生问题》一书。其间张君劢还赴法国与柏格森讨论中西哲学问题。1922年，德国哲学家杜里舒来华讲学，张君劢陪同并担任翻译。

1923年2月14日，张君劢在清华大学发表题为"人生观"的讲演。他认为科学并非万能的，科学不能支配人生观，科学与人生观各有自己的特点和界限。演讲稿在《清华周刊》上发表后，引发了"科学与玄学论战"（又称"人生观论战"）。当时的学术界名流纷纷加入论战。张君劢则作为玄学派的旗手而成为论战的中心人物。

1928 年，张君劢与李璜合办《新路》杂志，宣扬民主政治，既反苏反共，又反对当局的独裁统治。1929 年为避免迫害，张君劢赴德国耶拿大学任教。1931 年回国，在燕京大学主讲黑格尔哲学。1935 年，张君劢应邀到广州主持明德社，并作《中国与欧洲文化之比较》系列演讲。不久他又创办学海书院，自己主讲宋明理学。是年 6 月，张君劢第一本学术论文集《民族复兴之学术基础》出版。在该书的"凡例"中，张君劢提出"民族之自救，在以思想自主、文化自主为基础"。他认为中华民族的危机在于国民的民族主义思想淡薄，因此培养国民的民族意识和民族感情、增强"民族自信力"和"民族活力"应是中华民族强盛和复兴的前提。而要提高民族的自信力，就必须重视中华传统的历史文化，在向西方学习的同时，要以思想自主、文化自主为原则，保持民族文化的独立性。1936 年 8 月，张君劢文化哲学思想的代表作《明日之中国文化》由上海商务印书馆出版，该书以他在明德社《中国与欧洲文化之比较》演讲稿为主，与旧作《中华民族文化之过去与今后之发展》一文合印而成。该书提出了"以精神自由为基础之民族文化，乃吾族今后政治学术之方向之总原则"这个纲领性的理念。

1937 年，抗日战争爆发，张君劢任国民政府参政会参政员。1938 年 8 月，张君劢《立国之道》(即《国家社会主义》)一书出版，该书是张君劢多年来关于政治、经济、文化等主张的系统总结。

1939 年，张君劢在云南大理创办民族文化书院。书院明确提出"为往圣继绝学"的办院宗旨，要求发挥中华民族立国精神，以担当复兴中华文化的使命。张自任院长，并主讲宋明理学和西洋哲学课程。1940 年，张君劢发表《胡适思想路线评论》一文，批评了以胡适为代表的全盘西化派"一切皆以欧洲前人为蓝本"的思想。

1949 年以后，张君劢移居澳门。此后他淡出政治舞台，将精力转移至学术研究和讲学方面，主题集中在儒学复兴和文化重建。1949 年 11 月，张君劢应邀赴印度讲学，先后在一些大学讲授"儒家受佛教影响后之复活"、"中国现代文艺复兴"、"孔子哲学"、"孟荀哲学"、"老子哲学"等专题。1951 年 12 月，他赴印尼、澳大利亚、马来西亚、香港和日本等地讲学，后于 1952 年定居美国。1955 年，应旧金山侨胞之邀在孔教总会讲《义理学十讲纲要》，宣扬精神决定历史文化的观念。

1957 年 3 月和 1962 年 2 月，张君劢的《新儒家思想史》英文版上、下册先后在美国出版。该书因张君劢不满于西方学者对中国文化的误解而作。他认为，西方学者多致力于中国先秦时期诸子思想的解说而忽略了近 1500 年儒家思想的连续和发展。《新儒家思想史》则作为“自唐代历宋明以迄于民国今日之吾国哲学史”，力求完整地展现儒家在中国历史上发展之全貌，也注重与西方思想作比较。1958 年，为继续纠正西方学术界对中国文化的片面认识，由张君劢提议并联合牟宗三、徐复观、唐君毅共同发表了著名的《文化宣言》长文。

1958 年 7 月，张君劢赴德国、英国、印度、越南、日本等地讲学，讲学内容以中国儒家思想复兴和中国文化发展前途问题为主题。1963 年，他发表了《人生观论战之回顾》一文，仍然坚持反对“科学可以吞并哲学或否认道德学与形上学”的观念，强调“人生观是人生观，哲学是哲学，形上学是形上学，此三者不可与科学混而为一，合而一之为两伤，分而离之为两美”。1965 年，张君劢出席在汉城召开的“亚洲现代化问题会议”，他提交的《中国现代化与儒家思想复兴》一文，明确宣称“儒家思想的复兴适足以导致一种新的思想方法，这种新的思想方法将是中国现代化过程中的基础”。

1969 年 2 月 23 日，一生“徘徊于学术与政治之间”的张君劢先生在美国旧金山市辞世，终年 82 岁。他的著作主要有《人生观问题》(与倭伊铿合著)《立国之道》《民族复兴之学术基础》《中国专制君主制之评议》《明日之中国文化》《中华民族之精神气节》《王阳明哲学》《社会主义思想运动概观》《辩证唯物主义驳论》《新儒家思想史》《中西印哲学文集》等。

张君劢是继梁漱溟之后对现代新儒家文化哲学思想产生巨大影响的思想家。他和梁漱溟一样，都是给现代新儒家文化哲学“破题”的人物。梁漱溟是从“东方文化与西方文化”的角度给现代新儒家文化哲学“破题”的，张君劢则是从“科学文化与人文文化”的角度给现代新儒家文化哲学“破题”的。而东方文化与西方文化问题、科学文化与人文文化问题可以说是现代新儒家文化哲学在其形成、发展过程中一以贯之的基本问题。

如果说梁漱溟的《东西文化及其哲学》是现代新儒家文化哲学最重要的开山之作，那么张君劢所引发的"科学与人生观"论战就是"五四"之后首先对现代新儒家文化哲学的形成、发展产生最重要影响的历史事件。因此本章对张君劢文化哲学思想的阐释，将首先讲述他在"科学与人生观"论战中所提出的见解，然后论及他关于文化的本原、中印欧文化比较、中国文化建设等问题的主要思想，并揭示贯穿在这些思想之中的根本理念。

一、科学与人生观：不同的价值领域

"五四"运动之后，首先对现代新儒家文化哲学的形成和发展产生重大影响的事件是"科学与人生观的论战"，又称"科学与玄学的论战"。在这场论战中作为"玄学派"主要代表人物的就是张君劢。

1920年，梁启超从欧洲考察归来，在其《欧游心影录》中说出了让当时正沉浸于对科学一片颂扬声中的中国人震惊的话："欧洲人做了一场科学万能的大梦，到如今却叫起科学破产来。"[①]1923年2月，身为北京大学教授的张君劢在清华大学发表了题为"人生观"的演讲，提出人生观的特质是"主观的、直觉的、综合的、自由意志的、单一性的"，因此科学无论如何发达也无法解决人生观问题的观点。此观点一提出，立即遭到地质学家丁文江的迎头痛击。丁氏撰写了《玄学与科学——评张君劢的〈人生观〉》一文，称张君劢的演讲是"玄学的鬼附在张君劢身上"跑到中国来招摇撞骗，针锋相对地提出"人生观不能同科学分家"的观点，并引用胡适《五十年世界之哲学》的话作为文章的结论："我们观察我们这个时代的要求，不能不承认人类今日最大的责任与需要是把科学方法应用到人生上去。"[②]此后，张君劢又发表了《再论人生观与科学并答丁在君》，丁文江又发表了《玄学与科学——答张君劢》等文，双方相互辩难。同时胡适、梁启超、张东荪、林宰平、王星拱、吴稚晖等一批学者也先后发表文章参加论战，形成了以张君劢、梁启超为代表的"玄学派"和以丁文江、胡适等人为

① 梁启超：《饮冰室合集》专集之二十三，中华书局1989年版，第12页。
② 张君劢等：《科学与人生观》(一)，辽宁教育出版社1998年版，第55页。

代表的“科学派”。上海亚东图书馆于1923年11月将双方论辩文章汇编成《科学与人生观》一书，并请新文化运动的两位领袖陈独秀、胡适分别作序。陈独秀站在唯物史观的立场，对论战双方的一些主要观点都进行了批评，明确提出只有在唯物史观的指导下才能正确地解决人生观问题。张君劢、梁启超、胡适等人则对陈独秀的文章进行了反批评。于是陈独秀又发表了《答适之》《答张君劢及梁任公》，瞿秋白发表了《自由世界与必然世界》《实验主义与革命哲学》等文章，形成了“科玄论战”中的唯物史观派。

继亚东图书馆的《科学与人生观》之后，上海泰东图书馆于1923年12月将参加“科玄论战”的三十篇文章编成约二十万言的《人生观之论战》一书出版，并请张君劢作序。在该书序言中，张君劢提出：

> 此二十万言之争论，科学非科学也，形上非形上也，人生为科学所能解决与不能解决也，有因与无因也，物质与精神也，若去其外壳，而穷其精核，可以一言蔽之，曰自由意志问题是矣！人事之所以进而不已，皆起于意志。意志而自由也，则人事之变迁，自为非因果的非科学的。意志而不自由也，则人事之变迁，自为因果的科学的。[①]

张君劢认为“科学与人生观”论战所涉及的问题，归根结底是如何认识人的自由意志的问题。对自由意志的认识不仅体现了张君劢关于科学与人生观（玄学）关系问题的根本理念，也体现了他关于中、西、印文化比较的根本理念，还体现了他关于“造成以精神自由为基础之民族文化”的思想的根本理念。

在这篇序言中，张君劢宣称自己尽管备受科学派和唯物史观派的驳难，“然吾之根本主张，仍是一丝一毫不能动摇也！”[②]而且在“科玄论战”结束十年之后，张君劢在《人生观论战之回顾·二十三年》一文中再次表示：尽管自己对“科学”的范围的理解比以前宽广，但是在科学与人生观问题的“大根大本”上仍是“丝毫没有变更”。此种“不变”的根本原因，著者认为就在于他关于人的自由意志的根本理念始终没有变更。因此我们从张

---

① 转引自程文熙编《中西印哲学文集》，台湾学生书局1981年版，第995页。

② 转引自程文熙编《中西印哲学文集》，第992页。

君劢关于科学与人生观的见解入手，以他关于人的自由意志的理念作为基本线索，去探寻、考察他的文化哲学思想，在理论上应该是合乎逻辑的。

1. 科学

在“科学与人生观”论战中，张君劢阐明了自己关于科学的一系列见解。这些见解主要包含三方面的内容：科学的分类、科学的功用以及对科学万能论的批评。

(1)科学的分类。

首先需要指出的是，在讨论“科学与人生观(玄学)”问题时，被张君劢视为“人生观(玄学)”的对应方面(或对立方面)而加以考察的“科学”，指的是自然科学。在《人生观论战之回顾》一文中，他说：“我当时满脑子内所有的‘科学’二字，实在是指自然科学，不是指全部科学，因为自然界才能同人生对立起来说。”[1]但尽管如此，张君劢在论及科学的分类问题时，仍然将他所理解的“精神科学”包含其中。他赞成法国哲学家翁特(Wundt · Wilhem)[2]对科学所作的分类。他说：

> 各科学之所隶属，则吾与翁特所见，绝无二致。翁特氏之分类法如下：
>
> - 科学
>   - 确实科学
>   - 数学
>   - 物理学
>   - 化学
>   - 生物学
>   - 精神科学
>   - 心理学
>   - 文字学
>   - 历史学
>   - 文字历史学
>   - 社会学
>   - 法律学
>   - 生计学[3]

① 转引自程文熙编《中西印哲学文集》，第1000页。

② 翁特，今译为冯特。

③ 张君劢等：《科学与人生观》(一)，第60页。

“确实科学”指自然科学，“精神科学”指社会科学。张君劢基于“物质二字与精神相对待”，而在自己的论述中以“物质科学”取代了翁特的“确实科学”。

张君劢特别强调“公例”对于科学的意义。他说：“科学所以称为科学，因为他能发见公例。”[①]他提出的与科学派辩论的九个问题，头两个问题就是“物质科学中何以有公例?”和“精神科学公例何以不如物质科学公例之明确?”[②]他说：“人之生于世也，内曰精神，外曰物质。内之精神变动而不居，外之物质凝滞而不进。”[③]在他看来，物质科学之所以有确定的公例而精神科学没有，其根本原因在于人的精神活动是自由的、变动无常的，而物质活动则是刻板的、守其常规的。在他看来，这是一个根本区别。

为了进一步阐明自然科学与社会科学的区别，张君劢对自然科学中的物理学、生物学与社会科学中的心理学作了以下四个方面的比较：

> 第一，凡是空间之物质易于试验，而生物学之为生活力(Vital Force)所支配者，不易试验，至于心理学则更难。
>
> 第二，凡在空间之物质，前后现象易于确指，故其求因果也易；生物学前后现象虽分明，而细胞之所以成为全体，其原因已不易知；若夫心理学则顷刻万变，更无固定状态可求。
>
> 第三，三坐标或四坐标，验诸一质点之微而准者，可推及于日月星辰，此尤为生理学、心理学所不能适用之原则。
>
> 第四，物理上之概念，曰阿顿，曰原子，曰质量，曰能力：此数者得之抽象(Abstraction)，而绝不为物体之具体的实在(Concrete Reality)(此名之义见詹姆士书中)所扰。至于生物学，有所谓种别，有所谓个性；而心理学为尤甚。因而生物、心理两界日为个性之差异所扰，而不易得其纯一现象(Uniformity)。[④]

通过是否易于试验、是否易于确指因果关系、是否验于一质点而皆准、是否为个性之差异所扰这四个方面的比较，张君劢认为物理学、生物

---

① 转引自程文熙编《中西印哲学文集》，第1003页。

② 张君劢等：《科学与人生观》(一)，第58页。

③ 张君劢等：《科学与人生观》(一)，第73页。

④ 张君劢等：《科学与人生观》(一)，第69页。

学和心理学三者之中，物理学的公例最为确定，生物学次之，心理学则最不确定。因此作为自然科学（“物质科学”）的物理学是真正的“严正科学”。“物质科学者，真正科学也，若夫心理学与社会学，虽其原名亦以logy结尾，然不得以科学称之”。[①] 由此作进一步的引申，张君劢提出社会科学不是严格意义上的科学，“社会科学之为学，虽学者至今以科学观之，实则断不能与物理学、生物学同类而并观。常人不察，惑于政治科学(Political Science)、社会科学(Social Science)之名，相率视为金科玉律，盖皆不知精神科学之真性质者”。[②] “精神科学，依严格之科学定义，已不能认为科学”。[③]

张君劢对科学作出的分类，特别是他对自然科学（“物质科学”）与社会科学（“精神科学”）不同性质的理解，是他的科学观的重要内容。这些内容，与他在“科学与人生观”论战中所持的基本观点密切相关。

(2)科学的功用。

作为玄学派代表人物的张君劢，对科学不仅不否定，而且充分肯定其功用，特别是科学对于现代中国社会的重要作用。

张君劢说科学是16世纪以来欧洲的产物，它发现了两千多年来人类所不能想象的许多大秘密，使人类大受其益。“国家之安全，人民之生存，无不靠科学，没有科学便不能立国，有了科学虽为穷国可以变为富国，虽为病国可以变为健康之国，虽为衰落之国可以变成强盛之国”。[④] 因此对于积弱积贫的中国，科学尤为重要。张君劢明确地提出：“我以为今后救国之道，惟有大家从科学研究，科学发明下手。”[⑤]他的理由是以下两条：

> 一、宇宙之无尽藏惟有靠科学研究发见他，试问几十年前，谁知道有人造丝？……可见宇宙里的秘密至今为人类所发见的还不过一小部分，假定我们存心在这方面研究下去，穿的、吃的、

---

① 转引自吕希晨、陈莹编《精神自由与民族文化——张君劢新儒学论著辑要》，中国广播电视出版社1995年版，第96页。

② 张君劢等：《科学与人生观》(一)，第73页。

③ 张君劢等：《科学与人生观》(一)，第61页。

④ 转引自程文熙编《中西印哲学文集》，第374页。

⑤ 转引自程文熙编《中西印哲学文集》，第374页。

用的一定可以另有所发明。我们资源的不足,也惟有靠科学研究来补充之。

二、有了科学研究,大家心胸自然宽大。我们因为人口众多,所以或士或工或商,没有一处不是互相忌嫉(应为“忌妒”——引者按)、排挤、倾轧……我们知道了宇宙中所藏的知识,没有一事不可有利于人群,谋自己的福利的,与其争目前的微利,不如从宇宙的秘密中自己努力求发见,大家的心思才能够移到自然界去,自然知道目前一时的得失不足以计较,而天文、地理、物理、化学的种种知识,不但可解决衣食,亦可开拓(应为“阔”——引者按)眼界,扩大心胸,所以惟有靠科学,才能将我们几千年来狭小偏私的见地达到天空鸟飞的境界。①

从物质方面看,科学能够帮助我们增加财富、改善生活;从精神方面看,科学能够帮助我们开阔眼界、扩展心胸。张君劢还说,中国几千年来不知求“真”,不知求自然界之知识,科学则“可以拿来当做血清剂来刺激我们的脑筋,来赶到世界文化队内去。中国惟有在这种方针之下,才能复兴中国的学术,才能针砭思想懒惰的病痛”。② 在这些议论中,张君劢所说的“科学”指的就是欧洲近代以来的自然科学。他不仅充分肯定其对于人类社会的普遍意义,而且充分肯定其对于中国社会的特殊意义。因此他郑重地提出:“为个人计,为国家计,为全世界人类计,各方面的幸福就靠科学。”③

(3)科学不是万能的。

在充分肯定科学的功用的同时,张君劢尖锐地批评了“科学万能论”。他说:

盖二三十年来,吾国学界之中心思想,则曰科学万能。教科书之所传授者,科学也。耳目之所接触——电灯,电话,自来水——科学也。乃至遇有学术之名,以 ics 或 logy 结尾者,无不以科学名之。一言及于科学,若临以雷霆万钧之力,唯唯称是,

① 转引自程文熙编《中西印哲学文集》,第 375 页。
② 转引自吕希晨、陈莹编《精神自由与民族文化——张君劢新儒学论著辑要》,第 109 页。
③ 转引自程文熙编《中西印哲学文集》,第 376 页。

莫敢有异言。[①]

这表明了“科学万能论”在中国的盛行。针对这种情况，张君劢指出科学本身是有其局限性的。例如，“物质”是物理学的基本概念，但物理学家并不能说明物质的本质。“细胞”是生物学的基本概念，但生物学家并不能说明细胞的本质。而生物的起源、心理与身体的关系等问题，亦非科学家所能确解。总之，“宇宙之神奇，决(应为“绝”——引者按)非科学所能尽灭”。[②]

张君劢还提出，对科学的追求往往变成对物质的追求。这种追求一旦过度，就必然导致人们注重外在的物质生活，不注重内在的精神生活，甚至为争夺物质利益而不惜互相残杀，第一次世界大战在欧洲的爆发就证明了这一点。可见“科学万能论”已经走向它的反面——科学破产。“近三百年之欧洲，以信理智信物质之过度，极于欧战，已成今日之大反动。吾国自海通以来，物质上以炮利船坚为政策，精神上以科学万能为信仰，以时考之，亦可谓物极将反矣”。[③] 第一次世界大战的爆发，是对于信理智、信物质过度的“科学万能论”的否定。

前文述及，张君劢是充分肯定科学对于中国的特殊重要意义的。但是，他不能容忍“国人迷信科学，以科学为无所不能，无所不知”。[④] 在他看来，一个民族如果一味崇拜形而下的、实用性的科学技术而轻视形而上的精神，是后患无穷的。因此他要忠告国人：“若专恃有益于实用之科学知识，而忘却形上方面，忘却精神方面，忘却艺术方面，是决非国家前途之福。”[⑤]

2. 人生观

“五四”以后，“科学”对于中国人来说已经是熟知的概念，而“人生观”则是一个相对生疏的概念。因此在“科学与人生观”论战中，张君劢对“人

---

① 张君劢等:《科学与人生观》(一),第 57 页。
② 张君劢等:《科学与人生观》(一),第 89 页。
③ 张君劢等:《科学与人生观》(一),第 93 页。
④ 张君劢等:《科学与人生观》(一),第 59 页。
⑤ 张君劢等:《科学与人生观》(一),第 208 页。

生观”作出了很多解释。

(1)何谓“人生观”。

张君劢所谓“人生观”,是一个十分宽泛的概念,他将“我”关于“我”以外的物和人的一切观念,统统归之于“人生观”。他给“人生观”下的定义,是从“物质”说起的:“所谓物质者,凡我以外者皆属之。如大地山河,如衣服田宅,则我以外之物也;如父母妻子,如国家社会,则我以外之人也……我对于我之外之物与人,常有所观察也,主张也,希望也,要求也,是之谓人生观。”[①]可见他所说的人生观,包括了人们对于自身以外的事物的所有见解。从大的方面说,人生观“有以下各项:曰精神与物质,曰男女之爱,曰个人与社会,曰国家与世界”。[②] 更进一层说,这四个方面的问题又表现为大家族主义和小家族主义,男尊女卑、专制婚姻与男女平等、自由婚姻,私有财产制与公有财产制,守旧主义与维新主义,物质文明与精神文明,个人主义与社会主义,为我主义与利他主义,悲观主义与乐观主义,有神论与无神论等问题。这些问题,关涉到人们物质生活和精神生活——这两种生活产生了人类的文化——的诸多基本方面,可见人生观对文化具有何等重要的意义。“文化转移之枢纽,不外乎人生观……观点定,而后精神上之思潮,物质上之制度,乃可按图而索。此则人生观之关系于文化者所以若是其大也”。[③]

(2)人生观的特点。

为了说明人生观的特点,张君劢在清华大学所作的“人生观”讲演中,将它与科学进行了比较。

“第一,科学为客观的,人生观为主观的。科学之最大标准,即在其客观的效力。甲如此说,乙如此说,推之丙丁戊己无不如此说。换言之,一种公例,推诸四海而准焉。譬诸英国发明之物理学,同时适用于全世界。德国发明之相对论,同时适用于全世界。故世界只有一种数学,而无所谓中国之数学,英国之数学也;世界只有一种物理学化学,而无所谓英法美

---

① 张君劢等:《科学与人生观》(一),第73—74页。

② 张君劢等:《科学与人生观》(一),第35页。

③ 张君劢等:《科学与人生观》(一),第36页。

中国日本之物理化学也……若夫人生观则反是：孔子之行健与老子之无为，其所见异焉；孟子之性善与荀子之性恶，其所见异焉；杨朱之为我与墨子之兼爱，其所见异焉；康德之义务论观念与边沁之功利主义，其所见异焉；达尔文之生存竞争论与哥罗巴金之互助主义，其所见异焉”。[①] 由于科学是客观的，所以它放之四海而皆准；由于人生观是主观的，所以对它仁者见仁、智者见智。因此我们对人生观方面的分歧，“绝不能施以一种实验，以证甲之是与乙之非。何也？以其为人生观故也，以其为主观的故也”。[②] 人生观的第一个特点，就是它是主观的。

“第二，科学为论理的方法所支配，而人生观则起于直觉”。[③] 论理的方法即逻辑的方法，主要有演绎法和归纳法。“科学家之著书，先持一定义，继之以若干基本概念，而后其书乃成为有系统之著作”。[④] 科学依靠确定的逻辑方法，构成系统的思想，人生观则依靠直觉。“若夫人生观，或为叔本华、哈德门的悲观主义，或为勃尼孳、黑智尔之乐观主义，或为孔子之修身齐家主义，或为释迦之出世主义，或为孔孟之亲疏远近等级分明，或为墨子、耶稣之泛爱。若此者，初无论理学之公例以限制之，无所谓定义，无所谓方法，皆其自身良心之所命起而主张之，以为天下后世表率，故曰直觉的也”。[⑤] 张君劢认为，人生观是“良心”之所命，而“良心”是基于直觉的，因此人生观是直觉的。

“第三，科学可以以分析方法下手，而人生观则为综合的。科学关键，厥在分析……至于人生观，则为综合的，包括一切的，若强为分析，则必失其意义”。[⑥] 张君劢说科学通过分析的方法而不断进步，例如，以往人们认为世界上有七十多种元素，现在通过分析，知道物质世界不外乎三种元素，“曰阴电，曰阳电，曰以太”。而人生观既然是一种“包括一切”的观念，

① 张君劢等：《科学与人生观》(一)，第31—32页。
② 张君劢等：《科学与人生观》(一)，第32页。
③ 张君劢等：《科学与人生观》(一)，第32页。
④ 张君劢等：《科学与人生观》(一)，第32页。
⑤ 张君劢等：《科学与人生观》(一)，第32—33页。
⑥ 张君劢等：《科学与人生观》(一)，第33页。

就不能对其“强为分析”。“人生观者，全体也，不容于分割中求之也”。[①]因此人生观是综合的。

“第四，科学为因果律所支配，而人生观则为自由意志的。物质现象之第一公例，曰有因必有果……若夫纯粹之心理现象则反是，而尤以人生观为甚”。[②] 诸如潮汐与月亮活动的关系、农业丰歉与水旱的关系等等，都表明了物质世界的因果联系。而人生观中诸如耶稣何以死于十字架、释迦牟尼何以苦身修行之类的问题，“皆出于良心之自动，而决非(应为“绝非”——引者按)有使之然也”。[③] 张君劢认为人生观基于人的自由意志，出于“良心之自动”，所以不受因果律的支配。后来他在为回答丁文江等人的批评而撰写的《再论人生观与科学并答丁在君》一文中，再次申述了这个观点。他引用英国哲学家欧立克(Uruick)关于人生观“非理智之所支配，情感为之，意志为之”的话，然后说：“其术语与吾稍异，要其为直觉，为自由意志，则与吾所见如出一辙。”[④]人生观为自由意志所支配，这是人生观的又一个重要特点。而从张君劢的论述来看，他把“自由意志”看成人生观最重要、最本质的特点。

“第五，科学起于对象之相同现象，而人生观则起于人格之单一性。科学中有一最大之原则，曰自然界变化现象之统一性……人生观者，特殊的也，个性的也，有一而无二者也”。[⑤] 自然界的事物可以分类，动物、植物皆“有类可言”，这表明了自然事物之间的共同性、统一性。“既有类，而其变化现象，前后一贯，故科学中乃有公例可求”。[⑥] 而人生观则完全是因人而异的，见于甲者不得求之于乙，见于乙者不得求之于丙，即无公例可求。“同为人生，因彼此观察点不同，而意见各异，故天下古今之最不统一者，莫若人生观”。[⑦] 总之，“自然界现象之特征，则在其互同；而人类界之特征，则

---

① 张君劢等:《科学与人生观》(一)，第 33 页。

② 张君劢等:《科学与人生观》(一)，第 33—34 页。

③ 张君劢等:《科学与人生观》(一)，第 34 页。

④ 张君劢等:《科学与人生观》(一)，第 75 页。

⑤ 张君劢等:《科学与人生观》(一)，第 34 页。

⑥ 张君劢等:《科学与人生观》(一)，第 34 页。

⑦ 张君劢等:《科学与人生观》(一)，第 30 页。

在其各异”。[1] 这就是人生观的“单一性”，是人生观的又一个特点。

3. 人生观问题的解决在于玄学

通过以上阐述，张君劢得出如下结论：“人生观之特点所在，曰主观的，曰直觉的，曰综合的，曰自由意志的，曰单一性的。惟其有此五点，故科学无论如何发达，而人生观问题之解决，决非科学所能为力。”[2]通过科学与人生观的比较，张君劢说明了他所理解的人生观的特点，同时得出了“科学不能解决人生观问题”的结论。这个结论，亦是现代新儒家们的共识。例如，在“科玄论战”六十余年之后，余英时仍然在《人文与自然科学应如何均衡发展》一文中说：“目前的人类，具有种种恐惧与焦虑的心理，这是科技所无法解决的问题。”可见现代新儒家对科学与人生观问题的关注，和他们在这个问题上所持的见解，是一以贯之的。

“科学决不能支配人生，乃不能不舍科学而别求一种解释于哲学或玄学中（或曰形而上学）”。[3] 张君劢对“玄学”所作的解释是：“玄学之名，本作为超物理界超官觉界解释。惟其有此解释，于是凡属于官觉以上者，概以归之玄学。”[4]所谓官觉以上，也就是形而上。玄学是形而上之学，而哲学在本质上也是形而上的，因此玄学、哲学与形而上的人生观是相通的。它们不能与科学混为一谈，“人生观是人生观，哲学是哲学，形上学是形上学，此三者不可与科学混而为一，合而一之为两伤，分而离之为两美……人生观，哲学，形上学，与科学即有互相牵涉之处，则一为分科之学，一为综合之学；一以宇宙人生之全体为立场，一以静思默索为方法，一以划定区域之实验；一则有形而可见，一则无形而不可见。二者性质之不同如是。科学的人生观，将待之百年之后，吾终为可望不可及（应为“即”——引者按）之境界而已”。[5] 在此，张君劢将科学与人生观（哲学、玄学、形上学）从性质上划出了界限，认为二者应该在各自的领域发挥作用。同时，

---

① 张君劢等：《科学与人生观》（一），第 34 页。
② 张君劢等：《科学与人生观》（一），第 35 页。
③ 张君劢等：《科学与人生观》（一），第 94 页。
④ 张君劢等：《科学与人生观》（一），第 90 页。
⑤ 转引自程文熙编《中西印哲学文集》，第 1044 页。

他对胡适等人所倡导的“科学的人生观”表示了否定。在他看来,“科学”与“人生观”性质迥然不同,所谓“科学的人生观”无法成立。

张君劢还认为,19世纪以来的思想界为了解决在“科学万能”思潮影响下所出现的种种人生困惑而形成了“玄学运动勃兴”的局面。他说:“求现时代之特征之一,吾必名之曰新玄学时代。此新玄学之特点,曰人生之自由自在,不受机械律之支配,曰自由意志之阐发,曰人类行为可以参加宇宙实在。盖振拔人群于机械主义之苦海中,而鼓其努力前进之气,莫逾于此。”[①]人类深受科学“机械主义”的桎梏,但人生本该是自由的、富于创造性的,“人生者,变也,活动也,自由也,创造也”。[②] 要将人生从“机械主义”的桎梏中解放出来而释放其自由、创造的本性,有赖于“新玄学”的发扬,而20世纪正是这样的“新玄学时代”。总之,张君劢认为人生观的根基在于玄学,人生观问题的解决只能依靠玄学。

二、论欧洲文化

张君劢认为,不同民族文化之间是相互依赖、相互传递的,他说:

> 世界尽管分了几大洲,分好多国,但文化上总是甲承受乙,乙承受丙,彼此互相依赖处甚多。如一年分为三百六十五日,七日为一星期,为巴比伦所发明;欧洲之二十六字母,自腓尼基传至希腊;现代建筑中之大圆柱创自希腊罗马;指南针、火药为中国所发明;棉花来自印度;番麦来自非洲。可见精神与物质方面所谓文化是各国互相传授的。文化是无国界的,其流传甚速。事物之甲优乙劣,甲进步而乙则否,世人自有公共之认识。由此观之,文化之发展,在公论中固自有同一之标准。[③]

在他看来,不同民族的文化之间不仅是相互依赖、相互传递的,而且人们在评价不同民族的文化时有着同一的标准,这表明世界文化的统一

① 转引自程文熙编《中西印哲学文集》,第957页。

② 张君劢等:《科学与人生观》(一),第74页。

③ 张君劢:《明日之中国文化·附录》,中国人民大学出版社2006年版,第148页。以下凡引自该《附录》者,均采用此版本。

性、互通性。但是另一方面，“世界文化虽有其共同之好恶，然在欧洲、印度、中国，其发展途径各自不同”。[①] 因此，张君劢十分重视欧洲、印度、中国三种民族文化之间的比较研究。他最重要的文化哲学著作《明日之中国文化》，就是以《中印欧文化十讲》作为副标题的。它实际上是一部通过不同民族文化的比较来探讨中国文化出路的著作。就此而论，它与梁漱溟的《东西文化及其哲学》可谓异曲同工。

张君劢在对中、印、欧文化进行比较考察时，首先评论的是印度文化，然后是欧洲文化、中国文化。这说明他是按照“先其所轻后其所重”的顺序作出评论的，他把印度文化看得相对的比较“轻”。他认为，印度既没有欧洲的民主政治，也没有中国的专制帝王大一统的政治格局，在历史上从来没有实现过北自喜马拉雅山、南至印度洋这一大片国土的统一。而且一遇外敌，无不败北。印度社会和文化深受“喀斯德”(Castes，即种姓制度，张君劢又称之为“阶级制度”)之害，“印度人因出生(生：原文如此，疑应为‘身’——引者按)之不同，家庭之尊卑早定，个人之贵贱由是而分，终其身不能改变。阶级之地位既殊，贵贱之权利亦异，尊卑之情感尤隔，社会之团结力遂驰；此不独为政治发达之大障碍，亦且为文化进展之大铁栏也。印度阶级制度为印度文化史上之最重要事实，亦即为印度过去文化之一大致命伤”。[②] 在这种社会和文化背景之下，“印度之人生观，以天上为最乐，以世间为痛苦”。[③] 这导致了印度宗教思想的发达，“印人之长处在冥想，在宗教”。[④] 在历史上，印度的宗教文化曾经对中国文化发生过重大影响，但现在印度文化与中国文化的关系已经不显得十分重要。

因此，张君劢明确地提出：“吾人之注目点，在于中欧两文化之比较。”[⑤]在《明日之中国文化·凡例》中，他说明了自己的研究目的：“于比较中印欧过去之文化中，求吾人文化之出路，一方认定各种文化之客观的研究为目前要务，他方仍不忘求药自救之目的。”张君劢为解决中国文化之

① 张君劢：《明日之中国文化·附录》，第148页。
② 张君劢：《明日之中国文化》，山东人民出版社1998年版，第26页。
③ 张君劢：《明日之中国文化》，第27页。
④ 张君劢：《明日之中国文化·附录》，第150页。
⑤ 张君劢：《明日之中国文化》，第20页。

出路问题而“求药自救”，为此他特别注重欧洲文化的研究。他说：“对于欧洲文化，下一番客观的研究，尤为今日之急务。”[①]

张君劢认为，“欧洲文化中重要元素有三：甲、古代之希腊罗马；乙、中世纪之耶教；丙、自文艺复兴以至于今日”。[②] 他将古希腊罗马文化、中世纪的耶稣教（基督教）文化和文艺复兴以来的现代文化视为欧洲文化的三个“重要元素”而加以考察。

1. 古希腊罗马文化

“希腊文化乃欧洲文化之母”。[③] 张君劢说在古希腊文化中，对欧洲文化的形成和发展产生重大影响的，主要有以下方面：

(1)古希腊的民主政治。

古希腊建立过很多市府国家，其中最著名的是斯巴达和雅典。斯巴达重军事和纪律，类似于今日的普鲁士和日本。雅典重自由，类似于今日的英国和美国。那时希腊的民主政治，与19世纪以来欧洲的民主政治当然不可同日而语，“然欧洲今日之民主政治，不能不推源于希腊；以民主之雏形，始于希腊也。其政治学家如柏拉图及亚里士大德[④]之政论，注重以公道为立国之基础，注重国家团体与政治家之责任，可资现代之借鉴；故至今为欧人所传颂”。[⑤] 古代希腊不仅为现代欧洲提供了民主国家的雏形，而且提供了关于民主政治的理论。

(2)古希腊的学术思想。

如今欧洲语言中的26个字母，创始于小亚细亚腓尼基，后来因通商活动而传入希腊，希腊人读其音而以希腊字形书写之。其后罗马人代之以拉丁字，传入英、法而成为今日的26个字母。“至于欧洲哲学方面，柏拉图之哲学，与夫亚里士大德之哲学，及其科学名著，如物理学动植物学

---

① 张君劢：《明日之中国文化》，第36页。

② 张君劢：《明日之中国文化》，第37页。

③ 张君劢：《明日之中国文化》，第37页。

④ 今译亚里士多德。

⑤ 张君劢：《明日之中国文化》，第37页。

之类，可谓为欧洲科学之始祖”。[①] 尤其是古希腊人在治学方法上注重论理学——即逻辑学——的运用，有所谓定义，有所谓概念，等等。柏拉图的老师苏格拉底在与人论辩时，总是先请对方给某一名词（如“公道”、“勇敢”、“美”等）下定义，然后进行辩论，去其不合于定义者而留其合于定义者，最后获得明晰的概念。这种方法对后来的欧洲科学产生了深远的影响。在现代欧洲科学中，无论物理学、化学，或政治学、经济学，都开宗明义地提出其学科之定义，以明其研究对象及范围。“故谓希腊之方法，即为今日欧美之学者治学之方法无不可也”。[②]

(3)古希腊的美术。

现代建筑物所采用的大柱石，来自于古代希腊建筑中的“道里柱石”、“意翁柱石”和“哥林舒柱石”。古希腊的人物塑像，对后来欧洲美术的发展具有极大的影响。“此等美术遗迹，欧人奉为至宾（宾：原文如此，疑为‘宝’字之误——引者按），与吾国人之重视汉玉唐画者相等”。[③]

由此可见，“希腊之政治、学术、美术，实为欧洲现代文化导其先路”。[④]张君劢引用英国诗人雪莱的话“吾人一切都是希腊人，凡法律、宗教、艺术、学术之根基，皆在希腊”，并认为“此虽文学家之言，其中实含极大真理”。[⑤]

至于古罗马文化，张君劢认为它乃是“希腊文化之扩大”，在诸多方面“对于希腊之原形而增益之”。[⑥] 但古罗马文化对欧洲文化亦有其独到的贡献：“第一，在其所谓帝国组织，欧洲之君主如神圣罗马之皇帝、如德之Kaiser、俄之Czar皆得名于罗马之Caesar；第二，罗马法之发展，历久不断，将古代档案妥为保存，且法律名家能遵守论理规则加以解释，以立解释法律之轨道。虽谓欧洲今日之法治精神出于罗马可也。此为古罗马对

---

① 张君劢：《明日之中国文化》，第38页。
② 张君劢：《明日之中国文化》，第39页。
③ 张君劢：《明日之中国文化》，第40页。
④ 张君劢：《明日之中国文化》，第40页。
⑤ 张君劢：《明日之中国文化》，第40页。
⑥ 张君劢：《明日之中国文化》，第40页。

于欧洲文化之贡献。”[①]特别是罗马法,保存了古代的法律档案,确立了解释法律的论理规则,堪称今日欧洲法治精神的源头,因此被张君劢视为罗马文化对于欧洲文化的突出贡献。

2. 中世纪耶稣教文化

张君劢指出,耶稣教(基督教)“为欧洲文化中不可分离之部分”,不能认为它只是给欧洲文化发展造成阻碍的宗教迷信。“耶教虽以迷信始,然其既受政权庇护之后,渐知尊重学术,自操农工业。在中世纪黑暗之时,独由彼等维持学术上之一线命派(派:疑为‘脉’字之误——引者按);更对于贫苦人民予以安慰,不可谓非大有造于欧洲也”。[②] 在张君劢看来,欧洲中世纪处于统治思想地位的耶稣教在学术上和精神上都对欧洲文化产生过积极作用。

张君劢还认为,条顿民族(指散居欧美的日耳曼民族)本性粗暴,并不适合于文明生活,“及受基督教之熏陶,气质始因之稍变,于武健刚毅之中,兼寓谦和之德;观中古骑士之风,即基督教感化此族之确证也”。[③] 欧洲文明的形成,得益于基督教对于欧洲民族的熏陶、感化。即便对于历来被斥为“烦琐哲学”的中世纪经院哲学,张君劢也认为它对于欧洲哲学和科学发展具有促进作用。他说由于当时的神学家借重哲学作为讲习基督教经典的工具,便使得哲学思想广为传布,“条顿民族至是始知运思求学之方法,渐能以精密之思维,研究事物,近代自然科学之勃兴,未始非教士之烦琐哲学有以植其基也”。[④] 总之,张君劢对中世纪的耶稣教文化虽论述不多,却肯定了它对欧洲文化的发展具有积极作用。

3. 文艺复兴以来的现代欧洲文化

对文艺复兴以来的现代欧洲文化,张君劢着重探讨了它的主要特点。

---

① 张君劢:《明日之中国文化》,第 42 页。
② 张君劢:《明日之中国文化》,第 46 页。
③ 张君劢:《明日之中国文化》,第 46 页。
④ 张君劢:《明日之中国文化》,第 46 页。

应该说明的是，他在不同的论著中，对这些特点作了不尽相同的论述。当然，贯穿在他这些论述的基本思想是完全一致的。

张君劢关于现代欧洲文化主要特点的较为系统的论述，见于他的《明日之中国文化》。在该书第七讲《欧洲文化(下)·文艺复兴后之欧洲》中，张君劢从“政治社会方面”将现代欧洲文化的特点概括为两项——“民族国家之建立”和“民主政治之发展”；从“智(知)识道德方面”将现代欧洲文化的特点也概括为两项——“智识之爱好”和“道德观念之变更”。

(1)“民族国家之建立”。

张君劢对欧洲的民族独立运动和民族国家的建立给予很高的评价。他引用黑格尔的话“惟有能组织国家之民族，乃能列于世界历史中”，[①]说明建立民族国家的重要性。他说早在10至15世纪，欧洲就建立了一些民族国家，如英国、法国、西班牙等。但那时的民族运动是不自觉的，文艺复兴之后则出现了自觉的民族独立运动，民族国家相继建立。“民族国家实为各民族之最高组织，有之则存，无之则亡。欧洲各民族对于现代文明之贡献，自不能离弃其各族所爱护之国家”。[②] 从这个意义上说，“民族国家成立之价值，实远在文艺复兴与科学发展之上也”。[③] 张君劢还说，世人论欧洲政治和社会组织，往往“但举所谓德谟克拉西，而不举其民族国家之独立运动”，[④]这是“偏而不全”的。

需要指出的是，张君劢如此强调建立民族国家的重要意义，将其列为现代欧洲文化的第一个主要特点，是与他维护中华民族独立自主的强烈意识密切相关的。他说15世纪的意大利注重发展科学和文艺事业，取得了巨大成绩，但民族的独立自主却未能实现。中华民族不可重蹈意大利的覆辙。

(2)“民主政治之发展”。

张君劢将现代西方的民主政治与“东方式之专制政治”、“中世纪之帝

---

① 张君劢:《明日之中国文化》，第49页。
② 张君劢:《明日之中国文化》，第49页。
③ 张君劢:《明日之中国文化》，第49页。
④ 张君劢:《明日之中国文化》，第49页。

政”、“希腊罗马之民主政治”进行比较，说东方式之专制和中世纪之帝政都是“以一人之好恶为转移”，而古希腊罗马的民主政治则是建立在“三分之一人民为奴隶”的前提之下，这与现代民主政治下所有公民享有同等权利的情形不可同日而语。因此现代欧洲的民主政治“皆胜于以上三种政治”。张君劢认为，现代民主政治的特色是：“第一，人民各种自由之保护；第二，人民得参加政治，在选举时表示其赞成或反对；其表现于政治组织中者，为议会、为选举、为预算制度、为责任内阁、为政党”。① 对于这样的民主政治，张君劢是极为推崇的。不过他也指出，第一次世界大战爆发之后，欧洲政治渐有离民主而趋于专制之势、离法治而趋于党治之势、离容忍而趋于不容忍之势，其前途能否胜于近百年来的民主政治，尚在不可知之数。但不管怎样，“就民主政治百余年之成绩言之，不能不谓为人类历史中之伟大成功也”。② 现代民主政治是欧洲文化的一个主要特点，也是对人类历史的一大贡献。

(3)“知识之爱好”。

张君劢说，古希腊时期，欧洲人对于治学方法已经有所研究。当时天文、几何、动植物学已经发达。但在中世纪，欧洲人“弃理智而趋于信仰”，哲学亦成为神学的仆从。宗教革命之后，欧洲科学有了大发展，哥白尼的地动说(即日心说)、伽利略的物体下坠律(即自由落体定律)、开普勒的天文学等相继涌现。“人智之发达，为有史以来所仅见……其智识门类之多，范围之广，研究之精，可谓震古烁今”。③ 张君劢还指出，培根、笛卡儿等人的哲学思想对现代欧洲的科学发展产生了重要的推进作用。

张君劢在说明现代欧洲文化“知识之爱好”这一特点时，主要阐述的是欧洲科学的巨大成就。他说：

> 吾人但就科学发展之成绩言之：一曰方法之精密超乎古代之上，除论理学上两大方法(指演绎法、归纳法——引者按)外，更有所谓求同求异同变余同诸法(指寻求因果联系的逻辑方法，

---

① 张君劢：《明日之中国文化》，第 51 页。

② 张君劢：《明日之中国文化》，第 51 页。

③ 张君劢：《明日之中国文化》，第 52—53 页。

即求同法、求异法、共变法、剩余法等——引者按),古代无此精密也。二曰观察实验,不仅限于试验室中,且择世界上最适宜地点以行之;如达尔文自坐船以考察南美洲及其各地之动植物。近年为证实爱因斯坦相对论而有观察日蚀之探险队。为求智识之真确计,不惮长途跋涉,亦古代所不及也。①

在此,他从科学方法的进步,特别是实验科学的兴起,说明了现代欧洲科学对于古代科学的巨大发展,同时也赞扬了现代欧洲人"为求智识之真确"而勇于探索的献身精神。

(4)"道德观念之变更"。

张君劢说,国人往往称欧洲人为"功利主义者",这种说法似是而非。同样作为欧洲国家的德国,在 19 世纪所信奉的伦理学说就完全不同。英国人信奉功利主义,正如英人颉特氏(Kidd)在其《西方文明之精义》一书中所指出的"以个人自利为最高原则",而将"大我之利益"置于脑后。不过由于以下两个原因,功利主义并没有对英国的道德状况造成大的危害:其一,英国人对于宗教的虔诚和对于国家的极力维护,使得他们在伦理学上虽然以功利论为主,"然一般人民之行为并不以功利为立场"。② 其二,自克伦威尔时代以来,英国的殖民地遍于全世界,堪称国强民富,中产阶级成为社会中坚,"此辈有相当之财产,各人之自处,自富于独立自尊之精神;其所以待人者,亦有相当之礼貌,以是之故,各人之公生活私生活,不专以势利为前提"。③ 德国则由于国家的长期困苦,"自然以牺牲一身成就大我为立国要义,自然轻利尚义,自然趋重道德;故康德黑格尔辈所提倡之哲学,不在功利而在道德,而在形上学、而在黑格尔之'以国家为精神之表现'"。④ 因此,虽然"谓功利主义为欧美现代思想之特征,无不可焉",⑤ 但一经考察,便可发现现代欧洲的道德观念也处于变更之中,英国与德国所信奉的伦理思想便有如上的不同。

---

① 张君劢:《明日之中国文化》,第 53 页。
② 张君劢:《明日之中国文化》,第 55 页。
③ 张君劢:《明日之中国文化》,第 55 页。
④ 张君劢:《明日之中国文化》,第 55 页。
⑤ 张君劢:《明日之中国文化》,第 56 页。

张君劢说："吾以为西洋道德之可贵，在乎个人之自尊自立，不依赖家族；在乎人民爱国之强烈，无所畏缩；在乎个人之互相合作，绝不自以为是，标高立异；此吾人所当效法者也，而功利学说不与焉。"[①]他将"道德观念之变更"列为现代欧洲文化的主要特点之一，将英、德两国19世纪的伦理思想加以比较，并且明确地表示不赞成英国人的功利主义而赞成德国人对于道德和形而上的追求，其目的在于让处于国难中的中国人"可以知所取舍"。

以上便是张君劢在《明日之中国文化》中所阐述的现代欧洲文化的主要特点。而在《文化政策（〈立国之道〉第四编）》中，张君劢又通过对古希腊和现代欧洲予以综合考察的方法，提出了关于欧洲文化特点的如下见解：

> 我们丢开中世纪一段不说，仅就文艺复兴后之欧洲与希腊时代来谈欧洲文化之特点：（一）长于求知识，以自然界为其对象；（二）事理物理之是非，以论理学为标准，论理学中之方法类于欧洲所谓奥抗之刀（Occam Razor）[②]，一刀两断，是者是，非者非，无所遁形；（三）社会上、政治上能发展个性，爱自由，此为市府国家或现代民主国家之共同特点。[③]

张君劢在此处除了"丢开中世纪一段"之外，还舍去了现代欧洲文化所独有的特点（例如现代民主政治、科学方法、道德观念等），而概括出他所理解的"欧洲文化之特点"。不难看出，这个概括所体现的基本精神与他关于古希腊罗马文化、现代欧洲文化主要特点的见解是一致的。

4. 欧洲文化的成就与弊端

在对古希腊罗马文化、中世纪耶稣教文化、现代欧洲文化作出考察，特别是在对欧洲现代文化的主要特点作出分析之后，张君劢提出："欧洲民族对于世界文化之贡献，可以举要言之者凡二点：第一，欧人长于建设

---

① 张君劢：《明日之中国文化》，第56页。

② Occam Razor，今译奥卡姆剃刀。

③ 张君劢：《明日之中国文化·附录》，第149页。

国家，其组织在于各人于享受自由之中，而有运用敏捷之政府，自由与权力得保持其平衡；第二，欧人求知欲之旺盛，有正确之方法，又有探奇索幽之兴趣。”[①]这里所说的两项主要贡献，仍然是民主和科学，即“五四”新文化运动以来中国人所热切盼望的“德先生”和“赛先生”。张君劢曾设问：“以全部文化史论，谁为文化史上之先登？”[②]他的答案是：在古代，埃及、巴比伦、希腊、罗马、中国、印度在文化上同样成就辉煌。但是到了近现代，欧洲文艺复兴之后出现的新社会思潮推动了民主政治和科学技术的高度发展，为人类文化作出了巨大贡献，因此“以时代论，西方文化实为天之骄子……要有飞机大炮，不能不从科学下手；要建设农工商，不能不从技术上下手，但技术系根据科学而来。谈到民主政治，不能不推源于民约论以后之政治思潮。此科学、此思潮，不能不推源于西方文艺复兴后之新态度或新人生观”。[③] 在此，张君劢充分肯定了文艺复兴运动以后的欧洲文化对于人类的重要贡献，充分肯定了它在世界上所具有的先进性。

同时，张君劢指出欧洲文化有其弊端。欧战的爆发，便是这种弊端的集中表现。“近三百年之欧洲，以信理智信物质之过度，极于欧战，乃成今日之大反动”。[④] 弊端的根源，在于近百年来欧洲文化所奉行的个人主义（或曰自由主义）方针：

> 欧美百年来文化之方针，所谓个人主义，或曰自由主义：凡个人才力在自由竞争之下，尽量发挥，于是见于政策者，则为工商立国；凡可以发达富力者则奖励之，以国际贸易吸收他国脂膏，藉国外投资为灭人家国之具。而国与国之间，计势力之均衡，则相率于军备扩张。以工商之富维持军备，更以军备之力推广工商。于是终日计较强弱等差，和战迟速，乃有亟思乘时逞志若德意志者，遂首先发难，而演成欧洲之大战。今胜败虽分，荣辱各异，然其为人类之惨剧则一而已。于是追念往事者，悟昔日之非，谓此乃工商立国之结果也，此乃武装平和之结果也，一言

---

① 张君劢：《明日之中国文化》，第 56 页。
② 张君劢：《明日之中国文化·附录》，第 148 页。
③ 张君劢：《明日之中国文化·附录》，第 152 页。
④ 张君劢等：《科学与人生观》（一），第 93 页。

以蔽之,则富国强兵之结果也。夫人生天壤间,各有应得之智识,应享之福利,而相互之间,无甚富,无赤贫,熙来攘往于一国之内与世界之上,此立国和平中正之政策也。乃不此之图,以富为目标,除富以外,则无第二义;以强为目标,除强以外,则无第二义。国家之声势赫赫,而于人类本身之价值如何,初无计焉。[1]

在张君劢看来,现代欧洲文化所奉行的个人主义(自由主义)方针导致工商立国的政策,导致欧洲国家一味求富求强,以富国强兵为基本国策,乃至不惜发动战争,酿成全人类之惨剧。这种文化崇拜理智、追求物质,却忽视了人本身的价值。而按照张君劢的见解,人本身的价值主要是精神价值,是"精神之自是"。因此现代欧洲文化的弊端,一言以蔽之则是:过度"信理智信物质",漠视人的精神价值。张君劢的这个见解,同样体现了现代新儒家的共识。认为现代西方文化的主要弊端是过于注重物质利益(由此导致的是片面推崇理智)而轻视人的精神价值,是现代新儒家文化哲学的一个基本观念。

三、论中国文化

张君劢考察欧洲文化,目的在于探讨"中国文化向何处去"的问题。出于这样的目的,他更加注重对中国文化的考察。

1. 中国文化的三个历史时期

张君劢说:"一国历史中文物制度及人物之观察,不离乎一时代之透视线;透视线变,则文化制度与人物之价值,因之而亦变。"[2]他所谓"透视线",指的是人们进行文化评价时所采用的价值标准。价值标准不同,人们对历史文化作出的评价也就不同。

张君劢提出了考察中国历史文化的"透视线",他说:"吾人今日所当注意者,为三千余年历史中吾汉族之盛衰兴亡;换言之,民族之盛衰,当为

① 张君劢等:《科学与人生观》(一),第101页。

② 张君劢:《明日之中国文化》,第57页。

以往二三千年历史中透视线。”[①]他依据“民族之盛衰”——确切地说则是“汉族之盛衰”——这个价值标准，将中国历史文化分为三个时期：秦汉以前为第一期，自晋至唐宋为第二期，自元至清末为第三期。

(1)秦汉以前。

这是中国历史文化的第一个时期。关于这一时期，张君劢着重阐明了三个问题：

①中华民族文化的来源。在这个问题上，张君劢反对西方一些学者主张的“中国文化西来说”(例如认为中国文化来自小亚细亚，来自巴比伦、印度等地)，明确地提出：“创造吾族之文化者，为尧舜禹汤文武周公。”[②]他援引另一些西方学者的研究成果，证明“汉族之文化，由于自身之发展”，[③]“汉族文化，汉族可以自信不疑曰，此出于汉族之自造也”。[④]

②周末思想的发展。张君劢指出，周代末年，也就是战国时期，是思想文化大发展的时期。“此时代之文物，自其朝聘会盟之礼观之，可谓灿然具备”。[⑤] 从政治上看，封建社会的基本制度(如官制、税制、兵制、家族制度等)此时已经形成。从学术上看，“有儒道墨名法诸家”，有代表着我国逻辑思想之发端的《墨经》的《大取》《小取》篇和名家的“坚白”、“异同”之论，在自然科学方面则有天文学和医学的发展。

③秦汉大一统的形成。张君劢充分肯定秦汉时期民族文化“大一统”的局面，认为：“秦始皇并吞六国，成一统之业，是为古今升降之一大关键。”[⑥]他赞成秦始皇为统一中国所采取的各种政治措施(如废封建，建郡县；废井田，开阡陌；书同文，车同轨；统一度量衡，等等)。即便对历来被视为残暴之举的焚书坑儒事件，张君劢也认为秦始皇无非是为了“求国民思想之归于一是，以奠定文化统一之基石”，[⑦]与董仲舒所提出的“罢黜百

---

① 张君劢：《明日之中国文化》，第 57 页。

② 张君劢：《明日之中国文化》，第 58 页。

③ 张君劢：《明日之中国文化》，第 58 页。

④ 张君劢：《明日之中国文化》，第 59 页。

⑤ 张君劢：《明日之中国文化》，第 60 页。

⑥ 张君劢：《明日之中国文化》，第 60 页。

⑦ 张君劢：《明日之中国文化》，第 61 页。

家，独尊儒术”是出于同样的目的。由此足见张君劢对民族文化“大一统”的推崇。

(2)自晋至唐宋。

张君劢认为，这一时期的中国文化值得注意的是以下两点：“第一，为种族之混血，第二，为外来思想之侵入。质言之，五胡扰乱以后之汉族，绝非秦汉时代之汉族；此时代之文化，亦非秦汉之嫡传，而为混血后汉族之新产物。”①就“民族之混血”而论，张君劢说在春秋时期，已经出现了汉族血统与少数民族相融合的情况。魏晋时期，随着少数民族的内迁并统治黄河流域，汉族与少数民族杂居，血统的融合愈益扩大。这表明魏晋以后的中国文化，已经是“混血后之新汉族”的文化。“此时代混血后之新汉族，其对外力量之膨胀，且驾秦汉而上之”。② 隋炀帝武功显赫，唐代则是东自高丽、西至印度皆是中国属国，这表明了隋唐两代“民族活力”的强盛。“其在文化方面之发展，亦大有可观者：书法有颜真卿、虞世南、褚遂良、柳公权等；诗文有李太白、杜工部与韩退之文起八代之衰；绘画南有王维、北有大李将军、小李将军，可以见此时民族活力之表现于各方面者何如矣”。③ 就“外来思想之侵入”而论，主要是佛教思想传入中国。“凡政治上大乱之日，宗教思想之易于侵入，自为意中事。佛教自魏晋以后，大盛于中国，即由当时人心厌乱而求归宿之所至”。④ 佛教的传入导致中国文化出现“新思想新活动”，先是国人赴印度研求佛法，如法显、玄奘赴印度取经，后来则有佛教在中国的自然发展，产生了天台宗、华严宗、法相宗、禅宗等教派。佛教的盛行还刺激了儒家的“觉醒”，遂有唐代韩昌黎和宋代孙明复、欧阳修等人的辟佛行为。“盖经二百余年种族之混乱，与佛教之侵入，而儒教遂因之而觉醒矣”。⑤ 唐太宗命孔颖达等人编纂《五经正义》，正是由于在佛教盛行的情况下“思以儒教正定人心”。这些都是魏晋至隋唐时期“外来思想之侵入”而导致的文化现象。至于宋代，文治则承

---

① 张君劢：《明日之中国文化》，第 62 页。

② 张君劢：《明日之中国文化》，第 64—65 页。

③ 张君劢：《明日之中国文化》，第 65 页。

④ 张君劢：《明日之中国文化》，第 63 页。

⑤ 张君劢：《明日之中国文化》，第 64 页。

唐代之极盛，而在武功方面远不如唐，但在思想学术上亦有胜出之处，宋代理学之形成，宋画、宋瓷、宋版书籍之流行，都足以为凭。

(3)自元至清代。

张君劢说在这一时期，“吾国土全部两次灭亡于外人”。[①] 异族的入侵，使汉族文化遭受重创，“殆以一国之主权，既操于异族之手，而主人之汉族仅处于奴隶地位，则其时汉族之文化自亦无由表见矣”。[②] 在元代，朝廷召用姚枢、吴草庐等人，以示尊崇儒教，但姚、吴等人仅能继承朱陆之说，毫无发明。元代文学以小说、曲本为盛，产生了《西厢记》《琵琶记》《水浒传》《三国志》等名著，当时的读书人在政治上无从发挥，便走入小说一途。在明代，太祖崇尚儒术，曾下令编《五经大全》《四书大全》《性理大全》，其“所以改革政治与教养人民者，不外乎封建制度之复活与四书五经大全之编纂，其见解之陋，自无待言”。[③] 唯有王阳明在政治黑暗和“此亦一述朱，彼亦一述朱”的环境中独辟蹊径，创“致良知”“知行合一”之说，稍破思想文化领域沉寂之空气。在清代，学术上的成就主要是考据学。而考据学乃是张君劢所说的“支离饾饤之学”，对于民族思想文化并无意义。清代的书法和绘画则是“规行矩步，绝少创作天才”。这表明了清代民族活力的消退和思想的消沉。值得注意的是，张君劢虽然肯定了康熙、乾隆皇帝“奖励学术”、“施政爱民”和“开拓疆土之功”，但他说：“然其人已非我属类，吾人今日断不能引之为光荣。”[④]可见，张君劢的大汉族主义思想是强烈的。前面的引文中张君劢称汉族为中国“主人”的说法，也足以表明这一点。

贯穿在上述中国历史文化“三期说”之中的基本理念，是张君劢关于培育民族活力与振兴民族文化的见解，他说：

> 有活力斯有文化，无活力斯无文化。惟有唐代之活力也，乃有唐之武功唐之诗歌，其流风余韵，且以构成宋代之理学。及乎

① 张君劢：《明日之中国文化》，第 67 页。
② 张君劢：《明日之中国文化》，第 67 页。
③ 张君劢：《明日之中国文化》，第 68 页。
④ 张君劢：《明日之中国文化》，第 69 页。

活力之衰也，乃有元清之屈服于外人，与清代饾饤支离之学。今而后不求民族活力之培育，而但讲文化之应为动的或静的、应为进步的或为保守的，是犹不浚源而求水，不培根而求木也，安在其可乎？[①]

张君劢提出中国历史文化的“三期说”，归根结底是为了寻求中国文化“自救”的道路。他认为“有活力斯有文化，无活力斯无文化”，因此，培育民族活力是振兴民族文化的根本之图。

2. 中国文化的五个基本方面

在对中国文化的“三四千年历史之要点”作出概括后，张君劢又从政治、社会、学术、宗教、艺术五个方面，对中国文化作出评论。

(1)政治方面。

张君劢认为，“吾国政治上之特点为人所共见者，是为君主专制政治”。[②] 皇帝一人高居于上，内有六部九卿，外有封疆大吏和府县官员，率皆听命于皇帝。皇帝一人贤明则一国治，一人昏庸则一国乱。但是从其所统治人民之众、地域之广及其在司法和行政上能保持相当秩序而言，这种大一统的君主专制，与不能实现举国一统的印度相比，也是一种优点。不过如果说大一统的君主专制在政治上有成绩，不如说它在文化上有成绩。君主以考试制度取士，以“四书五经”为典籍，令全国儿童习之。“由此之故，孔孟思想，乃广及全国，而成为思想之中心。且由此方法，乃有今日四万万同文化之同胞，此即文化上之成绩也”。[③] 与此同时，君主专制制度引起篡弑之祸、宦官之祸、宫戚之祸、王室子弟相残之祸、群小包围之祸，造成国民愚昧、自私、敷衍塞责等恶习，“凡西方所谓独立人格，勇于负责与为国牺牲之精神，在吾绝无所闻，绝无所见”。[④] 这可以说是“君主专制政治之造孽”。

---

① 张君劢：《明日之中国文化》，第72—73页。

② 张君劢：《明日之中国文化》，第74页。

③ 张君劢：《明日之中国文化》，第75页。

④ 张君劢：《明日之中国文化》，第75页。

(2)社会方面。

张君劢说:“中国社会之特点,可以‘家族主义’名之。”[①]从周秦时期开始,我国就形成了尊祖敬宗的传统,姓氏成为社会成员团结的基础。以血缘关系为纽带的家族制度有其优点,那就是家族成员可以相互帮助,有利于社会的稳定。但这种制度亦有弊端:其一是家族由男子继承,且以子孙众多为荣,造成我国人口过快增长,而且由于家庭人口多、关系复杂,导致家庭关系不和。其二是由于以家庭为单位,个人便丧失其独立的价值,因此便有所谓夷三族、夷九族(乃至明代方孝孺被夷十族)之刑,家族制度之残酷于此可见。其三是子弟与父兄共居,往往养成依赖父兄、不务正业的陋习,因此中国的名门望族传一、二世就衰落,不像欧洲的贵族往往能传数百年之久。

(3)学术方面。

张君劢说,早在春秋战国时期我国的学术已经相当发达,“循此轨道而发挥之,我国学术或可不至如今之落后。然其所以有今日者,不外二故:一曰文字之障碍;二曰论理思想之缺乏”。[②]

就“文字之障碍”而论,古代文字有蝌蚪文与大篆,秦时有小篆,汉代更有隶书八分与真、行、草诸体。由于字体不同,便产生了校勘学、训诂学、考据学和音韵学,全社会的心力不知有多少消耗在文字训诂之中。至清代中叶(乾嘉时期),更以此为世间唯一学问,学术上只有支离破碎的考据,缺少伟大的思想系统。“吾常以为一国中必有若干思想内容之学,即曾文正所谓义理之学,而后可以立国;若专以此等支离饾饤之学为学问,吾恐其因考据而亡国矣”。[③] 应该指出的是,张君劢对于考据学没有作出实事求是的分析,对于考据学在中国学术史、文化史上的功过没有作出客观、全面的评价。他这种全盘否定考据学的观点,是偏颇的。

就“论理思想之缺乏”而论,张君劢举出五个方面的表现:①不知有概念。清代汉学虽然提出“不通文字不能穷经的观点”,但他们不懂得文字

---

① 张君劢:《明日之中国文化》,第75页。

② 张君劢:《明日之中国文化》,第76页。

③ 张君劢:《明日之中国文化》,第77页。

是语言的单位，概念是学问的单位。②不知道给概念下定义。这就导致无法确定此学问与彼学问的界线，并由此引起种种辩论。③《墨经》一书沉埋之后，中国不再有论理学的著作，“论理学之消亡，即成为一切学术知识之消亡。吾国既为缺乏论理学之民族，其自然科学自亦无由而发展”。[①] ④儒、墨、道、法诸家的学术皆以人事问题为中心，这使得“吾族思想局促于人事问题”而忽视自然问题、宇宙问题。⑤我国古代对于自然问题亦曾注意研究，古书关于神农尝百草、羲氏和氏治历象等的记载就表明了这一点，但是由于论理思想的缺乏，“无论理方法以验其为学之标准，因而永不知此数者之可以为学，反转而坠落于术数之中矣”。[②] 由于在逻辑（论理）上缺乏检验的方法，使得中国古代对于天文、地理、医药、动植物的探索流于医卜星相之手，成为术数而没有上升为学问。

(4)宗教方面。

中国古代就形成了“天人合一”的思想，“吾国人之论天也，常不离人；其论人也，常不离天。言人事者，必推本于天道；言天道者，必求其效验于人事”。[③] 因此在中国人的思想中，天人之间没有鸿沟，这与“西方思想中将上帝与人类划为两界”大不相同，这可以说是“中西两方最大差异之点”。[④]

张君劢认为，根据“天人合一”思想与阴阳五行之说相结合的观点，事物的两个方面“可以并存而不可偏废”，因此在古代我们民族对新发生的道教、佛教、喇嘛教、耶稣教等宗教和卜筮风水之说都能坦然迎之。这是中国人宗教态度好的一面，可以谓之“兼容并包”。而从坏的方面来说，则可以谓之“杂乱无章”。由于中国人言天道不离乎人事，因而缺乏事天的诚敬之心，陷于信仰上的不专一。因其念念不忘人事，中国人所寄希望于宗教者不外乎“延年益寿”“有求必应”等要求，而西方人对于上帝则但求悔罪赦免。正因为这样，西方人处事有诚意，社交上率直而不失其真，政治上有不屈不挠

① 张君劢：《明日之中国文化》，第 79 页。
② 张君劢：《明日之中国文化》，第 80 页。
③ 张君劢：《明日之中国文化》，第 80 页。
④ 张君劢：《明日之中国文化》，第 80 页。

之气概，与中国人之“专以敷衍应酬为生者，不可同日而语”。[1]

(5)艺术方面。

中国的文化成就最为西方人所赏识者，就是艺术。究其原因，仍然与中国人的“天人合一”思想有关。“天人合一”表现在宗教方面与艺术方面，产生的结果是不同的：“在宗教方面，以天道迁就人事，则天道流于浅薄。而在艺术方面，以天地纳入于山水之中，则山水自具有一种穆然意远，与天地为俦侣之意……如深山流水旁高僧修道之像，立意既超绝人寰，则意境自深远矣。王维米南宫之画，淡墨数行，而富有宇宙无穷之意味，此乃天地与艺术合面（“面”应为“而”之误——引者按）为一之所致也。故吾国艺术之长，不仅以‘真’为务，兼具天道于其中。”[2]中国艺术的优长之处，就在于“兼具天道于其中”。

张君劢还说，艺术与学术的不同在于学术要受论理学规则的支配，艺术则在于妙手偶得，而这正适合于“吾国优游自得之士大夫”所为。这也是中国艺术胜于他国的原因。

从上述张君劢对于中国文化的评议中不难看出，除了在艺术方面他对于中国文化只给予褒扬而没有提出批评之外，在其他方面他对于中国文化在总体上是批评居多的，而且有些批评是失之偏颇的。究其原因，则在于张君劢为了中国文化的“寻药自救”而要着力探查其“病”之所在。正是基于这样的理念，他在对中国文化进行多方面的评论之后，对中国文化的“短处、受病处”作了总结：

> 合以上各项言之，则吾国文化之短处、受病处，可以举而出之矣：
>
> 1.政治上以久处君主专制政治之下，故人民缺少独立性。
>
> 2.社会上盛行大家庭制度，一方增长各人之倚赖心，他方以处于面和心不和之环境中，种下忌刻与口是心非之恶习。
>
> 3.学术上受文字之障碍与缺乏论理学的素养，但有支离琐碎的考据，思想天才不发展，更少伟大的思想系统。

---

① 张君劢：《明日之中国文化》，第81页。

② 张君劢：《明日之中国文化》，第82页。

4. 宗教上夹杂以功利之念，绝少真正之诚意，更少以身殉道之精神；宋明儒者虽有殉道气概，然而不普及。[①]

对中国文化，张君劢自有肯定和赞扬之处（本书后文将论及）。但他着重考察的，是中国文化的弊病。他要在探查出这些弊病之后，找出中国文化"未来政治学术艺术之新方向"，提出他为中国文化"未来之发展"设计的方案。

四、造成以精神自由为基础之民族文化

在《明日之中国文化·自序》中，张君劢说："吾人研求三四千年中，中印欧民族生活之经过，于是得一结论曰：以精神自由为基础之民族文化，乃吾族今后政治学术艺术之方向之总原则也。"[②]在该书的第十讲，他又将这种"总原则"称为"总纲领"，说："吾人以为今后吾族文化之出路，有一总纲领曰：'造成以精神自由为基础之民族文化。'"[③]

围绕着这个"总原则"、"总纲领"，张君劢从精神是文化之本、树立民族自信心、中国传统文化的保存与创新、西方文化的输入与批评其得失、精神自由与新文化之创造等方面，提出了自己的一系列见解。

1. 精神是文化之本

张君劢说："所谓文化，即是一社会中精神与物质生活之全部现象……所谓文化，即是一社会中精神生活与物质生活两方面。"[④]他明确地肯定了人类文化中既包含着精神，也包含着物质，并且按照自己的理解，对于"精神"与"物质"作了如下的区分："衣冠，物质也；皮肉筋骨，物质也；更进而求之，则为脑神经亦物质也。总之，手之所触目之所见者，谓之物质。若夫心思之运用，则非手之所能触，目之所能见，故不谓为物质，而谓

① 张君劢：《明日之中国文化》，第 82—83 页。
② 张君劢：《明日之中国文化》，第 1 页。
③ 张君劢：《明日之中国文化》，第 85 页。
④ 张君劢：《明日之中国文化·附录》，第 147 页。

为精神”。[①] 在张君劢看来，人的本质在于精神方面。他说：“物质者块然之物，无心灵、无思想，故无所谓精神；人类有思想、有判断，能辨善恶，故有精神。此人类之所以异于物质也。”[②]文化的主体是人，人的本质在于精神，因此精神是文化之本。“文化为物，发之自内，由精神上之要求，见之于制度文章”。[③]

文化的根本在于精神，进一步说，则在于精神自由。在任何民族中，都是由个人精神的自由发展而形成民族文化。张君劢说：

> 精神之自由，有表现于政治者、有表现于道德者、有表现于学术者、有表现于艺术宗教者。各个人发挥其精神之自由，因而形成其政治道德法律艺术；在个人为自由之发展，在全体为民族文化之成绩。个人精神上之自由，各本其自觉自动之知能，以求在学术上政治上艺术上有所表现；而此精神自由之表现，在日积月累之中，以形成政治道德法律，以维持其民族之生存。故因个人自由之发展，而民族之生存得以巩固。此之谓民族文化。[④]

政治、道德、法律、艺术都是“个人精神上之自由”的表现，个人精神自由的发展，同时就是民族文化的形成和发展。张君劢认为，世界上的任何一种文化总归是某一民族的文化，不属于任何民族的文化是不存在的，而任何民族文化都是基于个人精神自由的发展。人的精神以自由为本性，它是人类文化的根基所在。张君劢又将人类精神称为“人类的意力”，说：“人类的意力加入客观环境即是人类的匠心，人类的理想与理性之运用客观环境，于此而显人类精神，于此而成社会现象。在此种机能关系中，从其产生方面足以利用厚生者言，为经济现象；从其保持领土人民，使士农工商得以进行不坠而言，则为政治现象；从其设为规范以为维系之具，且使之前进而言，则为法律现象。”[⑤]可见经济现象、政治现象、法律现象等等（它们构成了人类社会的文化现象），都是“人类意力”——即人类精

① 张君劢等：《科学与人生观》(一)，第 99 页。
② 张君劢：《明日之中国文化》，第 85 页。
③ 张君劢：《明日之中国文化·附录》，第 137 页。
④ 张君劢：《明日之中国文化》，第 85 页。
⑤ 转引自吕希晨、陈莹选编《精神自由与民族文化——张君劢新儒学论著辑要》，第 563 页。

神——对于客观环境加以“运用”的结果，人类文化正是建立在这个基础之上。“吾人言社会之机能的见解，以人类意力为主，吾人亦可由此而推出，说任何现象，皆有其所以然之道；此道为主宰原则，物物而不物于物，名之曰功能、曰动力、曰理性、曰精神，皆无不可”。精神是人类社会各种文化现象的“所以然之道”和“主宰原则”，它的本性在于“物物而不物于物”，在于自由创造。

2. 树立民族自信心

张君劢提出，要造成以精神自由为基础的民族文化，国人首先必须树立民族自信心。他说：“今后文化之各方面，如政治如学术之改革，其根本问题，在于民族之自信心。民族而有自信心也，虽目前有不如别人处，而可徐图补救；民族而失其自信心也，纵能成功于一时，终亦趋于衰亡而后已。”①他认为，国人不仅应该树立民族自信心，而且完全有理由树立民族自信心。他以中华民族在人类文化史上的地位来说明这一点：

> 吾中华民族在文化史中之地位如何乎？吾族足与埃及、希腊、罗马、印度等并肩而立，欧美学者所公认者也。乃近年之国人激于环球大通后所受之惩创，反而自鄙夷其文化，若已不足自存于今世者，甚至怀疑于其民族之本身若不足与白人相抗衡者，此乃目眩于一世纪之短促，而往忘千万年之久远矣。事物之成败得失，以历久不坏为准。彼白种之兴也，始自欧洲文化复兴以降，人智大开，学术大进，探险殖民，远及各洲。及英法革命后，政局大定，于是欧洲之学术、法制、工商，无往而不为人所取法。然以时考之，不过五百余年，他人五百年之成效，安能与吾族历四千余年之久者，相提并论乎？吾族之特色，自古代迄于今日，犹能保持其生命，视埃及、巴比伦之长埋地下，视希腊、罗马之主已再易，视印度之为人奴隶者，大有天壤之别。此必吾族之自处，有以胜于其他各族者无疑义矣……如是，自时间久暂言之，正不必以百年来之失意，而遽怀疑于吾族之前途也。②

① 转引自吕希晨、陈莹选编《精神自由与民族文化——张君劢新儒学论著辑要》，第571页。
② 张君劢：《明日之中国文化》，第95页。

针对一些人鄙视自己民族文化的心态，张君劢指出中华民族文化是世界上发达最早的民族文化之一，它历久而犹存，而且完好地保持着自身特色，这表明了中国文化自有胜于他国文化之处。近百年来中国文化虽然遭受挫折和创伤，但从长远的发展看，我们不必怀疑民族文化的光明前途。在《中华民族文化之过去与今后之发展》一文中，张君劢再次强调了中国文化“历久长存”这一突出的优长之处，“即中华文化之生命，较他族为独长。与吾族先后继起之其他文化民族已墓木高拱矣，而吾华族犹巍然独存”。[①]“吾祖若宗所以建立吾族文化者，根据若是其深厚，所拓疆土之广，所含人种之多，与夫成绩之彪炳，享国之长久，求之各国，鲜有匹敌之者”。[②] 他视此为中国文化的“特点之特点”。

张君劢还通过中国文化的成就及其对人类文化的贡献，说明国人应该树立民族自信心。他说除了指南针、火药、造纸术、瓷器、丝、茶等发明之外，中国在文化上的成就“更有其大且远者”，在宗教、社会、学术、美术等方面都有建树。尽管中国文化亦有其短处，但是论中国文化对世界文化的贡献，与他国相比则“有过之而无不及”。“欧人所重者为科学，印人长于冥想，我们则专讲人伦，各有其伟大之处。我们不能因印度中国之削弱，而轻视自己文化，须知文化之特点不在一时之成败利钝，而在其对于人类之永远贡献。国人不可因目前之失败，而遂看轻自家文化”。[③] 张君劢承认近代以来中国文化的“失败”，但他强调国人不可因此便否认中国文化在历史上所取得的成就，不可因此便失去民族自信心。

值得注意的是，张君劢虽然认为中国文化必将有其光明前途，但他并不因此而认为世界未来文化就是中国文化的复兴。在这个问题上，他批评梁漱溟在《东西文化及其哲学》一书中提出的观点，说：“梁先生断定世界未来之文化就是中国文化的复兴。此类勇气，吾是极端赞成的。但是今日尚在振作精神创造新文化之时，自己文化如何，尚不得而知，而竟断定‘世界文

① 张君劢：《明日之中国文化》，第103—104页。

② 张君劢：《明日之中国文化》，第112页。

③ 转引自吕希晨、陈莹选编《精神自由与民族文化——张君劢新儒学论著辑要》，第532—533页。

化即中国文化复兴'，不免太早计了！"[①]对于中国文化在世界未来文化中的位置，张君劢看得比较客观、平实，他说："吾国人而诚能发奋为之，则新文化桌上，必容吾国人占一席。"[②]至于"究竟中国文化胜耶，抑西洋文化胜耶，抑二者相合之新文化胜耶。此皆不可以今日臆测者也"。[③] 由此可见，张君劢关于树立民族自信心的论述，其目的不是在理论上与西方文化争长短，而是寄希望于国人在实践中"发奋为之"，"振作精神创造新文化"。

3. 中国传统文化的保存与创新

创造新文化问题，实质上是传统文化的保存与创新问题，张君劢称之为"复古与创新问题"。他说：

> 近年国内以外国学说之屡经试验而无成功，于是有提倡复古者；亦有以对外失败为增进国民之自信力计，而出于复古者。吾以为复古之说，甚难言矣。同为儒家，有主宋学、有主汉学；汉学之中，或主古文、或主今文、或主郑玄、或主王肃；宋学之中，或主程朱、或主陆王。其优劣得失可以不论，要其不能对于现代之政治、社会、学术为之立其精神的基础一也。若复古之说，但为劝吾国人多读古书，阐发固有道德，其宗旨在乎唤醒国人，使其不至于忘本，此自为题中应有之义，与吾人之旨本不相背。若谓今后全部文化之基础，可取之于古昔典籍之中，则吾人期期以为不可。自孔孟以至宋明儒者之所提倡者，皆偏于道德论。言乎今日之政治，以民主为精神，非可求之古代典籍中也；言乎学术，则有演绎归纳之法，非可取之于古代典籍中也。与其今后徘徊于古人之墓前，反不如坦白承认今后文化之应出于创新。[④]

在此，张君劢明确地表示反对文化上的"复古之说"，因为古代的思想学说已经不能作为现代社会的政治、学术等的精神基础。现代政治的民主原则，现代学术的思维方法，都无法取之于古代典籍。张君劢提出：对

---

① 张君劢:《明日之中国文化·附录》,第 136 页。

② 张君劢:《明日之中国文化·附录》,第 139 页。

③ 张君劢:《明日之中国文化·附录》,第 138 页。

④ 张君劢:《明日之中国文化》,第 91—92 页。

于传统文化的正确态度是"于创新之中，以求保存之法"。[①] 传统文化是必须保存的，但保存并不等于固守旧说，而是必须有所创新，"在日新之中，而古亦自能保存。换词言之，在创造之中，则继既往而开将来"。[②]

张君劢还提出，由于精神自由注重创新，或许会有人认为它与传统文化的保存不相容，但道理并非如此：

> 若疑精神自由之侧重于创新，谓为与旧文化之保存不相容者，吾则有以答之。国人在思想上以孔孟之经籍为宗，在政治上有专制帝王，在宗教上有本土之拜祖先教与后来之道教及印度之佛教；合此种种，可名之曰传统。在此传统之空气中，各个人之精神自由，即令有所表现，亦必托之于孔孟之名；在艺术家有所谓仿米襄阳、或临王麓台之笔法。吾以为今后此等遗产中之应保存者，必有待于新精神之发展；无新精神之发展，则旧日传统亦无由保存。何也，旧传统之不能与欧西文化竞争，证之近百年之历史已甚显著，今后必须经一番新努力，以求新政治之基础之确立，而后旧传统反可因新努力而保存，而不至动摇。否则新者不能创造，而旧亦无由保存。[③]

中国旧文化不能与西方文化竞争，已经为历史所证实。旧文化唯有发展出适应时代要求的新精神，方能与西方文化抗衡。这种新精神的发展，基于精神自由之注重于创新。文化上的创新不仅无碍于传统文化的保存，而且正是传统文化得以保存的必要前提和途径。"所谓造成新文化，并不是说只要新文化而把旧文化打倒；尽管采取新文化，旧文化不妨让其存在"。[④] 这些观念表明，在传统文化的继承与创新问题上，张君劢不仅富于积极的进取精神，而且具有辩证的思维方法。

4. 西方文化的输入与批评其得失

张君劢对民族文化的态度是于创新之中求保存之法，他对西方文化

---

① 张君劢：《明日之中国文化》，第 92 页。

② 张君劢：《明日之中国文化》，第 93 页。

③ 张君劢：《明日之中国文化》，第 85—86 页。

④ 张君劢：《明日之中国文化·附录》，第 151 页。

的态度，则是于输入之时批评其得失。在《欧洲文化之危机及中国新文化之趋向》一文中，张君劢曾提出一个关于文化建设的方针，其中的主张是：

(1)文化自决。

“吾国今后新文化之方针，当由我自决，由我民族精神上自行提出要求。若谓西洋人如何，我便如何，此乃傀儡登场，此为沐猴而冠，既无所谓文，更无所谓化”。① 中华民族在精神上要“由我自决”，这是学习西方文化时必须坚持的前提，否则中国文化只能成为西方文化的傀儡。

(2)文化输入。

“中国旧文化腐败已极，应有外来的血清剂来注射他一番，故西方人生观中如个人独立之精神，如政治上之民主主义，如科学上之实验方法，应尽量输入。如不输入，则中国文化必无活力”。② 尽量输入西方文化，是为了给腐败的中国旧文化注入“血清剂”。

(3)评其得失，存优去劣。

“现时人对于吾国之旧学说，如对孔教之类，好以批评的精神对待之，然对于西方文化鲜有以批评的眼光对待之者。吾以为尽量输入与批评其得失，应同时并行，中国人生观好处应拿出来，坏处应排斥他，对于西方文化亦然”。③ 在尽量输入西方文化的同时，要对其进行批评。我们对于东方文化和西方文化，都应该采取发扬其长处、批评其短处的态度。

(4)列举中西文化长短以备将来文化激战。

“将西洋文化在物质上、精神上应采取者一一列举出来，中国文化上应保存者，亦一一列举出来。然东西文化之本末各不同。如西洋人好言彻底，中国人好言兼容或中庸；西洋好界限分明，中国好言包容。此两种精神，以后必有一场大激战。胜负分明之日，即中国文化根本精神决定之日”。④ 这第四个主张看上去比较含糊，特别是关于由东西文化的“激战”来决定“中国文化根本精神”的说法似乎更为隐晦。但在接下来的论述

---

① 张君劢：《明日之中国文化·附录》，第137页。
② 张君劢：《明日之中国文化·附录》，第137页。
③ 张君劢：《明日之中国文化·附录》，第137页。
④ 张君劢：《明日之中国文化·附录》，第137页。

中,张君劢在对上述四项主张作出概括时,就明确地将第四项主张概括为"相反二者之综合",①从而表明了他的这一主张实际上是:具体分析西方文化与中国文化之中值得采纳、保存的内容,对不同的观念作出比较,并在此基础上将它们综合起来。

从上述主张可以看出,张君劢是反对"全盘西化"的文化路线的。这是由他对于接受西方文化问题的基本立场决定的。在《养成民族思索力》一文中,他提出:"我们的任务,自然在拿外国文化来加强、改良吾们自己。"②学习西方文化,是为了"加强、改良"中国文化,而不应该是导致中国文化丧失自我,这可以说是张君劢在学习西方文化问题上所采取的基本立场。在《中华民族文化之过去与今后之发展》一文中,他说:"窃以为文化之改造,非易事也。舍己以求人,是为忘其本根。采他人之方而不问其于己之宜否,是为药不对症。心目中但欣羡他国之制,而忘其本根之地位,是为我丧其我。"③学习和采纳西方文化,必须坚持以"我"为主,以"我"为本,即坚持以民族文化为本位。张君劢称此为"己之不可离",说采纳、学习西方文化如同种树,"不先考虑本国之地宜,则树无由滋长",④这是"己之不可离者一"。"因他人之变而效颦,抑知己之不能自立,即失其所以为己,虽学而不得其似,此己之不可离者二"。⑤ 张君劢曾提出改造旧文化、建设新文化的两条原则,即:"第一,自内外关系言之,不可舍己循人。第二,自古今通变言之,应知因时制宜。"⑥此处的第一条原则,同样是强调民族文化的自立。张君劢的这种意识后来成为现代新儒家的共识,他的"不可舍己循人"、"应知因时制宜"观念体现了现代新儒家"融会西方新潮,挺立自家传统"的共同文化立场。

值得指出的是,张君劢不是一般性地谈论学习西方文化,而是有针对性地提出:用西方文化的精神作为"血清剂",以治疗中国文化的痼疾。为

① 张君劢:《明日之中国文化·附录》,第 138 页。
② 张君劢:《明日之中国文化·附录》,第 115 页。
③ 张君劢:《明日之中国文化·附录》,第 109 页。
④ 张君劢:《明日之中国文化·附录》,第 110 页。
⑤ 张君劢:《明日之中国文化·附录》,第 110 页。
⑥ 张君劢:《明日之中国文化·附录》,第 109 页。

此他强调:“须知采取欧洲文化,应采者是精神。”[①]在他看来,学习西方文化的意义归根结底在于以其精神改造中国旧文化。他说:

> 我们大声疾呼,主张国人应以欧洲之新思潮,从宗教革命起到民主政治止,以其理性发展为吾们文化前进之方向。(一)科学方面之实事求是与其正确性,大可纠正我们“差不多”之恶习;(二)哲学方面之论理学,大可纠正我们议论纵横、漫无规矩之恶习;(三)至于政治社会方面,应尊重人格、抬高民权,一方解除平民疾苦,他方许人民以监督政府之权利,使政界污浊风气,可以廓清。有此三种大改造,则中国之进为近代国家,一定可以成功。[②]

通过有针对性地采纳、学习西方文化,来“改造”中国旧文化的“恶习”,推动中国文化的进步。张君劢的这种说法,在现代新儒家学者中是比较特别的,因为在这个问题上现代新儒家学者的一般说法是:用西方文化的长处来“弥补”中国文化的“不足”。

5. 精神自由与新文化之创造

“造成以精神自由为基础之民族文化”是张君劢文化哲学思想的归结点。

张君劢说:“新文化之创造,亦曰对于国民生活之各方面,如政治、如学术、如宗教等等,指示以标准,树立其内容;先之以言论,继之以事实。”[③]创造新文化,首先要指明在政治、学术、宗教等方面新文化应有的表现,然后身体力行地付诸实践(“继之以事实”)。为此,张君劢阐明了精神自由与新文化各方面的关系,即精神自由在政治、学术、宗教、艺术等方面的表现。

(1)精神自由与政治。

张君劢说在君主专制制度下,国民服从法令完全是因为“惮于政府之权力,而不敢不如此,此乃命令下之守法,命令下之道德,而非出于个人精

---

① 张君劢:《明日之中国文化·附录》,第155页。
② 张君劢:《明日之中国文化·附录》,第157页。
③ 张君劢:《明日之中国文化》,第93页。

神之自由也”。[①] 西方社会自法国大革命以来奉行自由平等原则，尊重个人自由，通过宪法保障国民的生命、财产以及言论、集社的自由，人民有参政的权利，政治设施皆以民意为前提。在这样的情况下，西方人服从法令和从事各项工作“皆能一切出于自动，不以他人之干涉而后然”。中国人几千年来“受统治于帝王”，国人不知自身之价值和人格，不知自身应有之责任。“此命令式之政治、命令式之道德、与夫社会上类此之风尚一日不变，则人之精神自由永不发展，而吾国政治亦永无改良之一日”。[②] 因此要造成以精神自由为基础的民族文化，就要改变长时期的封建君主专制给我国造成的“命令式之政治、命令式之道德”，而建立像西方国家那样的以“尊重各个人自由”为基础的政治制度。对于创造新文化来说，这是精神自由在政治方面应有的表现。

(2)精神自由与学术。

在学术方面，张君劢认为中国的传统是过于注重利用厚生，即注重实用。“学术之目的，虽不离乎利用厚生，然专以利用厚生为目的，则学术决不能发达；以其但有实用之目的，而缺乏学术上游心邈远之精神自由也……人类因有思想有知识，以解决宇宙之奥秘为己任；若但以有用无用为念，则精神之自由必不能臻于高远与抽象之境”。[③] 学术是应该注重实用的，但如果仅仅以实用为目的，那就限制了精神的自由活动，使其不能达到高远的境界。利用厚生是学术研究的自然结果，而不应该是学术研究的唯一动力。实际上学术中的很多问题往往不关乎实用，而学者仍然要加以研究。苏格拉底坚信自己的学说，以致以身殉职；伽利略自信其地动说，以致被教会责罚。他们为追求学术真理而奋斗，并非因为他们的学说“有益于人生日用而后为之”。欧洲人在学术研究中既严格遵循论理学的种种规则，又通过精神的自由活动，充分发挥想象力，“以进于无限之乡”，探索天体之构成、人种之由来、文化之形成等问题，从而产生了古生物学、人种学、文化学等多种科学，“若仅以实用为范围，则此种学说可以不必研究，而一

---

① 张君劢:《明日之中国文化》，第86页。

② 张君劢:《明日之中国文化》，第93页。

③ 张君劢:《明日之中国文化》，第87—88页。

切高深学术何由发展乎？”①

因此，在学术上我们要克服过于注重实用的弊端。“就学术发展之要素言之：必人民对于宇宙内一切奥秘，认为负有解决之义务，一也；学术之发展，在乎思想上自受约束，而守论理学上种种规矩，二也；学问家不可无高远之想象力，三也”。② 树立探索宇宙奥秘的责任心，遵循论理学对于思维的要求，具有丰富的想象力，在张君劢看来，这是学术发展不可或缺的三个基本条件。对于创造新文化来说，这是精神自由在学术方面应有的表现。

(3)精神自由与宗教。

张君劢说现在的人坠地之初就被各种宗教所包围，“故在信仰上无自由之可信”。真正自由的宗教信仰，“应以良心上信仰之真假为标准”。欧洲的教徒与中国的教徒在这方面有着明显的不同，“凡为宗教，不外乎神道设教之义。为维持其宗教上之尊严计，其代神说法者，应有丰富之智识与尊严之仪表，然后能引起人之注意。欧洲之耶教、天主教之教士，态度和蔼，智识丰富，绝非吾国之酒肉和尚道士所可同日而语”。③ 即便不是“酒肉和尚道士”，对于其他的中国宗教信徒，张君劢也批评他们但知向神明祈求“延年益寿”“有求必应”，而不像欧洲的教徒但求向神明忏悔、赎罪。张君劢认为这表明“良心上信仰之真假”。

张君劢还提出：“宗教之信仰，诚以精神之自由为前提，则真正之信仰不应为多元的。”④因此国人要“从一人一宗教下手”，从“良心”上树立真正的宗教信仰，改变一些宗教的不良风尚和陋习。从创造新文化来说，这是精神自由在宗教方面应有的表现。

(4)精神自由与艺术。

张君劢认为，“就艺术言之，似乎吾国不必有所学于外人”。⑤ 中国文化中，最为外国人所赞赏的就是艺术。在“天人合一”思想的影响下，中国的艺术“兼具天道于其中”。这是中国艺术的长处，张君劢曾多次给予褒

---

① 张君劢：《明日之中国文化》，第 89 页。
② 张君劢：《明日之中国文化》，第 89 页。
③ 张君劢：《明日之中国文化》，第 90 页。
④ 张君劢：《明日之中国文化》，第 89 页。
⑤ 张君劢：《明日之中国文化》，第 90 页。

扬。但是他认为，中国艺术也有不如欧洲艺术之处，“欧人游心于无限之境，其所超境界，往往为吾人所不及”。[①] 欧洲人由于精神自由的充分运用和发挥，在艺术创作中思想不受任何限制，因此能够超越到极高的艺术境界，这为中国艺术所不及。以长篇诗歌而论，我国诗文中就没有如同但丁的《神曲》、歌德的《浮士德》那种体裁和意境的作品。此外，在雕刻、建筑、音乐、戏剧方面，欧洲艺术也能不断地“就其民族心灵之深处”体味之，表现之，因而这些艺术形式总是处在“日新月异”之中。“其他为西方所有，吾国所无者，尚不可胜数”。[②]

因此，在艺术方面我们除了保持以往的成就之外，还必须致力于“新领域之扩张与新创作之表现”，如此方能促成中国艺术的更好发展。从创造新文化来说，这是精神自由在艺术方面应有的表现。

除了从以上四个方面对“精神自由与新文化之创造”作出论述之外，张君劢还阐明了“个人精神自由”与“民族大自由”之间的关系。他说：“个人自由，惟在民族大自由中，乃得保护乃能养成；民族之大自由若失，则个人之自由亦无所附丽。”[③]在政治、学术、宗教、艺术等方面，个人的精神自由不仅为个人提供发展的机会，而且为民族大自由奠定了共同的基础。“个人自由之发展之中，不离乎大团体之自由。惟有在民族大自由巩固之中，而后个人自由始得保存。此又吾人双方并重之旨，不可不为国人告者也”。[④] 没有个人精神自由的发展，民族大自由和民族文化就失去了来源和基础；没有民族大自由和民族文化的巩固，个人的精神自由就失去了前提和保障。可见个人的精神自由与民族大自由非但不相互冲突，而且相互依存、相辅相成。这就是张君劢关于个人精神自由与民族大自由“双方并重”的思想。

五、结　语

张君劢的文化哲学思想的着眼点是挽救和复兴中华民族文化。在

---

① 张君劢：《明日之中国文化》，第 90 页。
② 张君劢：《明日之中国文化》，第 90 页。
③ 张君劢：《明日之中国文化》，第 91 页。
④ 张君劢：《明日之中国文化》，第 91 页。

《中华民族文化之过去与今后之发展》一文中，他说：

尝统观四千年之历史，吾祖若宗所以建立吾族文化者，根基若是其深厚，所拓疆土之广，所含人种之多，与夫成绩之彪炳，享国之长久，求之各国，鲜有匹敌之者。吾侪之为子孙者，不应托庇先人宇下而自满，不应坐享前人之成而自逸。盖东西诸国张目伸手，眈眈逐逐于吾旁，由通商之要求，而进于藩篱之撤尽，由藩篱之撤尽，将进而为本部之分割，吾民族亡而文化随之以亡矣。吾同胞乎，其深信历史之过去，以增高其自信力，其毋忘环球大势之注意，以谋所以因应，庶几上无愧于先人，下为来者树悠久无疆之业乎！[①]

不难看出，张君劢对中华民族和民族文化的复兴是持乐观态度的。在他看来，虽然在历史步入近代之后，在东、西方列强的步步进逼和欺凌之下，中华民族及其文化面临危亡的局面，但只要国人增强民族自信心，并且关注天下大势，顺应时代要求，改造旧文化，建设新文化，中华民族和民族文化就能继往开来，走向复兴。

张君劢不仅对民族文化的复兴充满信心，而且提出了民族文化复兴的“总纲领”“总方向”——“造成以精神自由为基础之民族文化”。他的全部文化哲学思想，都是围绕着这个“总纲领”“总方向”而展开的。更明确地说，都是围绕着“精神自由”而展开的。

在“科学与人生观论战”中，张君劢之所以提出科学不能解决人生观问题，归根结底是因为他认为人生观是人的精神活动，是以精神自由为前提的，“精神变动而不居”，它是自由的、无公例可循的。“科学为因果律所支配，而人生观则为自由意志的”。在评论东、西方文化时，他首先指出精神是文化之本，文化的本性在于精神的自由创造，然后他着重通过精神自由的不同状况来比较欧洲文化与中国文化的长短之处。他认为欧洲文化的长处根源于精神自由的充分发展。在政治方面，“社会上、政治上能发展个性，爱自由”；在学术方面，精神的自由创造“进于无限之乡”，发现种种宇宙奥秘和自然界的公例。他这里说的，其实就是民主和科学，不过张

---

① 张君劢：《明日之中国文化·附录》，第112页。

君劢是以精神自由的发展作为根源来说明欧洲国家的民主和科学的发展的。对于中国文化，张君劢着重指出了其短处，而在他看来这些短处同样在于精神自由问题。他认为在中国文化中精神自由受到极大的扼制。在政治方面，“久处君主专制政治之下，故人民缺少独立性”；在学术方面，“受文字之障碍与缺乏论理学的素养，但有支离琐碎的考据，思想天才不发展，更少伟大的思想系统”。因此，在提出“造成以精神自由为基础之民族文化”这个“总纲领”之后，张君劢就从“精神自由与政治”、“精神自由与学术”、“精神自由与宗教”、“精神自由与艺术”以及“精神自由与其他”五个方面，阐述如何改造旧文化、建设新文化，从而“造成以精神自由为基础之民族文化”。凡此皆足以表明，“精神自由”（或曰意志自由）是贯穿张君劢全部文化哲学思想——包括他关于科学与人生观的见解、关于中外文化的评价、关于创造民族新文化的主张等最基本的理念。

张君劢的文化哲学思想中包含着有价值的见解和合理的思维方式，本章的阐释已经表明这一点。在此笔者只想提出，张君劢文化哲学思想中最值得肯定的见解，是他关于文化必须适合于时代的观念。他在对中外文化进行比较考察后，指出文化各有优劣之处，“其所以优劣之故，因时代而起，适于时代者优，不适于时代者劣”。[①] 他将是否适合于时代作为文化评价的基本标准，并且主张国人“应知因时制宜”，根据当今时代的要求“以谋所以因应”，改造旧文化，建设新文化。正是出于这样的目的，他主张采纳西方文化的优良精神来改造中国文化，使中华民族文化进步为适合时代要求的新文化。这是张君劢文化哲学思想中积极、进取精神的最主要的表现。

同时，张君劢的文化哲学思想也存在着消极、保守的方面。在《再论人生观与科学并答丁在君》等文中，张君劢将欧战所暴露的西方社会的危机归因于“工商立国政策”（又称“富强政策”），并提出“我国立国之方策，在静不在动；在精神之自是，不在物质之逸乐；在自给之农业，不在谋利之工商；在德化之大同，不在种族之分工”。[②] 他说中国数千年来以农立国虽

① 张君劢：《明日之中国文化·附录》，第 151 页。

② 见吕希晨、陈莹选编《精神自由与民族文化——张君劢新儒学论著辑要》，第 69 页。

然造成民生萧条、文化停滞，但“尚可勉达寡而均，贫而安之一境”；倘若今后以工商立国，则势必造成“多而不均，富而不安”的状况。因此“宁可牺牲富强，不愿以人类作工厂之奴隶牛马焉。此义也，吾国人之所当奉行，而十九世纪以来急切之功利论，则敝屣之可弃矣”。[①] 这种否定“工商立国”、否定求富求强、否定“功利论”的思想，无疑是消极、保守的。张君劢由此而提倡“复兴儒学”，特别是提倡“新宋学之复活”。他认为面对“工商立国”政策所导致的“人欲横流”状况，唯有宋明理学可以使人明礼义、知廉耻。丁文江在论战中引用管子“衣食足而后知礼节，仓廪实而后知廉耻”之言，张君劢则说：“若夫国事鼎沸纲纪凌夷之日，则治乱之真理，应将管子之言而颠倒之，曰：知礼节而后衣食足，知廉耻而后仓廪实。吾之所以欲提倡宋学者，其微意在此。”[②]这种仍然将“礼义”、“纲纪”视为“立国之本”的观念，直与同治时期大学士倭仁的观点相近：“立国之道，尚礼义不尚权谋；根本之图，在人心不在技艺”。[③] 这可以说是张君劢文化哲学思想中的消极、保守因素最明显的体现。

张君劢关于科学与人生观的论述在充分肯定科学的价值，特别是科学对于现代中国社会的重要价值的前提下，指出了科学的作用有其范围和局限性，科学不能解决人生观问题，从而坚决反对了“科学万能”论。应该说，这是一个具有历史意义的贡献。但是张君劢绝对地将科学与人生观分成对立的两极，否定科学与人生观之间客观存在着的联系，认为科学对于人生观毫无影响，则是片面地、形而上学地看问题的表现。正因为这样，他的论述中也就必然地存在着自相矛盾之处。他完全否定科学对于人生观的作用，但是在阐述科学所具有的作用时，又说科学对于人类具有开阔眼界、扩大心胸的作用，“有了科学研究，大家心胸自然宽大”。而所谓“眼界”和“心胸”，正是属于人生观方面的。

张君劢在“科学与人生观”论战中所阐发的思想，还有着比其理论观点本身更加重要的意义，那就是对于现代新儒家文化哲学的重大影响。

---

① 转引自吕希晨、陈莹选编《精神自由与民族文化——张君劢新儒学论著辑要》，第 70 页。

② 张君劢等：《科学与人生观》(一)，第 108 页。

③ 《筹办夷务始末·同治朝》卷四十七。

20世纪初，西方文化中的科学主义和人本主义两大思潮都已经传入中国，中国思想界也产生了相应的派别。在“科学与人生观”论战中，胡适、丁文江、吴稚晖等人代表着科学主义思潮，而张君劢则是人本主义思潮的主要代表。他指出“物”的世界与“人”的世界有着本质的区别，人的价值不体现于外在的物质而体现于内在的精神，体现于精神的自由创造。他将中国传统的人本主义思想（以“宋学”为主要代表）与西方现代的人本主义思想（以倭伊铿、柏格森的哲学为主要代表）结合起来，形成一种注重内在道德价值的、富于儒家传统精神的人本主义理念，以之作为理论武器，反对当时正盛行于中国的科学主义思潮。在张君劢之前，梁漱溟在其《东西文化及其哲学》等著述中，虽然同样是站在人本主义的立场反对科学主义的，但是没有像张君劢这样作出专门的、深入的论述。张君劢的论述，可以说为现代新儒家的文化哲学开启了一个重要的精神方向——拒斥科学主义。与张君劢同时期及其之后的几代新儒家学者正是沿着这个精神方向，用凸显道德理性的、具有中国传统文化特色的人本主义思想，反对凸显工具理性的、具有现代西方文化特征的科学主义思潮。这体现了张君劢文化哲学思想对于现代新儒家文化哲学的最主要的理论贡献。

张君劢说，“造成以精神自由为基础之民族文化”需要有“文化之担负者”。“此担负者之责任奈何？曰，本新文化之精神，一一身体而力行之耳。新文化之要件在解放，故人人当从自己解放起；新文化之要件在自立，故人人当从不依赖他人做起；新文化之要件在劳动神圣，故人人当从自食其力做起。此寥寥数条，人人遵而行之，则民主精神、科学精神之新文化，自然实现于吾国”。[①] 人人都应该成为民族文化慧命自觉的担负者，都应该努力从自我做起，如此方能创造出民主、科学的新文化。强调“身体而力行之”，是张君劢文化哲学思想的又一个重要观念，一个直到今天仍然值得我们学习和践行的重要观念。

---

① 张君劢:《明日之中国文化·附录》,第138页。

第三章

贺麟论儒家思想的现代价值

贺麟，字自昭，1902 年 9 月 20 日生于四川金堂，父亲为晚清秀才，精于宋明理学。贺麟 8 岁入私塾，并在父亲指教下读《朱子语类》和《传习录》，受到儒学熏陶，尤其对宋明理学产生浓厚的兴趣。1917 年，贺麟进入省立中学读书。

1919 年秋，贺麟以优秀成绩考入北京清华学堂。在清华读书期间，贺麟在思想上受到梁启超、梁漱溟、吴宓等人的很大影响。他对梁启超所开设的几门关于中国学术思想史的课程产生浓厚兴趣，并登门拜访梁启超。在梁启超指导下，贺麟以戴震和焦循为研究对象，写成《戴东原研究指南》《博大精深的焦理堂》等论文。

1924 年，梁漱溟应邀到清华讲学，贺麟几次拜访求教。梁漱溟当时十分推崇王阳明，他建议贺麟多读王阳明的《传习录》以及王心斋的书。1926 年，贺麟大学毕业，赴美国俄亥俄州奥柏林大学哲学系学习。贺麟学习了拉丁文、心理学、哲学史、宗教哲学、伦理学以及圣经等课程，并开始倾心于黑格尔和斯宾诺莎的哲学思想。1928 年 2 月，贺麟以优异成绩提前半年从奥柏林大学毕业。3 月，贺麟转入芝加哥大学哲学系。他选修了“黑格尔精神现象学”、“柏格森生命哲学”、“格林、布拉德雷、西季微克、摩尔的伦理学”等课程，他尤其对格林的哲学产生了浓厚兴趣。1928 年 9 月，为进一步学习德国古典哲学，贺麟转入哈佛大学。在哈佛期间，贺麟写成了两篇论文：《道德价值与美学价值》和《自然的目的论》。1929

年，贺麟从哈佛大学毕业，获哲学硕士学位。1930 年夏，贺麟离开美国赴德国柏林大学专攻德国古典哲学，同年 6 月发表论文《朱熹与黑格尔太极说之比较观》。

1931 年，日本发动侵华战争。贺麟放弃了攻读博士学位的机会，提前回国。9 月，贺麟受聘为北京大学哲学系讲师，主讲“哲学问题”、“西方现代哲学”、“伦理学”等课程。他拜访了时任清华大学文学院院长兼哲学系主任的冯友兰。冯友兰邀请贺麟在清华大学开课，讲授“西洋哲学史”、“斯宾诺莎哲学”两门课程。“九·一八”事变后，为宣传爱国主义，鼓舞抗战士气，贺麟接受《大公报·文学副刊》编辑吴宓之约，作长篇论文《德国三大伟人处国难时之态度》(后来将“三大伟人”改为“三大哲人”)，分 7 期连载于《大公报》。

从 1931 年回国到 1937 年抗日战争爆发，贺麟学术思想进入勃发期。1934 年 3 月，他在《大公报·现代思潮》周刊发表《近代唯心论简释》。1935 年 4 月，汤用彤、冯友兰、金岳霖等发起成立“中国哲学会”，贺麟当选为理事兼秘书。在此前后，贺麟先后翻译了亨利希·迈尔的《五十年来的德国哲学》、鲁一士的《黑格尔学述》等著作，并相继发表了《康德名词的解释和学说的概要》《经济与道德》《宋儒的思想方法》《文化的类型》和《新道德的动向》等文章。

1936 年，贺麟任北京大学教授。1937 年，抗日战争爆发后，北京大学、清华大学、南开大学迁往昆明，改名为“西南联合大学”。贺麟随文学院迁至云南蒙自县。同年 10 月，他到中央政治学校教哲学，一年后回到西南联合大学。

1940 年 5 月，贺麟发表《五伦观念的新检讨》。文章在对构成五伦观念的基本要素进行考察后，认为：“五伦观念是儒家所倡导的以等差之爱、单方面的爱去维系人与人之间常久关系的伦理思想。……现在的问题是如何从旧礼教的破瓦颓垣里，去寻找出不可毁灭的永恒的基石。在这基石上，重新建立起新人生、新社会的行为规范和准则。”[①]1941 年，中国哲

① 贺麟：《五伦观念的新检讨》，载《文化与人生》，商务印书馆 2005 年版，第 62 页。

学会西洋哲学名著翻译委员会在昆明成立，贺麟被推选为主任委员。同年8月，贺麟在《思想与时代》杂志发表《儒家思想的新开展》，此文宣称：

> 根据对于中国现代的文化动向和思想趋势的观察，我敢断言，广义的新儒家思想的发展或儒家思想的新开展，就是中国现代思潮的主潮。我确切看到，无论政治、社会、学术、文化各方面的努力，大家都在那里争取建设新儒家思想，争取发挥新儒家思想。在生活方面，为人处世的态度，立身行己的准则，大家也莫不在那里争取完成一个新儒者的人格。大多数的人，具有儒家思想而不自知，不能自觉地发挥出来。有许多人，表面上好象在反对儒家思想，而骨子正代表了儒家思想，实际上反促进了儒家思想。自觉地、正式地发挥新儒家思想，蔚成新儒学运动，只是时间早迟、学力充分不充分的问题。①

现代"新儒家思想"、"新儒学运动"概念，就在这里第一次被正式、明确地提出来。

1946年10月，贺麟随北京大学返回北平。1947年他陆续发表《王安石的心学》《儒家的性善论》和《西洋近代人生哲学之趋势》等文章，并出版了《文化与人生》一书。1949年10月，贺麟翻译的黑格尔的《小逻辑》历时八年终于完稿，并于第二年由上海商务印书馆出版。1956年，贺麟调至中国科学院哲学研究所(今中国社会科学院哲学研究所)工作。

1992年9月23日，贺麟先生在北京逝世，终年90岁。他的著作主要有《近代唯心论简释》《文化与人生》《当代中国哲学》《现代西方哲学讲演集》等；译作主要有《小逻辑》《黑格尔》《黑格尔学述》《哲学史演讲录》(与王太庆等合译)、《精神现象学》(与王玖兴合译)等。

贺麟率先明确地提出了现代"新儒学思想"、"新儒家运动"概念，提出了"广义的新儒家思想的发展或儒家思想的新开展，就是中国现代思潮的主潮"②的见解，以及"以儒家思想或民族精神为主体去儒化或华化西洋文

---

① 贺麟：《儒家思想的新开展》，载《文化与人生》，第4页。

② 贺麟：《儒家思想的新开展》，载《文化与人生》，第4页。

化”[①]的主张。同时，他还对文化的“体”与“用”、文化批评的原则与我们对西方文化的态度、儒家传统道德观念的价值与新道德的建设等问题，进行了深入的探讨。

一、文化的体与用

近代以来，特别是洋务运动之后，文化的“体”与“用”的问题是中国思想界长期探讨、争论的问题。“五四”时期，围绕着文化的体用问题的论争仍然激烈，形成了关于民族文化建设方针问题的不同派别，提出了不同的口号。贺麟说：“由批评文化所提出的几种较流行的口号如‘中学为体西学为用’，‘中国本位文化’，‘全盘西化’等，似乎多基于以实用为目的的武断，而缺乏逻辑批评的功夫。所以我希望对于文化的体和用加以批评的研讨，或许可以指出批评文化的新方向，引起对付西洋文化的新态度。”[②]于是他从基本学理上，对文化的体用问题进行了深入的研究。

1.“体用”的意义

贺麟首先对事物的“体”与“用”作出了一般性的分析，他将“体用”区分为“常识意义的体用”和“哲学意义的体用”分别加以说明。

(1)常识意义的“体用”。

贺麟认为，常识意义的“体”和“用”，就是“主”和“辅”的意思。他说，“中学为体，西学为用”的常识意义就是“中学为主，西学为辅”。依此意义，学文科的人可以说是以“文科为主，理科为辅”，亦即“文科为体，理科为用”；学理科的人则可以说是以“理科为主，文科为辅”，亦即“理科为体，文科为用”。由此可见，“常识中所谓体用是相对的，是以个人的需要为准而方便抉择的，是无逻辑的必然性的”。[③]

---

① 贺麟：《儒家思想的新开展》，载《文化与人生》，第 4 页。

② 贺麟：《文化的体和用》，载汤一介、杜维明主编《百年中国哲学经典·三四十年代卷》，海天出版社 1998 年版，第 293 页。

③ 贺麟：《文化的体和用》，载汤一介、杜维明主编《百年中国哲学经典·三四十年代卷》，第 294 页。

但是当我们说“中学为体，西学为用”时，如果“中学”是指天人性命之学，指精神文明，“西学”是指声光化电船坚炮利之学，指物质文明，那么从理论上说，天人性命之形而上学应为声光化电等形而下学之体，物质文明应为精神文明之用。如是，则“中学为体，西学为用”所说的就已经不是常识意义上的“体用”，而是哲学意义上的“体用”。

(2)哲学意义上的“体用”。

贺麟认为哲学意义上的“体用”又可以分为两层来理解：

①绝对的体用观。“体指形而上的本体或本质(Essence)，用指形而下的现象(Appearance)。体为形而上之理则，用为形而下之事物。体一用多。用有动静变化，体则超动静变化”。[①] 这种哲学意义上的“体”和“用”的关系，是本质和现象的关系。“体”是超动静变化的本质，是“一”；“用”是变动不居的现象，是“多”。这种“体”与“用”的分别，相当于柏拉图所说的“范型世界”与“现象世界”的分别，因此可以称为柏拉图式的体用观。

②相对性或等级性的体用观。这种体用观认为，“体与用的关系为范型(Form)与材料(Matter)的关系。由最低级的用，材料，到最高级的体，本体或范型，中间有一依序发展的层级的过程”。[②] 以价值高低为序，将不同等级的事物排列成宝塔式的层次，最上层是真实无妄的纯体或纯范型，最下层则是具有可能性、可塑性的纯用或纯物质。至于中间各层，则是较上层以较下层为用，较下层以较上层为体。例如，就雕像与大理石而言，雕像为大理石之体，大理石为雕像之用；但是就雕像与美的纯形式而言，则具体的雕像为形而下之用，美的纯形式为形而上之体。再如就人的身体与心的关系而言，身为心之用，心为身之体；但是就心与理的关系而言，则心为理之用，理为心之体。在这种体用观中，“体”和“用”的区分是按照价值等级逐层进行的，因而这种区分是相对的、不确定的。这种观念与亚里士多德关于范型(形式)与材料(质料)的理论是一致的，因此可以称为亚里士多德式的体用观。

---

① 贺麟：《文化的体和用》，载汤一介、杜维明主编《百年中国哲学经典·三四十年代卷》，第 294 页。

② 贺麟：《文化的体和用》，载汤一介、杜维明主编《百年中国哲学经典·三四十年代卷》，第 295 页。

值得指出的是，这种相对性或等级性的体用观包含着绝对的体用观，它是在绝对体用观的基础上，又依照价值层次对事物作出了“体”和“用”的区分。“这种体用观一方面包括柏拉图式的体用说，认纯理念或纯范型为体，认现象界的个别事物为用。一方面又要以纯范型作为判别现象界个体事物价值的标准，而将现象界事物排列成层级而指出其体用关系”。[①]例如，朱熹的理气合一之说以理为“体”、以气为“用”，这可以说是一种绝对的体用观。而周敦颐关于无极而太极，太极而阴阳，阴阳而五行，五行而万物的思想，则既包含着绝对的体用观（无极、太极皆指形而上之理，故为体；阴阳、五行、万物皆指形而下之气，故为用），又体现了相对的、等级的体用关系（无极为太极之体，太极为无极之用；太极为阴阳之体，阴阳为太极之用；阴阳为五行之体，五行为阴阳之用；五行为万物之体，万物为五行之用）。“简言之，绝对的柏拉图式的体用观以本体与现象言体用。而相对的，亚里士多德的体用观，除以本体现象言体用外，又以本体界的纯范型作标准，去分别现象界个体事物间之体用关系。以事物表现纯范型之多或寡，距离纯范型之近或远，而辨别其为体或用”。[②] 所谓事物表现纯范型之多或寡，距离纯范型之近或远，指的就是事物在真善美价值领域的“层级”。相对的、等级的体用观不仅以本体与现象言体用，而且以这种价值“层级”言体用。

在对“体用”的意义作出阐释时，贺麟还指出哲学上的体用关系不同于科学上的因果关系。科学所说的因果关系都属于形而下的事物，在价值方面没有高低层次之分；而哲学所说的“体”属于形而上，“用”属于形而下，在价值方面“体”高于“用”。因此，“哲学上所谓体用关系，与科学上所谓因果关系，根本不同，绝不可混为一谈”。[③] 譬如“心为身之体，身为心之用”，在哲学上它表达的思想是：心是身之所以为身之理，而身体活动所代表的意义、价值均须从心灵的活动去理解。我们不可以说在科学上心是身的原因、身是心灵活动的结果。

---

① 贺麟：《文化的体和用》，载汤一介、杜维明主编《百年中国哲学经典·三四十年代卷》，第295页。

② 贺麟：《文化的体和用》，载汤一介、杜维明主编《百年中国哲学经典·三四十年代卷》，第295页。

③ 贺麟：《文化的体和用》，载汤一介、杜维明主编《百年中国哲学经典·三四十年代卷》，第295页。

贺麟在评论梁漱溟的文化哲学思想时曾说:“他这种看法,不论对与不对,是基于综观世界文化演变的事实所得到的识见和态度,并不是逻辑的公式,亦不是基于文化哲学的普遍原理。这是他的长处,因为以事实作根据而推测;也是他的弱点,因为缺乏文化哲学的坚实基础。”①我们由此可以看出贺麟对于“文化哲学的普遍原理”的高度重视。与梁漱溟的文化哲学思想相比,贺麟文化哲学思想的长处就在于注重文化哲学基本原理的研究,致力于将现代新儒家的文化哲学研究从学理方面引向深入。贺麟对于“体用”的常识意义和哲学意义的深入探讨就表明了这一点。

2. 精神才是文化真正的体

贺麟在一般性地说明了“体用”的常识意义和哲学意义之后,对“文化的体与用”进行了专门考察。他说:“所谓‘道之显者谓之文’应当理解为文化是道的显现,换言之,道是文化之体,文化是道之用。所谓‘道’是宇宙人生的真理,万事万物的准则,亦即指真美善永恒价值而言……全部文化都可以说是道之显现。并且不仅文化以载道,我们还可进一步说‘万物皆载道’,‘自然亦载道’。因为‘道在稊米’,即可说稊米亦载道。‘凡物莫不有理’,即可说凡物莫不载道。”②作为宇宙人生的真理、准则和真善美永恒价值所代表的“道”,乃是文化之体,文化则是道之用。

但贺麟指出,虽说自然万物皆是“道”的显现,却不能说自然万物都是文化。文化和自然皆载道,但文化是文化,自然是自然,二者的根本区别在于“道之凭借人类的精神活动而显现者谓之文化”,“道之未透过人类精神的活动,而自然地隐晦地(implicitly)昧觉地(unconsciously)显现者谓之自然”。③ 在文化中,“道”是通过人类的精神活动显现的;在自然万物中,“道”的显现与人类的精神活动无关。因此,“文化乃道之自觉的显现,

① 贺麟:《当代中国哲学》,载汤一介、杜维明主编《百年中国哲学经典·三四十年代卷》,第341—342页。

② 贺麟:《文化的体和用》,载汤一介、杜维明主编《百年中国哲学经典·三四十年代卷》,第296页。

③ 贺麟:《文化的体和用》,载汤一介、杜维明主编《百年中国哲学经典·三四十年代卷》,第296—297页。

自然乃道之昧觉的显现”。[①]

这就是说，文化之所以区别于自然，文化之所以成为文化，就在于它通过人类精神活动来自觉地显现“道”。这表明了人类精神对于文化的极端重要性。“精神的观念，道之显现或实现于文化之凭借，亦即文化之所以为文化所必依据的精神条件，亦即是划分文化与自然的分水界”。[②] 这样，贺麟就将人类“精神”作为一个核心观念，引入文化的“体用”问题之中。他说：

> 若从柏拉图式的绝对的体用观说来，则道或价值理念是体，而精神生活、文化、自然，皆道之显现，皆道之用。若从亚里士多德式的相对的体用观说来，则精神生活，文化与自然，皆道之等差的表现。低级者为较高级者之用或材料，较高级者为较低级者之体或范型。如是，则自然为文化之用，文化为自然之体。文化为精神之用，精神为文化之体。精神为道之用，道为精神之体。[③]

在此，贺麟从绝对的体用观和相对的体用观两种角度，说明了“道”、“精神”、“文化”、“自然”之间的体用关系。他说在这四个概念之中，“最重要但是又最困难最古怪”的是“精神”这个概念，因为它“意义分歧而欠清楚”。他认为精神就是心灵与真理契合的意识活动，这种契合不仅是就道或理之活动于内心而言，而且是就道或理之诚于中形于外、著于生活文教、蔚为潮流风气而言的。“简言之，精神是具体化、实力化、社会化的真理。若从体用的观念来说，精神是以道为体而以自然和文化为用的意识活动。根据这个说法，则精神在文化哲学中，便取得主要，主动，主宰的地位。自然也不过是精神活动或实现的材料，所谓文化就是经过人类精神陶铸过的自然”。[④] 这里的“具体化，实力化，社会化”指“道”或真理的显现、实现。上以道或真理为体，下以文化和自然为用，精神在其中起着连接、贯通、落实的关键作用。因此精神在文化哲学中处于“主要，主动，主

---

① 贺麟：《文化的体和用》，载汤一介、杜维明主编《百年中国哲学经典·三四十年代卷》，第 297 页。
② 贺麟：《文化的体和用》，载汤一介、杜维明主编《百年中国哲学经典·三四十年代卷》，第 297 页。
③ 贺麟：《文化的体和用》，载汤一介、杜维明主编《百年中国哲学经典·三四十年代卷》，第 297 页。
④ 贺麟：《文化的体和用》，载汤一介、杜维明主编《百年中国哲学经典·三四十年代卷》，第 297—298 页。

宰”的地位。

贺麟认为，所谓“道”或“理”不过是蕴藏在人们内心深处的法则，是抽象的、隐晦的，倘若不通过精神的活动，就不能实现或显现为文化，就只能是潜伏的、缥缈的、有体而无用的道或理。“这样看来，自然只是纯用或纯材料而非体。道或理只是纯体或纯范型而非用，都只是抽象的概念，惟有精神才是体用合一，亦体亦用的真实。道只是本体，而精神才是文化真正的体。精神才是真正的神明之舍，精神才是具众理而应万事的主体。就个人言，个人一切的言行和学术文化的创造，就是个人精神的显现。就时代言，一个时代的文化就是那个时代的时代精神的显现。就民族言，一个民族的文化就是那个民族的民族精神的显现。整个世界的文化就是绝对精神逐渐实现或显现其自身的历程”。[①] 在这里，贺麟采用黑格尔关于绝对精神自我实现、显现的理念，来说明文化是精神的显现，精神才是文化真正的体。对于文化来说，道或理只是抽象的本体，精神才是真实的主体。文化之所以是“价值物”而非“自然物”，就因为它是道或理通过人类精神活动的显现。可见“文化之体不仅是道，亦不仅是心，而乃是心与道的契合，意识与真理打成一片的精神”。[②]

在阐明了精神才是文化真正的体之后，贺麟还探讨了“不同部门文化”相互间的体用关系问题。他认为在表现精神价值方面，不同部门的文化是有差别的。例如，哲学与科学都是真理的显现，但哲学追求的是价值的真理，而科学追求的是自然的真理；哲学研究的是关于宇宙人生之全体的真理，而科学研究的是部分的真理；哲学寻求的是形而上的理则方面的真理，而科学寻求的是形而下的事物方面的真理。因此虽说从绝对的体用观来说，哲学与科学皆是精神之用，但是从相对的体用观来说，则哲学为科学之体，科学为哲学之用。宗教与道德也是如此，二者都是“善”的价值的表现，但宗教所追求的是神圣之善，道德所追求的是人本之善；宗教以调整人与天的关系为目的，道德以调整人与人的关系为目的。在这种意义上看，我们不能不说宗教为道德之体，道德为宗教之用。艺术与技术

---

① 贺麟：《文化的体和用》，载汤一介、杜维明主编《百年中国哲学经典·三四十年代卷》，第298页。

② 贺麟：《文化的体和用》，载汤一介、杜维明主编《百年中国哲学经典·三四十年代卷》，第298页。

都是“美”的价值的表现，但艺术体现超实用的美的价值，技术则代表着实用的美的价值。艺术是美的精神生活的直接产物，而技术只是实用智慧的产物。因此我们只能说艺术是技术之体，技术是艺术之用。此外，文化中还包含着政治、法律、实业、经济、军事等部门，而它们“距真善美之纯精神价值更远”，是科学、道德、技术之用。它们以科学、道德、技术为体，而直接以自然物质为用。按照贺麟的见解，从相对的体用观看来，政治、法律、经济、军事等乃是最低层次的体，原因就在于它们远离真善美的“纯精神价值”。这再次表明了贺麟关于“什么是文化之体”的基本理念：文化是精神的产物，精神才是文化真正的体。

贺麟对“体用”范畴进行了专门的辨析，提出了“常识意义的体用”、“哲学意义的体用”、“绝对的体用观”、“相对的体用观”、“纯范型”、“纯物质”等概念，并且从道（理）、精神、文化、自然等不同的层面，深入地阐明了“精神才是文化真正的体”，这些都体现了他对文化哲学基本原理的着力探讨。自洋务运动时期以来，文化的“体”与“用”已是国人所熟知的概念，但是在贺麟之前，还没有人像他那样从哲学的高度对这两个概念及其相互关系作出如此深入、全面的辨析。这是贺麟对现代新儒家文化哲学乃至中国现代文化哲学的一个重要理论贡献。

二、文化批评的原则及对西方文化的态度

贺麟以他关于文化“体用”问题的理论为依据，提出了文化批评的原则，并进而依据这些原则，说明对西方文化应该采取什么样的态度。

1. 文化批评的原则

以下三条，是贺麟提出的“观察文化，批评文化”的主要原则。

(1)体用不可分离。

这个原则，是针对当时文化论争中将“体用”分离的观念，尤其是“中体西用”的观念提出来的。贺麟认为，“盖体用必然合一而不可分。凡用必包含其体，凡体必包含其用，无用即无体，无体即无用。没有无用之体，

亦没有无体之用"。[①] 从这种"体用合一关系"来看，所谓中国文化有体无用、西方文化有用无体的说法其实是不通之论。例如，宋儒依据理学之"体"，注重人的道德修养，而宋儒的理学及其道德观念对中国社会、政治、民族生活所产生的重大、深远影响，便是其"用"，故不可谓其有体而无用。近代西方国家的物质文明乃是西方文化之"用"，但这种物质文明亦有其深厚的精神基础，故不可谓其有用而无体。"所以无论事实上，理论上，体用都是不可分离的"。[②] 体用分离之说乃是一种"孤立的武断论"。

(2)体用不可颠倒。

宗教、哲学、艺术等在西方文化中是体，绝不会被介绍到中国之后便成为中国文化之用。科学、技术等在西方文化中是用，绝不会由于受到中国实用主义者的推崇而居于中国文化之体的地位。持体用颠倒说的人认形而下之用为本体，认形而上之体为虚幻，结果是陷于"形而上学的割裂"。总之，"体是本质，用是表现。体是规范，用是材料。不能以用为体，不能以体为用"。[③]

(3)各部门文化有其有机统一性。

文化虽然分为不同的部门，但由于它们都是同一个道或精神的显现，因而彼此之间具有统一性、共通性。按照近代科学有机宇宙观的说法，每个事物都是宇宙的缩影，每一事变都集宇宙过去一切事变的大成。文化也是如此。譬如近代基督教是近代西方文化的缩影，近代西方文化精神的一切特点在基督教中都有反映。同时，这些特点在近代西方科学中也有反映。因为近代西方科学和宗教不过是从不同的方面表现同一的近代西方文化精神。这表明，"一部门文化每每可以反映其他各部门的文化，反映整个的民族精神，集各种文化之大成"。[④]

不难看出，贺麟提出这三条文化批评的原则，意在强调文化是一个统一的整体，不仅文化的体与用不可分离，而且文化的不同部门之间也是相

① 贺麟:《文化的体和用》，载汤一介、杜维明主编《百年中国哲学经典·三四十年代卷》，第299页。
② 贺麟:《文化的体和用》，载汤一介、杜维明主编《百年中国哲学经典·三四十年代卷》，第300页。
③ 贺麟:《文化的体和用》，载汤一介、杜维明主编《百年中国哲学经典·三四十年代卷》，第300页。
④ 贺麟:《文化的体和用》，载汤一介、杜维明主编《百年中国哲学经典·三四十年代卷》，第300页。

互贯通、有机统一的。可见这三条文化批评原则的核心和实质，是一种文化整体观。贺麟用这样的文化整体观，否定那种认为可以将文化的体与用以及不同部门加以分割、取舍、组合的思想观念。

2. 对西方文化应持的态度

在“五四”时期及其以后长时期的文化论争中，对待西方文化应取何种态度是一个基本的问题。对于这个问题，贺麟从他的文化整体观出发，提出了以下“三个指针”。

(1)得其体用之全，见其集大成之处。

贺麟说，这一条是针对中国人研究西方文化的缺点而言的。人们对于一种文化只有“见其全体”、“得其整套”，才能对那种文化有深刻、彻底的了解。但国人对于西方文化总是偏于求其用而不求其体，留意于形下事物而不寄意于形上理则；或只知分而不知全，提倡此便反对彼。由此导致了两个缺点：其一，学习西方的科学但缺乏哲学的见解和批评，所学的科学缺乏坚实、深厚的根基，不能形成独创的学派和贯通的系统。其二，西方科学家多有超世俗形骸的精神寄托和宗教修养，求“用”而不求“体”者难以领略此种高洁的境界。因此，“研究、介绍、采取任何部门的西洋文化，须得其体用之全，须见其集大成之处”。①

贺麟声明，他这样说只是强调必须深刻彻底地了解西方文化，“并不是主张全盘西化”。当我们对西方文化“有了深刻彻底的了解后，不唯不致被动地受西化影响，学徒式的模仿，而且可以自觉地吸收、采用、融化、批评、创造。这样既算不得西化，更不能说是全盘西化”。② 就政治制度而论，按照全盘西化论者的主张，似乎要将西方的各种主义全盘搬到中国来，一一加以模仿，其实我们应该对西方各种政治理论“体与用之全套”给予深刻、彻底的了解，然后批评性地创立适合我们民族生活、时代需要的政治方案。这种方案既基于对西方文化的透彻把握，也基于对民族精神的继承、发扬。倘若要将西方文化中的一切全盘移植到中国来，将中国文

① 贺麟：《文化的体和用》，载汤一介、杜维明主编《百年中国哲学经典·三四十年代卷》，第301页。
② 贺麟：《文化的体和用》，载汤一介、杜维明主编《百年中国哲学经典·三四十年代卷》，第301页。

化的一切加以西洋化，则既不可能，也不需要。而且假如全盘西化实现，中华民族将失掉其民族精神，中国文化将沦为异族文化的“奴仆”。

贺麟不仅反对“全盘西化”，而且还提出了“化西”的主张。他说，如果中国人对西方文化有选择的能力，对自己的民族文化有创造的能力，那么我们与西方文化接触后，中国文化将愈益发展，民族精神将愈益发扬，这就不是“西洋化的中国”，而是“中国化外来的一切文化”。正如宋明理学是中国哲学与外来的佛学接触很深很久的产物，但不能说是佛学化的中国哲学，而只能说是中国哲学将外来的佛教吸收融化、超越扬弃。“所以我根本反对被动的西洋化而赞成自动地自觉地吸收融化，超越扬弃西洋现在已有的文化。但须知这种工作，是建筑在深刻彻底了解西洋各部门文化的整套的体用之全上面”。[①] 这表明，贺麟提出对西方文化“须得其体用之全，须见其集大成之处”，是为了反对中国文化被动的“西化”而赞成主动的“化西”，主张吸收融化、超越扬弃西方文化。

(2)“中学为体，西学为用”之说不可通。

对于洋务运动之后盛行的“中学为体，西学为用”之说，贺麟持否定态度。他说：

> 根据文化上体用合一的原则，便显见得“中学为体，西学为用”的说法不可通。因中学西学各自成一整套，各自有其体用，不可生吞活剥，割裂零售。且因体用不可倒置，西学之体搬到中国来决不会变成用，中学之用，亦决不能作西学之体。[②]

“中学为体，西学为用”在洋务运动时期，还被说成“道学为体，器学为用”，视中学为道学，西学为器学，贺麟认为这种说法也讲不通。因为中学并非纯道学、纯精神文明，西学也并非纯器学、纯物质文明。西方的科学或器学，自有西方的形而上学或道学为之体。中国的旧道德、旧思想、旧哲学不能成为近代科学和物质文明之体，也不能以近代科学和物质文明为用。“中国的新物质文明须中国人自力去平行地建设创造。而作这新

① 贺麟：《文化的体和用》，载汤一介、杜维明主编《百年中国哲学经典·三四十年代卷》，第302页。

② 贺麟：《文化的体和用》，载汤一介、杜维明主编《百年中国哲学经典·三四十年代卷》，第302页。

物质文明之体的新精神文明，亦须中国人自力去平行地建设创造。这叫做以体充实体，以用补助用。使体用合一发展，使体用平行并进”。[①] 对于当时一些以“新酒旧瓶”、“旧酒新瓶”之类的比喻来谈中西文化体用关系的说法，贺麟指责其不甚切当、易滋误会，因为文化的各个部门形成一种有机统一体，不像酒与酒瓶那样是一种机械的凑合关系。

晚清时期，维新派思想家严复在其《与外交报主人论教育书》中就曾批评“中学为体，西学为用”，说：“体用者，即一物而言之也。有牛之体则有负重之用，有马之体则有致远之用，未闻以牛为体以马为用者也……故中学有中学之体用，西学有西学之体用，分之则并立，合之则两亡。议者必欲合之而以为一物，且一体而一用，斯其文义违舛，固已名之不可言矣，乌望言之而可行乎！”谭嗣同在其《仁学》中批评“中体西用”“变器不变道”的说法时，说：“器既变，道安得不变？……且道非圣人所独有也，尤非中国所独有也……彼外洋莫不有之。”可以看出，贺麟对“中体西用”说的批评与严复、谭嗣同等人是一脉相承的。但是贺麟在“破”的同时，还进一步从“立”的角度，明确地提出了中国新文化的体和用皆须“中国人自力去建设创造”的观念。

(3)以精神或理性为体，以古今中外的文化为用。

贺麟根据他所提出的精神为文化之体的原则，主张“以自由自主的精神或理性为主体，去吸收融化，超越扬弃那外来的文化和以往的文化。尽量取精用宏，含英咀华，不仅要承受中国文化的遗产，且须承受西洋文化的遗产，使之内在化，变成自己的活动的产业”。[②] 他说，那种持中国文化优越于西方文化观念的人有“夸大狂的趋势”，那种持西方文化优越于中国文化观念的人则是“偏激”的。正确的做法是虚怀接受中国文化和西方文化两方面的遗产，以充实我们的精神，扩充我们的理性，成就我们的有体有用之学。贺麟还据此对“中国文化本位论”提出了批评：

因此我们无法赞成“中国文化本位”的说法。因为文化乃人

---

① 贺麟：《文化的体和用》，载汤一介、杜维明主编《百年中国哲学经典 · 三四十年代卷》，第 303 页。
② 贺麟：《文化的体和用》，载汤一介、杜维明主编《百年中国哲学经典 · 三四十年代卷》，第 303 页。

类的公产，为人人所取之不尽用之不竭的宝藏，不能以狭义的国家作本位，应该以道，以精神，或理性作本位。换言之，应该以文化之体作为文化的本位。不管时间之或古或今，不管地域之或中或西，只要一种文化能够启发我们的性灵，扩充我们的人格，发扬民族精神，就是我们所需要的文化。我们不需狭义的西洋文化，亦不要狭义的中国文化。我们需要文化的自身。我们需要真实无妄有体有用的活文化真文化。[①]

在贺麟看来，任何民族文化的本位都不是某一个特定的国家，而是普通的、绝对的道或精神或理性（也就是黑格尔哲学中的"绝对理性"），这是一切民族文化之体。对于中国民族文化的建设来说，只有以精神或理性为体而以古今中外的文化为用，才能创造出有体有用的、适合时代需要的新文化。因此贺麟既不赞成"全盘西化"的说法，反对盲目地一切照搬西方文化，也不赞成"中国文化本位"的说法，反对抱残守缺地固守中国旧文化。

三、民族文化的复兴与儒家思想的新开展

贺麟关于文化的精神本体、文化批评的原则和他对西方文化所持的态度的论述，是为他复兴民族文化的理想服务的。贺麟文化哲学思想的重心，就是他关于民族文化的复兴与儒家思想的新开展的理论。

1.民族文化的复兴就是儒家思想的复兴

在《儒家思想的新开展》中，贺麟说：

中国当前的时代，是一个民族复兴的时代。民族复兴不仅是争抗战的胜利，不仅是争中华民族在国际政治中的自由、独立和平等，民族复兴本质上应该是民族文化的复兴。民族文化的复兴，其主要的潮流、根本的成分就是儒家思想的复兴。假如儒家思想没有新的前途、新的开展，则中华民族以及民族文化也就

① 贺麟：《文化的体和用》，载汤一介、杜维明主编《百年中国哲学经典·三四十年代卷》，第304页。

没有新的前途、新的开展。换言之,儒家思想的命运,是与民族的前途命运、盛衰消长同一而不可分的。[①]

贺麟认为民族文化的命运与儒家思想的命运就是这样完全一致的。近代以来,中华民族的危机从根本上说是民族文化的危机,而民族文化的危机从根本上说则是儒家思想的危机。儒家思想在“五四”新文化运动中遭到青年们的激烈反对,但实际上“儒家思想的消沉、僵化、无生气,失掉孔孟的真精神和应付新文化需要的无能,却早腐蚀在五四运动以前。儒家思想在中国文化生活上失掉了自主权,丧失了新生命,才是中华民族的最大危机”。[②] 值得指出的是,被世人视为给予儒家思想沉重打击的两件大事——“五四”新文化运动对儒家思想的猛烈批判和西方文化的大规模输入——却被贺麟视为促进儒家思想新发展的“转机”和“动力”。他的这种见解是比较独特的,也是颇为深刻的。

“五四时代的新文化运动,可以说是促进儒家思想新发展的一个大转折”。[③] 从表面上看,新文化运动是一个要打倒孔家店、推翻儒家思想的大运动,但实际上它促进儒家思想新发展的功绩远远超过了前一时期曾国藩、张之洞等人对儒家思想的提倡。他们的提倡只不过是旧儒家思想的回光返照,而新文化运动“破坏和扫除儒家的僵化部分的躯壳的形式末节,及束缚个性的传统腐化部分。它并没有打倒孔孟的真精神、真意思、真学术,反而因其洗刷扫除的工夫,使得孔孟程朱的真面目更是显露出来”。[④] 胡适曾宣称他们打倒孔家店的战略一是“解除传统道德的束缚”,二是“提倡一切非儒家的思想,亦即提倡诸子之学”。但推翻传统的旧道德其实是为建设新儒家的新道德做准备,而提倡诸子之学,用诸子来发挥孔孟,适可以形成新的儒家思想。在贺麟看来,“五四”新文化运动对于儒家思想的激烈批判乃是一种“洗刷扫除的工夫”,它否定了传统的旧儒家思想中的僵化部分、腐化部分,反而使孔孟的真精神彰显出来。

---

① 贺麟:《儒家思想的新开展》,载《文化与人生》,第4—5页。
② 贺麟:《儒家思想的新开展》,载《文化与人生》,第5页。
③ 贺麟:《儒家思想的新开展》,载《文化与人生》,第5页。
④ 贺麟:《儒家思想的新开展》,载《文化与人生》,第5页。

“西洋文化学术大规模的无选择的输入，又是使儒家思想得到新发展的一大动力”。[①] 从表面上看，西方文化的输入必将代替儒家、推翻儒家，但正如历史上印度文化（佛教文化）的输入曾引起一个新儒家运动一样，西方文化的输入无疑也将大大促进儒家思想的新开展。对儒家思想来说，西方文化的输入是“一个生死存亡的大考验，大关头”。如果儒家思想能够把握、吸收、融会、转化西方文化，以之充实自身、发展自身，儒家思想就能生存、复活，而且会有新的发展。当然，如果做不到这一点，儒家思想就会消亡、沉沦，永不得翻身。

贺麟认为儒家思想的新开展，乃至中华民族文化的复兴，关键在于“儒化”、“华化”西方文化。他说：

> 所以儒家思想是否能够有新开展的问题，就成为儒家思想是否能够翻身、能够复兴的问题，也就是中国文化能否翻身、能否复兴的问题。儒家思想之能否复兴的问题，亦即儒化西洋文化是否可能，以儒家思想为体、以西洋文化为用是否可能的问题。中国文化能否复兴的问题，亦即华化、中国化西洋文化是否可能，以民族精神为体，以西洋文化为用是否可能的问题。
>
> ……
>
> 这个问题的关键，在于中国人是否能够真正彻底、原原本本地了解并把握西洋文化。因为认识就是超越，理解就是征服。真正认识了西洋文化便能超越西洋文化。能够理解西洋文化，自能吸收、转化、利用、陶熔西洋文化。儒家思想的新开展，不是建立在排斥西洋文化上面，而是建立在彻底把握西洋文化上面。儒家思想的新开展，是在西洋文化大规模的输入后，寻求一自主的文化，文化的自主，也就是要求收复文化上的失地，争取文化上的独立与自主。[②]

贺麟在此反复强调的是在坚持独立自主的民族文化的前提下，在真正理解、把握西方文化的基础上，“儒化”、“华化”西方文化，吸纳、融会西方思想的长处以形成新的儒家思想，以推动民族文化的复兴。“儒化西洋

---

① 贺麟：《儒家思想的新开展》，载《文化与人生》，第 6 页。

② 贺麟：《儒家思想的新开展》，载《文化与人生》，第 6—7 页。

文化，华化西洋文化"不仅是可能的，而且是必须的。倘若我中华民族不能以儒家思想或民族精神为主体去"儒化"或"华化"西洋文化，我们将失去民族文化的自主权，而沦为文化上的殖民地。

简言之，贺麟认为民族文化的复兴就是儒家思想的复兴，亦即儒家思想的新开展；"五四"新文化运动和西方文化的输入是儒家思想新开展的转机和动力，"皆足以促进儒家思想的新开展"；问题的关键在于国人必须"儒化"、"华化"西方文化，吸纳、融会其长处为我所用。至于贺麟认为应该如何"儒化"、"华化"西方文化，则是本节的下一个问题。

2. 儒家思想新开展的途径

"不用说，欲求儒家思想的新开展，在于融会吸收西洋文化的精华与长处"。[①] 贺麟说，由于西方文化的特殊贡献在科学（自然科学）方面，便有人"附会科学原则以发挥儒家思想"，曲解孔孟学说。例如，有人根据优生学的道理认为儒家主张早婚是合于科学的；有人凭借心理学的事实证明纳妾制度有心理学根据；有人依据经济学论证封建大家庭符合经济学原理；还有人运用物理学、化学概念解释《周易》的太极阴阳之说。"诸如此类假借自然科学以为儒家辩护的办法，结果会陷于非科学、非儒学，这都是与新儒家思想的真正发展无关的"。[②] 这种附会自然科学理论以解释儒家思想的做法，当然与当时"科学主义"思潮的影响密切相关。

贺麟提出，儒家思想包括三个方面：有理学以格物穷理，寻求智慧；有礼教以磨炼意志，规范行为；有诗教以陶冶性灵，美化生活。因此，儒家思想的新开展也应该循着这三个方面进行：

(1)"以西洋的哲学发挥儒家的理学"，[③]亦即"哲学化"。

贺麟说儒家的理学是中国的正宗哲学，现在需要以西方的正宗哲学来发挥中国的正宗哲学。"东圣西圣，心同理同"，苏格拉底、柏拉图、亚里士多德、康德、黑格尔的哲学与中国孔孟、老庄、程朱、陆王的哲学会合贯

---

① 贺麟：《儒家思想的新开展》，载《文化与人生》，第 7 页。

② 贺麟：《儒家思想的新开展》，载《文化与人生》，第 8 页。

③ 贺麟：《儒家思想的新开展》，载《文化与人生》，第 8 页。

通，能够产生发扬民族精神的新哲学，使儒家哲学内容更丰富、体系更严谨、条理更清楚，不仅可以作为道德的可能的理论基础，而且可以奠定科学的可能的理论基础。

(2)“吸收基督教的精华以充实儒家的礼教”，[①]亦即“宗教化”。

在贺麟看来，儒家的礼教也是富于宗教精神的，但礼教毕竟以人伦道德为中心。“宗教(此处指基督教——引者按)则为道德之注以热情、鼓以勇气者”，[②]它具有精诚信仰、坚贞不二的精神，博爱慈悲、服务人类的精神，襟怀广大、超脱尘世的精神。基督教文明是西方文明的骨干，它“深刻而周致”地支配着西方人的精神生活。若非宗教的知“天”与科学的知“物”相结合，若非宗教精神为体、物质文明为用，就不会产生如此伟大灿烂的西方文化。倘若中国人不能接受基督教的精华而去其糟粕，则不会有强有力的新儒家思想产生出来。

(3)“领略西洋的艺术以发扬儒家的诗教”，[③]亦即“艺术化”。

贺麟认为儒家特别注重诗教和乐教，但由于乐经佚失，乐教中衰，诗教亦式微。对其他艺术，儒家殊少注重和发扬，以致几为道家所独占。因此须领略西洋的艺术以发扬儒家的诗教，“今后新儒家的兴起，与新诗教、新乐教、新艺术的兴起，应该是联合并进而不可分离的”。[④]

上述理学、礼教、诗教三个方面，对于儒家是非常重要的。但是有许多人根据“文人无行”、“玩物丧志”等语，便认为儒家轻蔑艺术；或只从表面去理解孔子的“敬鬼神而远之”、“未知生，焉知死”、“未能事人，焉能事鬼”等语的意义，便否认孔子有宗教思想和宗教精神；或误解“性与天道不可得而闻”一语，便认为孔子不探究哲学。这都是“企图将儒家思想褊狭化，浅薄化，孤隘化”，不仅失去了儒家的真精神，使儒家思想贫乏狭隘，而且将使儒家思想无法吸收西方的艺术、宗教、哲学以充实自身，无法应付现代社会的新文化局势。

---

① 贺麟：《儒家思想的新开展》，载《文化与人生》，第8页。

② 贺麟：《儒家思想的新开展》，载《文化与人生》，第8页。

③ 贺麟：《儒家思想的新开展》，载《文化与人生》，第9页。

④ 贺麟：《儒家思想的新开展》，载《文化与人生》，第9页。

“儒家是合诗教、礼教、理学三者为一体的学养，也即艺术、宗教、哲学三者的谐和体。因此，新儒家思想的开展，大约将循艺术化、宗教化、哲学化的途径迈进”。[①] 贺麟以“仁”为例，说明儒家思想“可以从艺术化、宗教化、哲学化三方面加以发挥，而得新的开展”。[②] 作为儒家思想核心观念的“仁”，从艺术方面来看它是温柔敦厚的诗教。“仁”是诗三百篇之宗旨，所谓“思无邪”是也，它是纯爱真情，天真纯朴之情，自然流露之情，一往情深、人我合一之情。从宗教方面来看，“仁”是救世济物、民胞物与的宗教热诚。《约翰福音》有“上帝即是爱”之语，质言之，可以说：“上帝即是仁。”儒家的“求仁”不仅是待人接物的道德修养，而且是知天事天的宗教工夫。儒家以“仁”为“天德”，基督教则以至仁或无上的爱为上帝的本性，足见“仁”的宗教意义是可以大加发挥的。从哲学方面来看，“仁”乃仁体，它是天地之心，是天地生生不已的生机，是自然万物的本性。哲学上则有仁的宇宙观，仁的本体论。离仁而言本体，离仁而言宇宙，不是陷于“死气沉沉的机械论”，就是流于“漆黑一团的虚无论”。

贺麟还举“诚”为例，说：“诚亦是儒家诗教、礼教、理学中的基本概念，亦可以从艺术、宗教、哲学三方面加以发挥之”，[③]并作出了具体的阐释，此处略而不述。[④] 总之，融会、吸收西方文化的精华和长处，通过宗教化、哲学化、艺术化的途径加以发挥，便可以实现儒家思想的新开展。贺麟说：

> 今后儒家思想的新开展，大抵必向此方向努力，可以断言也。儒家思想循艺术化、宗教化、哲学化的方向开展，则狭义的人伦道德方面的思想，均可扩充提高而深刻化。从艺术的陶养中去求具体美化的道德，所谓兴于诗，游于艺，成于乐是也。从宗教的精诚信仰中去充实道德实践的勇气和力量，由知人进而知天，由希贤、希圣进而希天，亦即是由道德进而为宗教，由宗教以充实道德。在哲学的探讨中，以为道德行为奠定理论基础，即所谓由学问思辨而笃行，由格物致知而诚正、修齐是也。而且经

---

① 贺麟：《儒家思想的新开展》，载《文化与人生》，第 9 页。

② 贺麟：《儒家思想的新开展》，载《文化与人生》，第 10 页。

③ 贺麟：《儒家思想的新开展》，载《文化与人生》，第 10 页。

④ 贺麟：《儒家思想的新开展》，载《文化与人生》，第 10 页。

过艺术化、宗教化、哲学化的新儒家思想不惟可以减少狭义道德意义的束缚，且反可以提高科学兴趣，而奠定新科学思想的精神基础。①

这段概括性的阐释表明，儒家思想朝着哲学化、宗教化、艺术化的方向开展，其意义归根结底在于使儒家“狭义的人伦道德方面的思想”能够“扩充提高而深刻化”。贺麟认为，儒家思想最主要的缺陷便是“狭义道德意义的束缚”，而融会、吸收西方文化的精华与长处，通过哲学化、宗教化、艺术化的途径，则可以使儒家思想克服此缺陷而获得新开展。在贺麟看来，这便是儒家思想的新开展在“文化学术方面”所必须采取的途径。

除文化学术这个最主要的方面外，贺麟还从“生活修养”和“作事态度”方面说明了新儒家思想应有的表现。

在生活的修养方面，中国人应该养成“儒者气象”。

“就生活修养而言，则新儒家思想目的在于使每个中国人都具有典型的中国人气味，都能代表一点纯粹的中国文化，也就是希望每个人都有一点儒者气象”。② 在贺麟看来，“典型的中国人气味”就是“儒者气象”。至于何谓“儒者”，他说很难下确切的定义，“最概括简单地说，凡有学问技能而又具有道德修养的人，即是儒者。儒者就是品学兼优的人”。③ 贺麟心目中的“儒者”并不限于知识分子，而是包括了“儒医”、“儒农”、“儒工”、“儒商”等在内。他说工商化的社会需要大量的“儒商”、“儒工”作为柱石，因此希望今后新社会中的工人、商人皆成为品学兼优之士。但贺麟提出，儒者固需品学兼优，而由于资质的限制，无才能、无知识而卓有品德的人也可以谓为儒者。至于那些有学无品、有才无品，只有知识技能而无道德，甚至凭借知识技能而作恶者，则不仅不可称为儒者，而且正是儒家所深恶痛绝之人。关于“儒者气象”，贺麟说：“凡具有诗礼风度者，皆可谓之有儒者气象。”④倘若趣味低下、志在名利肉欲、不知美的欣赏，是缺乏诗

---

① 贺麟：《儒家思想的新开展》，载《文化与人生》，第11页。
② 贺麟：《儒家思想的新开展》，载《文化与人生》，第11页。
③ 贺麟：《儒家思想的新开展》，载《文化与人生》，第11页。
④ 贺麟：《儒家思想的新开展》，载《文化与人生》，第12页。

意；粗暴鲁莽、扰乱秩序、内无和悦的心情、外无整齐的品节，则是缺乏礼意。

贺麟说，辜鸿铭曾以“诗礼”二字抨击近代西方文明，认为其工商业的发展、君主的推翻、民主政治的建立均是日趋于“丑俗暴乱”，无诗之美，无礼之和。印度诗人泰戈尔来中国时，也痛斥上海为“丑俗之大魔”，因为上海是工业化的东方大都市，充斥了流氓、市侩、买办以及一切殖民地城市的罪恶，不仅无东方文化静穆纯朴之诗味，亦绝无儒家诗教礼教之遗风，泰戈尔的指责实不为无因。但辜鸿铭指责近代西方工商业文明的民主政治，却陷于偏见和成见。他只知道“中古贵族式的诗礼”，而不知道“近代民主化的诗礼”。其实近代英美民主政治的实施莫不有礼有序，其居民的生活可谓相当美化而富于诗意。如果说工商化、民主化的近代社会便缺乏诗礼意味，无有儒者气象，那就把儒家的诗教和礼教看得太呆板、狭隘了。由此可见，贺麟所主张的每个中国人都应该养成的儒者气象，乃是“近代民主化的”儒者气象。这种工商化、民主化的儒者气象的培养，是他提出的“儒家思想的新开展”的题中应有之义。

在做事态度方面，中国人应该持“儒家的态度”。

“就作事的态度言，每作一事，皆须求其合理性、合时代、合人情，即可谓为儒家的态度”。[①] 贺麟说儒家思想的新开展基于学者对于时代问题，包括政治、社会、文化、学术各方面的问题，都能站在儒家的立场，予以“合理、合情、合时的新解答”。譬如就法治问题而言，有所谓法家的法治和儒家的法治。前者即申韩式的法治，由政府或统治者颁布苛虐的法令，厉行严刑峻法，它是刻薄寡恩、急功近利、无情无义的，因而不足以谋国家的长治久安和人民的真正幸福。儒家的法治即诸葛亮式的法治，它是法治与礼治、法律与道德、法律与人情相辅而行、兼顾共包的。法律是实现道德的工具，是人的自由本性的发挥，而不是违反道德、桎梏自由的。西方古代的柏拉图、近代的黑格尔所提倡的法治，以及现代民主政治中的法治，都是与儒家精神相近而与申韩式的法家精神相远的。因此那种以为儒家

---

① 贺麟：《儒家思想的新开展》，载《文化与人生》，第12页。

反对法治，提倡法治即须反对儒家的说法，是不知儒家思想真精神、真意义的说法。中国要走上法治国家的大道，就“在于得到西洋正宗哲学家法治思想的真意，而发挥出儒家思想的法治”。[①] 在贺麟看来，用西方的法治思想来充实、发挥儒家的法治思想，是解决中国法治问题的正确途径。他说“诸葛亮式的法治”（即儒家的法治）是基于道德的法治，孔明挥泪斩马谡并妥善料理马谡后事，表明诸葛亮对于军中法令和朋友情谊能够双方顾全，而与残酷不近人情的申韩式法治迥然不同。[②] 这种儒家式的法治只要能够吸取西方民主政治的法治精神，就是“合理性、合人情、合时代”的新法治。

此外，贺麟还就“民主问题”、“男女问题”进行了探讨，说明如何站在儒家的立场，对各方面的问题给予“合理、合情、合时的新解答”。他认为：“只要能对儒家思想加以善意同情的理解，得其真精神与真意义所在，许多现代生活上、政治上、文化上的重要问题，均不难得到合理、合情、合时的解答。”[③]这就是贺麟所主张的中国人做事时应持的“儒家的态度”。他认为，这同样是“儒家思想的新开展”的题中应有之义。

我们从以上阐述可以看出，贺麟对于“儒者气象”和“儒家态度”的理解并不是固守传统的儒家思想，而是立足于现代社会，赋予新的思想内容。他所提倡的“儒者气象”是“近代民主化的”诗礼风度，他所提倡的“儒家态度”是对于各方面问题给予合理、合情、合时的“新解答”。这也表明，贺麟所致力推动的儒学复兴运动（或曰“新儒学运动”），确实是儒家思想的一种“新”开展。

贺麟认为，只要在“文化学术方面”以及“生活的修养”、“作事的态度”方面遵循着以上途径去努力，儒家思想的新开展和中国文化的复兴就是完全可以期待的。他说：

> 须将儒家思想认作不断生长发展的有机体，而非呆板机械的死教条。如是我们可以相信，中国许多问题，必达到契合儒家

① 贺麟：《儒家思想的新开展》，载《文化与人生》，第 14 页。

② 贺麟：《法治的类型》，载《文化与人生》，第 46—48 页。

③ 贺麟：《儒家思想的新开展》，载《文化与人生》，第 17 页。

精神的解决，方称得达到至中至正、最合理而无流弊的解决。如果无论政治、社会、文化、学术上各项问题的解决，都能契合儒家精神，都能代表中国人的真意思、真态度，同时又能善于吸收西洋文化的精华，从哲学、科学、宗教、道德、艺术、技术各方面加以发扬和改进，我们相信，儒家思想的前途是光明的，中国文化的前途也是光明的。①

在此，贺麟强调两点：一是要将儒家思想认作不断生长、发展的有机体，二是要善于吸收西洋文化的精华。这两点，也正是贯穿贺麟关于儒家思想新开展的论述中的两个基本观念。

四、儒家传统道德观念的价值与新道德建设

在中国文化中，道德占有极为重要的位置。贺麟的文化哲学思想对中国文化中的道德问题也给予了专门的关注。

贺麟的《儒家思想的新开展》一文由于被视为现代新儒家的前期思想纲领，而倍受论者关注。但贺麟本人似乎更加注重对于道德问题的研究，他撰写了《经济与道德》《物质建设与思想道德现代化》《五伦观念的新检讨》《战争与道德》等文专门讨论道德问题(这些文章基本上都撰写、发表于抗战时期)。此外，他还在其他著述中经常论及道德问题。他省察了中国传统的道德观念，并且提出了关于新道德建设的见解。

1. 对儒家传统道德观念的省察

贺麟认为，对传统的道德观念必须进行“批评的考察，反省的检讨，重新的估价”。为此，他着重对五伦观念作出了新检讨。此外，他在评论宋儒时，对程颐的“饿死事小，失节事大”的道德观念提出了新评价。

(1)对五伦观念的新检讨。

贺麟说：“五伦的观念是几千年来支配了我们中国人的道德生活的最有力量的传统观念之一。它是我们礼教的核心，它是维系中华民族的群

① 贺麟：《儒家思想的新开展》，载《文化与人生》，第17页。

体的纲纪。我们要从检讨这旧的传统观念里,去发现最新的近代精神。从旧的里面去发现新的,这就叫推陈出新。”[①]这表明了贺麟对于五伦观念在中国人的道德生活中的重要性的认识,同时也表明了他对五伦观念进行批评的省察目的在于“推陈出新”。

在对五伦观念进行批评时,贺麟提出了下列原则:第一,根据其本质加以批评,而不能从表面或枝叶上立论。不必说五伦观念是吃人的礼教,因为吃人的东西多着呢!自由平等观念、许多宗教上的信仰和政治上的主义何尝不吃人?第二,不能从实用的观念加以批评。不把中国的衰亡、落后归罪于五伦观念,因而反对之;也不把民族的兴盛、发展归功于五伦观念,因而赞成之。第三,不能因为实现五伦的方法不好,便谓五伦观念本身不好,即不能因噎废食。实现五伦观念的方法和许多礼节仪文存在着弊端,但我们不可“因末流之弊而废弃本源”。第四,不能以经济状况、生产方式的改变,作为推翻五伦说的依据。因为即使在产业革命、近代工业化的社会,臣更忠、子更孝、妻更贞的情况——这都是符合五伦观念的——在理论上和事实上都是很可能的。贺麟说,在对五伦观念进行批评时如果不遵循这四条原则,则“既不能推翻五伦观念,又无补于五伦观念的修正与发挥”。[②]

依据这些原则,贺麟对五伦观念“从本质上加以考察”,认为五伦观念包含着以下四层要义:

①五个人伦或五种人与人之间的关系的意思。

“这就是说,中国的五伦观念特别注重人及人与人的关系”。[③] 从天、人、物三界来说,五伦观念特别注重人,而不注重天(神)和物(自然);特别注重人与人的关系,而不十分注重人与神、人与自然的关系。注重神,产生宗教;注重物理的自然,产生科学;注重审美的自然,产生艺术;注重人及人与人的关系,则产生道德。因此五伦观念特别注重道德价值,而不太注重宗教、科学、艺术的价值。古希腊精神对物理的和审美的自然都注

---

① 贺麟:《五伦观念的新检讨》,载《文化与人生》,第 51 页。
② 贺麟:《五伦观念的新检讨》,载《文化与人生》,第 52 页。
③ 贺麟:《五伦观念的新检讨》,载《文化与人生》,第 52 页。

重，所以古希腊是科学和艺术的发源地。希伯来精神注重神，即注重宗教价值。中国的儒家注重人伦，形成偏重道德生活的礼教，所以与希腊精神、希伯来精神皆有不同之处。

那么，我们介绍西方文化，提倡科学精神和宗教精神，是否就必须反对注重人伦道德的五伦观念？贺麟认为“其实也不尽然”。西方文艺复兴之后有了“人”的发现，而且在十七、十八世纪人本主义思想盛行，足见他们也还是注重人以及人与人的关系了。而中国的人伦观念也受过老庄思想的“自然化”和佛家思想的“宗教化”影响，与西方的科学精神和宗教精神并非格格不入。“所以依我们看来，我们仍不妨循着注重人伦和道德价值的方向迈进，但不要忽略了宗教价值，科学价值，而偏重狭义的道德价值，不要忽略了天(神)和物(自然)而偏重狭义的人。认真依照着‘欲知人不可以不知天’(《中庸》)和‘欲修身不可以不格物’(《大学》)的教训，便可以充实发挥五伦说中注重人伦的一层意思了”。[①] 贺麟充分肯定五伦观念所注重的道德价值，同时他认为要充实、发挥科学价值和宗教价值。

②“五常”的意思。

“五伦观念认为人伦乃是常道，人与人之间这五种关系，乃是人生正常永久的关系(五常有两种意义，一指仁义礼智信之五常德，一指君臣、父子、夫妇、兄弟、朋友之五常伦，此处系取第二种意义——引者按)”。[②] 以五伦观念为中心的礼教认为这五种人与人之间的关系是不能逃避、不应逃避的。人不应规避政治的责任，放弃君臣一伦；不应脱离社会，不尽对朋友的义务；不应抛弃家庭，不尽父子、夫妇、兄弟之道。总之，五伦观念反对人脱离家庭、社会、国家的生活，反对人出世。这种注重社会团体生活、反对枯寂遁世的生活，注重家庭、朋友、君臣之间的正常关系的主张，也是发展人性、稳定社会的健康思想，有其道德上、政治上的意义。“不过这种偏重五常伦的思想一经信条化、制度化，发生强制的作用，便损害个人的自由与独立。而且把这五常的关系看得太狭隘了，太僵死了，太机械

① 贺麟:《五伦观念的新检讨》，载《文化与人生》，第 53 页。
② 贺麟:《五伦观念的新检讨》，载《文化与人生》，第 53 页。

了”。[1] 长时期以来，五常思想在中国社会被信条化、制度化，强制人们遵循，无疑是一种弊端。因此我们应该“减少五常伦说之权威性（此处指强制性——引者按）、褊狭性，而力求开明自由方面着手”，对五常思想进行修正与发挥。

③“等差之爱”的意义。

“五伦观念中实包含有等差之爱的意义在内”。[2] 所谓等差之爱，即儒家所说的差等之爱，亦即有差别的爱。贺麟说，爱有差等乃是普通的心理事实，也是很自然的、正常的情绪。儒家认为人应履行等差之爱，无非是说我们爱他人要爱得近人情，让自己的爱的情绪顺着自然发泄。因此儒家对人的态度大都很合理，很近人情，很平正，而不流于狂诞。提倡等差之爱，并不是不普爱众人，不过是注重一个“推”字，要推己及人，所谓“老吾老以及人之老，幼吾幼以及人之幼”。这些看法，都表明了贺麟对于“等差之爱”观念的赞成。

不过，贺麟仍然对于“等差之爱”观念提出了两条“重要的补充”：

“第一就等差之爱之为自然的心理情绪言，实有三种不同的决定等差之爱的标准”。[3] 一是以亲属关系为标准，这是儒家所提出的维系五伦的说法。一是以外物为标准，外物对于人的“引诱力”有大小，其本身的价值亦有高下，人们爱物的情绪也随之有差等。三是以知识或精神的契合程度为标准，一个人对于有深切了解的对象其爱深，对于仅有浮泛了解的对象其爱浅。人与人之间相知愈深，精神上愈相契合，则其相爱愈深，反之，则愈浅。后两种等差之爱同样是值得注意、不可忽略的事实，而且可以用来补充、校正仅仅重视亲属关系的等差之爱。偏重亲属关系的等差之爱失之狭隘，为宗法观念所束缚，不能领会真正的精神之爱。

“第二条须得补充的地方，就是普爱说，或爱仇敌之说”。[4] 所谓普爱就是视仁爱之心如同温煦的阳光，以仁心普爱一切，犹如日光之普照，春

---

① 贺麟：《五伦观念的新检讨》，载《文化与人生》，第 54 页。
② 贺麟：《五伦观念的新检讨》，载《文化与人生》，第 54 页。
③ 贺麟：《五伦观念的新检讨》，载《文化与人生》，第 55 页。
④ 贺麟：《五伦观念的新检讨》，载《文化与人生》，第 55 页。

风之普被，春雨之普润，打破基于世间地位的小己的人我之别、亲疏之分。这种普爱一方面可以扶助善人、鼓舞善人，另一方面可以感化恶人于无形。

普爱观念最极端的表现，乃是耶稣的“无敌恶”、“爱仇敌”的教训。这种“爱仇敌”之教完全不是从政治、军事或狭义的道德立场说的。从政治、军事、道德立场说，应该忠爱祖国，应该报国难家仇，与敌人殊死战斗。“凡彼持爱仇敌之教的人，大都是站在宗教的精神修养的观点来说。因为最伟大的征服是精神的征服，而真正的最后的胜利（《易经》上叫做‘贞胜’）必是精神的胜利。惟有具有爱仇敌的襟怀的人方能取得精神的征服或贞胜”。[①] 所以包括“爱仇敌”在内的普爱，看来不是可望一般人实行的道德命令，而是积义积德所达到的一种精神境界。平实地从等差之爱着手，推广扩充，如同孟子所说的，善推其等差之爱，便是普爱或至少距普爱的理想不远了。

④五伦观念最高、最后、最基本的意义——“三纲说”。

“五伦观念的最基本意义为三纲说，五伦观念的最高最后的发展，也是三纲说。而且五伦观念在中国礼教中权威之大，影响之大，支配道德生活之普遍与深刻，亦以三纲说为最。三纲说实为五伦观念的核心”。[②] 五伦说只是一种伦理学说，没有权威性和束缚性。儒家本来是与诸子争鸣的一个学派，儒家学说被崇奉为中国人独尊的礼教，应起源于三纲说正式成立之时。三纲的明文，初见于汉代的《春秋繁露》和《白虎通义》等书，足见“三纲说”成立于两汉时期，而儒教正式成为中国的礼教也起源于西汉。中国真正成为大一统的国家是自西汉开始的，那时由于需要一个“伟大的有组织的伦理系统”，五伦观念便被“发挥为更严密更有力量的三纲说”和“以三纲说为核心的礼教”，儒教便这样应运而生了。这充分表明了“三纲说”在历史上的重要地位。

贺麟说，站在自由解放的思想运动的立场攻击“三纲说”，批评其束缚个性、阻碍进步、不合时代需要等等，都是很自然的事，“但是要用哲学的观念，站在客观的文化思想史的立场，去说明三纲说发生的必然性及其真

---

① 贺麟：《五伦观念的新检讨》，载《文化与人生》，第56页。

② 贺麟：《五伦观念的新检讨》，载《文化与人生》，第57页。

意义所在，就比较困难了”。[1] 而他所要做的，正是“说明三纲说发生的必然性及其真意义所在”的工作。

贺麟分以下两层来说明“五伦说进展为三纲说的逻辑的必然性”。

第一，“由五伦的相对关系，进展为三纲的绝对的关系。由五伦的交互之爱、等差之爱，进展为三纲的绝对之爱、片面之爱。”[2]

五伦的关系是相对的。君君，臣臣，父父，子子，夫夫，妇妇。假如君不尽君道，则臣自然就会不尽臣道，也应该不尽臣道。父子、夫妻关系也是如此。这样一来，只要社会上常有不君之君、不父之父、不夫之夫，则臣弑君、子不孝父、妇不尽妇道之事，在事实上和理论上皆应可以发生。因为这些人伦关系都是相对的、无常的。如此则人伦的关系和社会的基础变得不稳定，变乱随时可能发生。“三纲说”要补救相对关系的不安定，因而要求关系者一方绝对遵守其位分，实行单方面的爱，履行单方面的义务。“三纲说”的本质在于要求君不君，臣不可以不臣；父不父，子不可以不子；夫不夫，妇不可以不妇。也就是要求臣、子、妇尽单方面的忠、孝、贞的绝对义务，以免陷入相对的循环报复。

第二，“由五伦进展为三纲包含有由五常之伦进展为五常之德的过程。”[3]

“五常伦说”想维持人与人之间的长久关系，但由于人有生死离合，而且人的品行不齐，事实上的长久关系是不易且不能维持的。因此，人与人之间只能维持理想上的长久关系，而五常之德就是维持理想上的长久关系的规范。不论对方的生死离合，不管对方的智愚贤不肖，我总是绝对守我自己的位分，履行我自己的常法，尽我自己应尽的单方面的义务。不随环境而改变，不以对方为转移，以奠定维持人伦的基础，稳定社会的纲常，这就是“三纲”说所提出来的绝对的要求。所以自从“三纲说”兴起之后，五常作为“五常伦”之意逐渐被取消，作为“五常德”之意则逐渐通行。“常德”就是行为所止的极限，就是柏拉图的理念或范型，也就是康德所谓人

---

① 贺麟：《五伦观念的新检讨》，载《文化与人生》，第 58 页。
② 贺麟：《五伦观念的新检讨》，载《文化与人生》，第 58 页。
③ 贺麟：《五伦观念的新检讨》，载《文化与人生》，第 59 页。

应不顾一切经验中的偶然情况,绝对加以遵守奉行的道德律或无上的命令。

"先秦的五伦说注重人对人的关系,而西汉的三纲说则将人对人的关系转变为人对理、人对位分、人对常德的单方面的绝对的关系。故三纲说当然比五伦说来得深刻而有力量"。[①] 譬如"君为臣纲"是说君这个共相、君之理乃是为臣这个职位的纲纪;君不仁臣不可以不忠,是说为臣者须尊重君之理、君之名,亦即忠于事、忠于自己的职分的意思。这里说的完全是对名分和理念的尽忠,不是作暴君个人的奴隶。"唯有人都能在其位分内,单方面地尽他自己绝对的义务,才可以维持社会人群的纲常……这就是三纲说的真义所在。因为三纲说具有如此深刻的意义,所以才能发挥如此大的效果和力量。所以就效果来讲,我们可以说由五伦到三纲,即是由自然的人世间的道德进展为神圣不可侵犯的有宗教意味的礼教。由一学派的学说,进展为规范全国全民族的共同信条"。[②] 在贺麟看来,"五常之伦"进展为"五常之德","五伦说"进展为"三纲说",对于维护中国社会人群的纲常发挥了十分重要的作用。不过,他承认"三纲说"作为礼教的信条,也曾"桎梏人心,束缚个性,妨碍进步,达数千年之久"。[③] 但是他认为这怪不得"三纲说"本身,因为它是五伦观念的必然发展,曾尽了它的历史使命。因此,"现在已不是消极地破坏攻击三纲说的死躯壳的时候,而是积极地把握住三纲说的真义,加以新的解释与发挥,以建设新的行为规范与准则的时期了"。[④] 这表明,贺麟并不认为"三纲说"可以直接用于现代社会,他看到其不合时宜之处,因而主张建立新的行为规范与准则。为此他提出:必须真正认识"为礼教的桎梏、权威的强制所掩蔽"的"三纲说的真精神",而加以新的解释与发挥。这正是贺麟对于五伦观念进行"新检讨"的宗旨所在。

贺麟还将"三纲说"与西方的伦理思想进行了比较,结果他"在这中国

---

① 贺麟:《五伦观念的新检讨》,载《文化与人生》,第 60 页。
② 贺麟:《五伦观念的新检讨》,载《文化与人生》,第 60 页。
③ 贺麟:《五伦观念的新检讨》,载《文化与人生》,第 60 页。
④ 贺麟:《五伦观念的新检讨》,载《文化与人生》,第 60 页。

特有的最陈腐、最为世所诟病的旧礼教核心三纲说中,发现了与西洋正宗的高深的伦理思想和与西洋向前进展向外扩充的近代精神相符合的地方”。[①] 他说,就“三纲说”注重尽忠于永恒的理念或常德而言,包含有柏拉图的思想;就“三纲说”注重实行个人单方面的道德义务而言,包含有康德的道德思想。“三纲说”的本质是要人尽单方面的爱,尽单方面的纯义务,而西方人之崇尚纯道德、纯爱情,以及尽职守、忠位分的坚毅精神,后者也包含着竭尽单方面的爱和单方面的义务的内涵。所不同的是“三纲说”的精神没有经受西方那样的启蒙运动的净化,不是基于人们意志的自由,出于真情之不得已。因此,他认为,“学术的启蒙,真情的流露,意志的自主”就是今后我们在修正、充实、发挥“三纲说”时所应该采取的准则。

贺麟在总结他对五伦观念所作的新检讨时,说:

以上所批评阐明的四点:(一)注重人与人的关系;(二)维系人与人之间的正常永久关系;(三)以等差之爱为本而善推之;(四)以常德为准而皆尽单方面之爱或单方面的义务。这就是我用披沙拣金的方法所考察出来的构成五伦观念的基本质素。要想根本上推翻或校正五伦观念,须从推翻或校正此四要素着手;要想从根本上发挥补充五伦观念,也须从发挥补充此四要素着手。此外都是些浮泛不相干的议论。为方便起见,综括起来,我们可试给五伦观念下一界说如下:五伦观念是儒家所倡导的以等差之爱、单方面的爱去维系人与人之间常久关系的伦理思想。这个思想自汉以后,被加以权威化、制度化而成为中国传统礼教的核心。这个传统礼教在权威制度方面的僵化性、束缚性,自海通以来,已因时代的大变革,新思想新文化的介绍,一切事业近代化的推行,而逐渐减弱其势力。现在的问题是如何从旧礼教的破瓦颓垣里,去寻找出不可毁灭的永恒的基石。在这基石上,重新建立起新人生、新社会的行为规范和准则。[②]

贺麟对于五伦观念四个“基本质素”(又称“四层要义”)的概括以及他给五伦观念作出的界说,表明了“以等差之爱、单方面的爱去维系人与人

① 贺麟:《五伦观念的新检讨》,载《文化与人生》,第60—61页。
② 贺麟:《五伦观念的新检讨》,载《文化与人生》,第62页。

之间常久关系"是五伦观念的核心，也是中国传统礼教的核心。以此为核心的旧礼教固然具有"僵化性、束缚性"，但其中自有"永恒的基石"。贺麟对于五伦观念进行的"新检讨"，正是探寻这种"基石"的一种富于独特见解和深刻思想的努力。至于贺麟认为应该如何在这"基石"上重新建立起新人生、新社会的行为规范和准则，则有待我们在本节的第二个问题"新道德的建设"中进行考察。

(2)对"饿死事小，失节事大"的新评价。

贺麟对中国传统道德观念的省察，主要集中、深入地考察了五伦观念。此外，他也对其他传统道德观念发表了看法，其中比较有代表性的，是他对程颐的"饿死事小，失节事大"之说的看法。程颐关于寡妇再嫁问题的"饿死事小，失节事大"之说，在"五四"时期的中国思想界无疑被视为封建礼教思想的典型而受到痛斥。但贺麟却提出："伊川的错误，似乎不在于提出'饿死事小，失节事大'这一概括的伦理原则，只在于误认妇女当夫死后再嫁为失节。"[①]近代西方社会不以夫死妻再嫁为失节，中国在唐代之前也不以夫死妻再嫁为失节。而程伊川所生活的时代(宋代)已经形成了以夫死妻再嫁为失节的"礼俗"，他的这句话不过是为当时的礼俗"加一层护符，奠一个理论基础罢了"。但他这句话的意义并不仅限于妇女贞操一事，这是一个具有普遍性的伦理原则。"若单就其为伦理原则而论，恐怕是四海皆准、百世不惑的原则，我们似乎仍不能根本否认。因为人人都有其立身处世而不可夺的大节，大节一亏，人格扫地。故凡忠臣义士，烈女贞夫，英雄豪杰，矢志不二的学者，大都愿牺牲性命以保持节操，亦即所以以保持其人格"。[②] 程颐此语，不过是孟子的"舍生取义"、"贫贱不能移"的另一种说法。"舍生取义"实即"舍生守节"之意，"贫贱不能移"实即"贫贱或饿死不能移其节操"之意。很多爱国志士宁愿饿死甚至被敌人迫害致死而不失其爱国之节，可以说都是在有意无意地遵循着程颐"饿死事小，失节事大"的遗训。当然，凡事以两全为最好，不饿死、也不失节最为美满，但当二者不可能得兼之时，则宁愿饿死而不愿失节，宁可牺牲生命

① 贺麟：《宋儒的新评价》，载《文化与人生》，第192页。

② 贺麟：《宋儒的新评价》，载《文化与人生》，第193页。

而不可牺牲人格，这也就是孟子“舍鱼而取熊掌”之通义。

贺麟认为，“伊川那句最为世诟病的话，在应用方面虽有错误，而在原则上却有永久性与普通性，且含有深义”。[①] “饿死事小，失节事大”作为一种普通性的道德原则是正确的，它是人们保持自己的气节和操守的四海皆准、百世不惑的原则。但是程颐不应该将这个原则“应用”到寡妇再嫁问题上，因为寡妇再嫁并不是“失节”。程颐受当时“风俗礼教”的影响，将寡妇再嫁误认为“失节”，这是他的错误之所在。总之，贺麟撇开了“饿死事小，失节事大”的具体“应用”对象（寡妇再嫁问题），而将其视为一种抽象的、普通的道德原则给予了充分的肯定。这一方面与他在总体上对于中国传统道德观念所持的肯定态度（他对五伦观念的评论也表明了这种肯定态度）密切相关，另一方面也与他在抗战时期对于民族气节的大力提倡和弘扬密切相关。

2. 新道德的建设

在对中国传统道德观念进行省察的基础上，贺麟提出了建设新道德的设想，即他关于如何在旧道德的“基石”之上“重新建立起新人生、新社会的行为规范和准则”的设想。

首先他指出，道德是变动的：

> 自从中国文化与西洋文化有了密切的接触以来，自从新文化运动对于传统的道德观念和礼教的权威加以大胆的猛烈的攻击以来，至少使我们有了一种新认识，就是认识道德是变动的。姑不论道德变动的结果是好是坏，即单就这变动的本身而论，我们可以知道，道德不是死的，而是活的；不是沉滞的，而是进展着；不是因循偷惰，率由旧章，而是冲突挣扎，日新不息的：这总算是一个好现象。[②]

这无疑是建设新道德的必要前提。因为如果道德不是变动的、可以更新的，则新道德的建设是不可能的。西方文化的猛烈冲击和“五四”新

---

① 贺麟：《宋儒的新评价》，载《文化与人生》，第193页。

② 贺麟：《新道德的动向》，载方克立、李锦全主编《现代新儒家学案》，中册第360页。

文化运动的激烈批判，暴露了中国传统道德观念的弊端，同时也昭示了它变动、更新的可能性。

在说明道德的可变性之后，贺麟针对传统道德的弊端，指出了新道德建设的方向。他说："概括的讲来，道德变动的方向，大约是由孤立狭隘，而趋于广博深厚；由枯燥迂拘，违反人性，而趋于发展人性，活泼有生趣。由因袭传统，束缚个性，而趋于自由解放，发展个性，由洁身自好的消极的独善，而趋于社会化平民的共善。"[①]进一步地说，新道德的建设应该遵循以下四个方向来开展：

(1)由孤立狭隘趋于广博深厚。

贺麟认为，持狭隘的道德观念的人把道德看成"孤立自足"的，道德与知识是冲突的，知识愈进步道德愈退步；道德与艺术是冲突的，欣赏自然、寄意文艺皆是玩物丧志；道德与经济是冲突的，经济繁荣的都市就是罪恶的渊薮，士愈穷困则道德愈高尚。此外，道德与法律、宗教莫不是冲突的，中国重德治，故反对法治；中国有礼教，故反对宗教。"简言之，只要有了道德，则其他文化部门皆在排斥反对之列。这种道德一尊的看法，推其极则将认为道德本位的文化，根本与西洋整个文化，与西洋近代的物质文明，与希腊的科学的求知精神，与希伯来的宗教精神，与罗马的法治精神，皆是根本不相容的"。[②] 在贺麟看来，这种道德一尊、道德本位的观念势必导致认为中国文化与西方文化(包括它的物质文明、科学精神、宗教精神、法治精神等)根本不相容，有了这种看法，当然也就谈不上吸取西方文化的长处为我所用了。

要改变这种孤立、狭隘的道德观念，"显然只能往博大深厚之途"去树立新观念，也就是从学术知识中去求开明的道德，从艺术陶养中去求具体美化的道德，从物质建设中去求征服自然、利用厚生的道德，从法治中去为德治建立健全的组织和机构，从道德中去为法治培植人格的精神和基础，从宗教的精诚信仰去充实道德实践的勇气和力量，从道德的知人工夫进而为宗教的知天工夫，由道德的"希贤"进而为宗教的"希天"。一言以

① 贺麟：《新道德的动向》，载方克立、李锦全主编《现代新儒家学案》，中册第360—361页。

② 贺麟：《新道德的动向》，载方克立、李锦全主编《现代新儒家学案》，中册第361页。

蔽之，就是将道德与“其他文化部门”紧密联系、结合起来，从“其他文化部门”来充实、提升道德，同时用道德去促进“其他文化部门”的进步。贺麟还特别提到，“西洋文化的介绍与接受，亦足以促进道德的进步”。[①] 他认为，以上做法可以推动道德观念由孤立狭隘趋于广博深厚。

(2)由枯燥迂拘、违反人性趋于发展人性、活泼有生趣。

旧道德之所以枯燥迂拘、违反人性，主要有两个原因：“一则因为道德尚未经艺术的美化，亦即礼教未经诗教的陶熔，亦可谓为道德未能契合孔子所谓‘兴于诗，游于艺，成于乐’的理想。”[②]旧道德对于人不从感情上去培养熏陶，不从性灵上去顺适启迪，而只是苛责以森严的道德律令和冷酷的是非判断。“再则因为道德未得两性调剂，旧道德家往往视女子为畏途”。[③] 旧道德家一生的道德修养似乎可以败坏于女子的一笑，女子对于男子的道德生活似乎是一种累赘或障碍。两性的接触、男女的恋爱所产生的种种德性，种种美好的生活，均被视为与道德生活无关。人的本性真情，横遭板起面孔的道德家的压抑和摧残。这种枯燥迂拘的道德，毫无活泼的生趣可言。针对这个弊端，贺麟特别强调“今后新道德的趋势，首须确证女子不是败坏道德、摧残人格、倾人城倾人国的妖魔，而是道德的鼓舞者，品格强弱的试金石，卫国卫民的新力量”。[④] 新时代的男子对女子在道德生活中的地位要树立新的认识，新时代的女子在道德生活中则应该承担伟大的使命。

(3)由因袭传统、束缚个性趋于自由解放、发展个性。

贺麟说：“至于旧道德之因袭传统、束缚个人处，则由于古人权威的盲从，典章制度的僵化，和风俗习惯的强制有以使然。”[⑤]在西方，最束缚人的是专制守旧的教会；在中国，最束缚人的则是作为礼教核心的家庭制度。近年来，旧的家庭制度日渐解体，旧礼教的束缚似已减轻，青年男女自由发展个性的机会亦似日渐增多。但是扶得东来西又倒，谈自由解放之新

① 贺麟：《新道德的动向》，载方克立、李锦全主编《现代新儒家学案》，中册第361页。
② 贺麟：《新道德的动向》，载方克立、李锦全主编《现代新儒家学案》，中册第361页。
③ 贺麟：《新道德的动向》，载方克立、李锦全主编《现代新儒家学案》，中册第362页。
④ 贺麟：《新道德的动向》，载方克立、李锦全主编《现代新儒家学案》，中册第362页。
⑤ 贺麟：《新道德的动向》，载方克立、李锦全主编《现代新儒家学案》，中册第362页。

道德者又多走向狂放与自私的狭义的个人主义途径，置他人的苦乐于不顾，肆无忌惮地反抗外界的权威，而不按照理性的法则去厉行自己内心的节制。其抹杀他人个性、剥夺他人自由，较之风俗习惯、传统礼教有过之而无不及。当今社会，正处于“旧道德已毁，新道德未立，东偏西倒，青黄不接的过渡时代”，我们必须建立起理性的新道德。贺麟认为，“欲达此目的，必须基于积渐的学术文化水准的提高……道德出于学问，人格基于理性”。[①] 人们随着学术文化水准的逐渐提高，便会形成“理性规范的有效率，精神生活的充实，内心修养的深笃”，从而具有道德的敏感(如同艺术家具有敏锐的美感一样)，自觉地追求内心之所安的人就会逐渐增多。这样才能建设起基于学问、基于理性的新道德。

(4)由洁身自好的消极的独善趋于社会化平民化的积极的共善。

贺麟说：“旧道德还有一个缺点，就是太偏于消极的独善，而忽视了积极的求共善，太偏于个人的潜修，而缺乏团体生活的共鸣。只知注重从伦常的酬酢，亲友的应接，去求道德的实践，而不知到民间去切实服务，投入大运动，参加大团体，忘怀于共同生活之中，消融于民族生命之内，而自可产生一种充实美满的道德生活，养成一种勇往无私的伟大人格。”[②]注重个人道德修养，只不过是消极的独善；在社会生活中，与广大的民众共同实现道德理想，才是积极的共善。贺麟特别强调要与平民、劳苦大众、颠连无告者接触和亲近，对他们寄予同情并为他们服务。要树立为团体牺牲、对国家忠爱的精神。这些都是“磨炼品格，培养德性的要道”。道家“往山林去”的清高的隐士生活，是体弱多病、年老体衰之人所为之事。儒家“往朝廷去”执掌政权、得志行道、“达则兼济天下”的理想，又稍嫌襟怀狭窄、功名之念太重。唯有基督教和墨家“到民间去”服务的宗教精神，倒是最富于积极的道德性、穷达的一致性和当下的实践性。

对于历来在中国社会被奉为立身处世信条的儒家“穷则独善其身”之说，贺麟专门给予了批评。他说，这种观念太近于“各人自扫门前雪”的消极态度，而且这种观念用在孔子的生活上并不恰当。孔子不得志于政治，

① 贺麟：《新道德的动向》，载方克立、李锦全主编《现代新儒家学案》，中册第363页。

② 贺麟：《新道德的动向》，载方克立、李锦全主编《现代新儒家学案》，中册第363页。

则退而删诗书，定礼乐，教授门徒，无论就动机言还是就结果言，他的态度都是排斥独善，实行兼善的。总之，道德生活不应该走个人潜修的独善路向，而应该走社会化、平民化的共善路向，“循社会化，平民化的方向迈进，就是新道德所必取的趋向”。①

从以上四个方面指出新道德的建设应如何进行之后，贺麟特别强调了“学术文化”对于新道德建设的重要性。他说：

> 欲求道德内容的具体充实，广博深厚，新道德如果不仅为其时间上的新道德，而须本质上的真道德，则必须采取学术化，艺术化，宗教化的途径……就中三者，尤以学术化最为主要。盖宗教而无学术，则陷于迷信与狂热，艺术而无学术，则流于奢侈逸乐低级兴趣，故学术实为推动宗教艺术道德之主力。以真理指导德行，以学术培养品格，实为今后新道德亦即任何真道德所必循的康庄大道。②

在此，贺麟提出了“新道德即真道德”的观念。他所谓“真道德”，指的是理性的、反省的道德，这样的道德，是以知识、学术作为必要前提的。“真道德”出于学问，基于理性，因而是充实而不空洞、广博而不狭隘、深刻而不浅薄的。所以贺麟在概括他关于道德变化的趋向的论述时说：“由本能的道德到学养的道德，中间经过许多变化进展，就是我所谓道德变动。”③

贺麟特别提出，他所说的新道德是从本质上发挥孔孟的道德理想的。“我们所谓新道德与新文化运动时期所提倡的新道德是大不相同的，那时所谓新道德是反孔的，而本篇（指《新道德的动向》——引者按）所指出的新道德的动向，不惟不反孔，而乃是重新提出并且从本质上发挥孔孟的道德理想。而且一般所谓新道德，只是时间意义上的新，以今为新，古为旧，或地域意义的新，以西洋道德为新，中国道德为旧。因此新道德未必即是真道德，或比较更符合真道德标准的道德。而我所谓新道德的新，乃是含

① 贺麟：《新道德的动向》，载方克立、李锦全主编《现代新儒家学案》，中册第 363 页。
② 贺麟：《新道德的动向》，载方克立、李锦全主编《现代新儒家学案》，中册第 364 页。
③ 贺麟：《新道德的动向》，载方克立、李锦全主编《现代新儒家学案》，中册第 364 页。

有逻辑意义的新，后一较高阶段的道德较前一较低阶段的道德为新”。[①]这表明贺麟所主张的新道德建设，与他提出的“儒家思想的新开展”的观点是紧密联系的。他所谓新道德，归根结底是孔孟的道德理想在现代社会的“新开展”。正因为这种新道德在本质上仍然体现孔子、孟子的道德理想，所以它不是以今为新、以古为旧，也不是以西洋道德为新、以中国道德为旧。新道德之所以较以往的道德为“新”，乃是因为它是孔孟的道德理想在现代社会的重新充实、发挥。这些理念，体现了贺麟对以儒家道德思想为主干的民族道德传统的认同和维护，表明了现代新儒家的学术立场，也反映了他们的道德观念的文化保守主义性质。

韦政通在《伦理思想的突破》一书中，对贺麟的《五伦观念的新检讨》一文给予了高度评价。贺麟在写于1987年的《文化与人生·新版序言》中，以全文的大半篇引用了韦政通的评论，然后说：“我读了他的这一部分文章，好似空谷足音。国内有的学者，多不加理会，甚至有对它作过左的批评者。而韦先生则称其‘仍然有新鲜之感，一点也不过时，现在我们仍正在朝着这个目标努力’。又如说‘不但态度客观，且确已把握到传统伦理的本质，尤其对等差之爱的补充，以及对三纲的精神更是作了颇富创意的阐释’。真令我感到‘海外存知已，天涯若比邻’了。”[②]这篇《新版序言》给人们的突出感觉，除了表明贺麟对于韦政通的评论的认同之外，还表明了贺麟对《五伦观念的新检讨》在其《文化与人生》一书中的重要地位的肯定，表明了道德学说是贺麟文化哲学思想的重要内容。

对于中国传统道德观念，贺麟进行了深入细致的省察。在对“五伦”观念作出新检讨时，他提出了批评“五伦”观念的原则，阐发了“五伦”观念的四层意义，分析了由“五伦”进展为“三纲”、由“五常伦”进展为“五常德”的历史的与逻辑的必然性。他对中国传统道德观念在总体上是持肯定态度的，他关于“五伦”观念的见解和关于“饿死事小，失节事大”之说的评价都表明了这一点。但同时他反对中国传统文化的“道德一尊、道德本位的观念”，并且认为传统道德观念存在着严重的弊端，因此主张革新道德观

---

① 贺麟：《新道德的动向》，载方克立、李锦全主编《现代新儒家学案》，中册第365页。

② 贺麟：《文化与人生》，第4—5页。

念，促使旧道德观念由孤立狭隘趋于广博深厚，由枯燥迂拘、违反人性趋于发展人性、活泼有生趣，由因袭传统、束缚个性趋于自由解放、发展个性，由洁身自好的消极的独善趋于社会化平民化的积极的共善。虽然他所说的新道德建设"乃是重新提出并且从本质上发挥孔孟的道德理想"，但是他同时提出"西洋文化的介绍与接受，亦足以促进道德的进步"，主张用西方现代的道德观念来修正、补充中国传统道德观念，从而"重新建立起新人生、新社会的行为规范和准则"，即建立起新的符合孔孟道德理想的行为规范和准则。这里的必要前提，就在于贺麟认为"道德是变动的"，正如同他关于儒家思想新开展的见解的必要前提在于他认为儒家思想是"不断生长发展的有机体"一样。

应该承认，贺麟对中国传统道德观念的消极方面批评不够，而且他明显地具有"道德至上"的观念，他关于新道德建设的思想表现出道德理想主义的色彩。但我们应该看到，贺麟关于道德问题的论述是与他在抗战时期对于民族气节和高尚人格的大力弘扬紧密联系的，与他强烈的爱国主义思想和情怀紧密联系的。这样，我们就能比较客观、公允地看待他这些论述的价值与不足。贺麟在《经济与道德》一文中说的一段话，至今对我们的道德建设，对我们弘扬民族气节，仍有可资借鉴之处："自从鸦片战争以来，我们与帝国主义的武力的斗争已经屡次大败了！自从五口通商、门户开放以来，我们与帝国主义的经济的斗争，又历年失败了！但是在当前新的艰苦的民族抗战中，我们是否要失掉我们的人格，是否要自己摧毁我们的另一道重要的防线——即道德战斗、人格战斗的防线，这就全看我们自己的努力如何了！"①

五、结　语

贺麟从总体上评论自己的《文化与人生》时，说：

> 这书似乎多少可以表现出三个特点：一、有我。书中绝少人

① 贺麟：《经济与道德》，载《文化与人生》，第31页。

云亦云地抄袭现成公式口号的地方。每一篇都是自己的思想见解和体验的自述，或自己读书有得有感的报告。也可说每一篇都有自己性格的烙印。有我的时代，我的问题，我的精神需要。这些文字都是解答在我的时代中困扰着我的问题，并满足我所感到的精神需要。二、有渊源。虽说有我，但并非狂妄自大，前无古人。我的思想都有其深远的来源，这就是中国传统的文化和儒家思想。篇中不惟对孔孟程朱陆王有同情的解释，即对老庄杨墨亦有同情的新评价，以期发展其优点，吸取其教训。第三、吸收西洋思想。有渊源，发扬传统文化，却并不顽固守旧。对于西洋人的文化思想和哲学，由于著者多年来的寝馈其中，虚心以理会之，切己以体察之，期望将其根本精神，用自己的言语，解释给国人，使中国人感到并不陌生。①

这段话所概括的，不仅是《文化与人生》的特点，而且是贺麟全部文化哲学思想的基本特点。

“有我”，是贺麟文化哲学思想在理论风格方面的特点。贺麟善于提出和阐明自己的独立见解。例如，他关于文化的“体”与“用”的见解，关于中国现代思潮的主潮是“儒家思想的新开展”的见解，关于“五伦”观念的见解以及对“饿死事小，失节事大”的评论，等等，都体现了有主见、有创见的独立探索精神。贺麟能够从学理方面将现代新儒家的文化哲学引向深入，也正是基于这种特点。

“有渊源”和“吸收西洋思想”，则是贺麟文化哲学思想在基本理论取向上的特点——既继承、弘扬以儒家思想为核心的中国传统文化，同时又吸取、融会西方文化的精华。

就继承、弘扬以儒家思想为核心的中国传统文化而论，贺麟的基本立场是在对儒家思想和传统文化作出“同情的解释”、“同情的新评价”的基础上，“发展其优点，吸取其教训”。他所说的“同情”，表明的是一种认同、维护的态度，他不仅承认儒家思想和传统文化在历史上对于维系中华民族的生存、发展所产生的重要作用，而且认为民族危机的解决和中华民族

① 贺麟：《文化与人生》，第1—2页。

的复兴就在于儒家思想的复兴，就在于国人"尽量同情理解并发扬中国固有文化的优点"。[①] 但同时贺麟对儒家思想和传统文化提出了尖锐的批评，他认为儒家思想偏重于狭义的人伦道德方面，近代以来更是变得消沉、僵化、无生气，无能应付世界新的文化局势，并由此导致了民族文化的严重危机。因此他主张"融会吸收西洋文化的精华与长处"，通过"哲学化、宗教化、艺术化"的途径实现儒家思想的新开展，开拓民族文化的新生命。正是这样的理念，决定了贺麟对儒家思想和中国传统文化的基本态度是"推陈出新"，也就是他所说的"从旧事物中推出新事物"。他提出中国现代思潮的主潮必然是、也应该是儒家思想的新开展，他所提倡的"儒者气象"指的是"近代民主化的"诗礼风度，他所赞同的"儒家态度"指的是对于各种问题的合理、合情、合时代的"新解答"。凡此都是这种"推陈出新"精神的表现。贺麟还将现代新儒家思想称为"广义的新儒家思想"，意在表明现代新儒家思想将吸纳、融会新的时代内容，而不狭隘地拘泥、固守传统儒家思想的内容。

就吸取、融会西方文化的精华而论，贺麟的基本立场是反对"全盘西化"而主张"化西"，"儒化(华化)西洋文化"。他高度评价西方文化的长处，赞赏西方的物质文明和精神文明。他认为儒家思想能否实现新开展关键就在于中国人能否真正了解和把握西方文化。他所提出的实现这种新开展的途径，从根本上说就是吸纳西方文化的精华以修正、充实、发挥传统儒家思想，从大的方面说就是"以西洋的哲学发挥儒家的理学"、"吸收基督教的精华以充实儒家的礼教"和"领略西洋的艺术以发扬儒家的诗教"。但是，贺麟反对"被动的西洋化"而赞成"自动地自觉地吸收融化，超越扬弃西洋现在已有的文化"。他不仅站在民族文化自主的立场坚决反对"全盘西化"，而且依据文化的"体用合一"原则坚决反对"中体西用"之说，反对将西方文化的"用"全盘照搬到中国的做法，而主张选取西方文化的精华和长处为我所用，"以体充实体，以用补助用"。贺麟曾批评梁漱溟说："他一面重新提出儒家的态度，而一面主张全盘接受西方的科学和民

---

① 贺麟：《文化与人生》，第1页。

主，亦未完全逃出‘中学为体，西学为用’的圈套。”[①]梁漱溟在谈到中国人在文化上应持的态度时确曾说过：“对于西方文化是全盘承受，而根本改过，就是对其态度要改一改。”[②]他主张在改变西方文化那种一味向前追求、向外逐物的人生态度的同时，“全盘承受”其科学和民主。科学和民主属于西方文化之“用”，因此贺麟认为梁漱溟此种观念仍然是以中学为体（坚持儒家的态度）、以西学为用（全盘接受西方的科学和民主）。从贺麟的批评中，我们可以感受到他主张吸取西方文化的精华而又坚决否定任何形式的“全盘西化论”的文化立场。

① 贺麟：《当代中国哲学》，载汤一介、杜维明主编《百年中国哲学经典·三四十年代卷》，第342页。
② 梁漱溟：《东西文化及其哲学》，商务印书馆2005年版，第204页。

第四章

方东美论生命精神与文化价值

方东美，名珣，字东美，1899 年 2 月 9 日出生于安徽桐城。方姓是桐城望族，“素业儒”，曾经出过方以智、方苞等著名文人。方东美在家乡的一所“新制学校”读完小学，与他同学的有后来成为著名美学家的朱光潜。14 岁那年，他与朱光潜一同考入桐城中学。1917 年，方东美考入南京金陵大学，先在预科学习，次年正式进入金陵大学哲学系。

在金陵大学读书期间，方东美担任学生团体“中国哲学会”主席和学生自治会会长。1918 年，美国实用主义哲学家杜威到金陵大学讲演，方东美代表“中国哲学会”致欢迎词。“五四”运动爆发后，南京的学生热烈响应，方东美是南京地区学生运动的积极组织者之一。方东美还是“少年中国学会”南京分会首批 12 个会员之一，并担任学会刊物《少年世界》的总编辑和《少年中国》的编辑。这时的方东美学术兴趣主要在西方哲学，特别是西方的生命哲学。1920 年，他在《少年世界》上发表评介西方生命哲学的论文《柏格森生之哲学》《唯实主义生之哲学》。他还翻译了英国人莫越撰写的介绍实用主义哲学的小册子《实验主义》，这是他毕生唯一的译著。

1921 年，方东美赴美留学，就读于威斯康星大学。其间适逢英国著名哲学家罗素来校讲学，罗素对柏格森生命哲学的尖锐批评反而激起了方东美进一步深入研究柏格森哲学的热情。一年之后，他完成论文《柏格森生命哲学评述》，并获得哲学硕士学位。当时，威斯康星大学和美国哲学界弥漫着反黑格尔的气氛。方东美对这种现状颇为不满，经过与校方交涉，他获准赴俄亥俄州立大学学习一年，师从黑格尔研究专家蓝塞教授，攻读代表着德国古典哲学最高成就的黑格尔哲学。一年后，方东美如约返回威斯康星大学，继续攻读博士课程，并完成了博士论文《英美新唯实论之比较》。

1924年6月，方东美学成回国，先后就职于武昌高等师范学校（武汉大学前身）、东南大学和中央大学。1931年，他发表论文《生命情调与美感》，此文标志着他开始形成自己的生命哲学思想。1936年，方东美出版了《科学哲学与人生》一书，此书主要是由方东美授课时的讲稿整理而成。1937年4月，方东美应邀在广播电台发表关于中国人生哲学的演讲，激励青年学生以中国先哲的人格精神武装自己，英勇地投入抗日战争。演讲稿被编辑成《中国先哲人生哲学概要》（后更名为《中国人生哲学概要》）一书于同年6月出版。这年夏，方东美还在中国哲学会的年会上宣读了论文《哲学三慧》。所谓"三慧"，是指古希腊、近代欧洲和中国三种不同的哲学智慧。此文对这三种不同的哲学智慧进行深入的比较研究，行文恣肆汪洋，内容多有创见，形式别具一格，被当时哲学界视为"奇文"。这篇文章在1938年6月19日首次刊于重庆《时事新报》，后被编入方东美的论文集《生生之德》。

抗战爆发后，方东美随中央大学西迁重庆，担任哲学系教授及哲学研究所所长。他和家人居住在中央大学临时校舍，过着简朴的生活。他将寓所命名为"坚白精舍"，昭示自己对坚韧和清白的追求。后来他的诗集也以此命名。由于在西迁途中丢失了很多藏书，方东美原来的研究只得暂时搁置。他研读在重庆可以搜集到的佛学资料，颇多见地，还曾与熊十力书信往来论辩佛学。同时他致力于《易经》的研究，于1939年写成《易之逻辑问题》一文，用现代逻辑方法分析六十四卦的演成，从新的角度对《易经》进行了探讨。

在重庆期间，方东美的哲学研究方向开始发生转变。他原来"所读的书和所教的书都是西方的"，由于抗日战争的爆发，他深深感到民族文化——尤其是自己民族的哲学思想——对振奋民族精神具有重要意义。他"觉得应当注意自己民族文化中的哲学，于是逐渐由西方转回东方"。

这种转变的另一个原因是他受到来中国访问的印度著名学者拉达克里希南的“挑战”。20世纪40年代初，拉达克里希南在重庆访问了中央大学，会见了方东美。拉氏因不满于西方人对印度哲学的介绍，便问方东美是否满意西方人对于中国哲学的介绍。方东美明确表示不满意，拉氏便问方东美为何不用西方文字向世界介绍中国哲学。方东美觉得拉达克里南是在向自己“挑战”，于是他下定决心“用西方文字讲中国思想”。后来他用英文写出了《中国人的人生观》《中国哲学之精神及其发展》等著作和论文，并多次在国际会议上用英文发表关于中国哲学和文化的演讲。

抗日战争胜利后，方东美随中央大学迁回南京，担任哲学系教授、主任。1947年夏，方东美迁居台湾。次年9月，任台湾大学哲学系教授，并一度兼任系主任。1952年，为实现他“用西方文字讲中国思想”的心愿，方东美写出了英文专著《中国人的人生观》(又名《中国人生哲学》)。50年代，方东美应邀赴美国讲学。他在俄亥俄州奥柏林大学神学院发表演说《从比较哲学旷观中国文化里的人与自然》，并多次到其他一些大学进行学术演讲，介绍中国哲学，发表自己关于东西方哲学和文化的见解。

1964年夏，“第四届东西方哲学家会议”在美国夏威夷大学举行。方东美赴会并宣读论文《中国形上学中之宇宙与个人》，受到与会的东西方哲学家的普遍赞誉。当时只有来自英国伦敦大学的哲学教授芬里抱着对中国哲学的偏见，提出挑衅性的质询。方东美以自己捍卫中国哲学的热忱和关于东西方哲学的广博学识作出了令人信服的答辩，引起与会者的强烈反响。方东美的此次讲演被称为“中国哲学家第一次在世界哲坛上就中国哲学的优点发表强有力的宣言”。

1966年秋，方东美回到台北。在美国期间，他发现一些美国学生对中国哲学很感兴趣，而且对中国古代的几位大哲学家较为了解。相反，回到台湾后，他觉得台湾青年中“不少人忘本”，他们数典忘祖，对中国传统哲学与文化思想“有一种内在的贫乏症”。他在呼吁台湾教育界积极帮助青年一代学习中国传统文化的同时，自己“放下一切西洋哲学的课程，专门讲授中国哲学”。自1966年之后，方东美彻底实现了学术研究“从西方回到东方”的转变，他自己称此举为“浪子回头”。此后的10年里，他在台湾大学和辅仁大学专门开设中国哲学课程，讲授内容包括原始儒家道家哲学、魏晋玄学、隋唐佛学以及宋明清新儒家哲学等等。

1969年，第五届东西方哲学家会议在夏威夷大学召开，方东美赴会并宣读论文《从宗教、哲学与哲学人性论看人的疏离》。此文提出了他所设想的“人与世界在理想文化中的蓝图”，这标志着方东美文化哲学体系架构的完成。

1973年6月，74岁的方东美从台湾大学退休。退休后，受辅仁大学聘请，讲授“中国哲学之精神及其发展”课程。1976年8月，他的英文专著《中国哲学之精神及其发展》历时10载终于完稿。

1977年7月3日，方东美先生在台北逝世，终年78岁。他的著作主要有《科学哲学与人生》《生生之德》《华严宗哲学》(上、下)《新儒家哲学十八讲》《原始儒家道家哲学》《中国大乘佛学》《中国人生哲学》《方东美先生演讲集》《中国哲学之精神及其发展》(上、下)和《坚白精舍诗集》。

美国当代学者瓦赖特科在评论方东美的英文专著《中国哲学之精神及其发展》时说：“方东美教授能轻而易举地从一场关于中国佛教理论深奥论点的讨论，转移到对存在主义的现代倾向进行评述，在他的评论中又穿插着对印度佛经的详细引证。”[①]东方和西方的学术思想能被方东美熔于一炉，并进而形成自己的学术见解。学贯中西、思想活跃、善于综合各家而加以创造——这可以说是方东美学术思想的最大特点，也是他文化哲学思想的最大特点。

方东美在其早年著作如《生命情调与美感》《生命悲剧之二重奏》《科学哲学与人生》《哲学三慧》等中，就开始探讨文化哲学问题。这种研究文化哲学的热忱，他毕生未尝减退，最终形成了内容丰富、颇具特色的文化哲学思想。

一、精神文化的不同领域与价值

方东美说：“文化之全体结构至难言也。”[②]1931年，当方东美发表他

① 《国外社会科学动态》1987年，第8期。

② 方东美：《生生之德》，台湾黎明文化事业公司1980年版，第117页。

文化哲学研究的早期论文《生命情调与美感》时，即已表明他不对文化的“全体结构”进行宽泛的研究。这当然并非由于文化全体结构的“难言”。方东美认为：“任何学说，根本就是生命精神的符号。”[①]文化哲学作为一种“学说”，同样应该是生命精神的符号，应该体现文化中的生命精神。因此他研究文化，只注重其精神方面，至于文化的物质方面，则基本上不作为自己的研究对象。现代新儒家普遍认为，近代以来中华民族的危机从根本上说是文化危机，这种危机不在文化的物质方面而在它的精神方面。方东美注重精神文化的研究，正体现了现代新儒家的此种共识。

方东美认为，精神文化主要由科学、哲学、艺术和宗教构成。

1. 科学与哲学

“五四”时期中国思想界的一个重要议题，是科学与哲学的关系问题。科学作为“五四”先驱所高举的两面大旗之一，其重要地位和对于中国社会的作用可以说得到思想界普遍的认同。但随之出现的“科学主义”思潮，却在思想界激起了不同的反响。现代新儒学思潮的理论特征之一，是作为“科学主义”思潮的对立面而出现的。这反映在方东美的论著中，就是他总是通过科学与哲学的比较，来阐述自己的科学观和哲学观，表明他对“科学主义”的否定态度。因此，我们也就选取科学与哲学相比较的视角，来说明他对科学与哲学的理解。

方东美认为，科学与哲学的关系，是“平面的宇宙观”与“层叠的宇宙观”的关系。

(1)“科学是宝贵的”。

方东美说，从历史的起因看，科学和哲学都起源于远古人类的神话系统。初民们目睹自然界电闪雷鸣、风云变幻等现象，以为有一种类似人格的活力隐伏其中，操纵一切，便编织出种种神话来解释这些现象。此类神话虽极为怪诞，但其解释宇宙万象的功能，正相当于今天文化民族的科学和哲学。后世的科学与哲学思想，即脱胎于此。这些神话流传既久，其中

---

① 方东美：《科学哲学与人生》，台湾黎明文化事业公司 1980 年版，第 182 页。

不近情理、不符事实者渐被淘汰，余下精纯的观念便成为人类生活中的“常识”。

随着人类智力的发展，此种常识更上一层，“则有理性的知识”，形成“真理的系统”，“这些真理的系统即是科学与哲学”。可见科学和哲学都是循着“从神话到理性”的演进过程而产生的。“哲学思想发达的源流，同时亦是科学思想进展的步骤”。[①]

科学思想产生之后就在人类社会生活中起着重要作用。它“帮助人类征服自然，增加我们物质的享受”，而在此之前，人类只能听命于自然。特别是近代科学“以观察、实验、分析及数理的推证为方法，以完成精密的定律系统”。人类掌握了这些“精密的定律系统”，便能戡天役物，制天命而用之。近代欧洲社会正是在这方面取得了金碧辉煌的成就。这种在物质领域中的作用，是科学价值的主要体现。

再从精神领域来看，科学揭示自然之奥秘，可以“使我们领悟宇宙人生的玄机”。如近代物理学关于时间、空间的理论，不仅进一步揭示了时间、空间之“理”，而且把人们的宇宙观“从希腊形体有限的宇宙中解放到意味无穷的宇宙里”，拓展了人们的精神天地。

总之，方东美认为，“科学是世界形态的改造者，人生价值的护持者”，它“改造世界，利进人生”的功绩，值得人类赞扬歌颂。但科学虽然如此重要，却并不能解决人生的一切问题。各种科学乃是不同的“知识”系统，如果提到“智慧”的高度来看，那么各种科学都有所欠缺。“我们可以拿一种更结实的、更高深的智慧，来面临各种科学知识”。[②] 这种智慧，乃是哲学。

(2)“生命精神才是哲学”。

方东美提出，哲学中既有“境的认识”，又有“情的蕴发”。“境”即“宇宙理境”，它是人类的生存环境。境的认识始于“感觉的亲验”，终于“理智的推论”，它只求在时间和空间上对种种事理获得冷静的、系统的了解。因此，如果哲学思想仅仅有境的认识，那么所谓哲学只能是“科学的化身”。哲学应该体现人生对于“理”（即境的认识）和“情”两方面的要求。

① 方东美：《科学哲学与人生》，第 18 页。

② 《方东美先生演讲集》，台湾黎明文化事业公司 1980 年版，第 234 页。

“治哲学者得了境的认识,当更求情的蕴发(广义的情,除却冷酷的理智活动以外都是情)”。[①]

哲学中所谓“情”,首先它是广义的,不等同于人们日常生活中的“七情六欲”之情。其次,它与“冷酷的理智活动”(指唯求事理、无视价值的理智活动)凿枘不容。在宇宙人生之进程中,情不仅有“事理”可寻,而且具有“无穷的价值意味”。诗人对自然和人生予以美化,伦理学家对人类行为予以善化,“我们所谓情的蕴发,即是指这些美化,善化以及其他价值化的态度与活动”。[②] 可见方东美所谓“情”,是指人们将宇宙人生予以“价值化”(如美化、善化)的态度、意愿、精神,它根源于人类对真善美的向往。“须知人性是活跃的,创造的,不为现实所拘,处处要找着一种美的善的价值世界,为精神之寄托所”。当“情”蕴藏于人们心中时,是一种价值意识;它抒发出来,则是“价值化的态度与活动”。

方东美提出,“哲学的建筑”有两大支柱,一是“客观的世界”,一是“主体的人类生命精神”。对前者的研究属于“理”,对后者的探讨归于“情”。“‘情’、‘理’为哲学名言系统中之原始意象……哲学意境内有胜情,无情者止于哲学法门之外,哲学意境中含至理,违理者逗于哲学法门之前。两俱不入”。[③] 他强调情与理在哲学中融贯而不可分割:“情与理原非两截的,宇宙自身便是情理的连续体,人生实质便是情理的集团。哲学对象之总和亦不外乎情理的一贯性。”[④]情与理“相与浃而俱化”,构成人类生命活动的内容,从而也构成哲学的对象。“总摄种种现实与可能境界中之情与理,而穷其源,搜其真,尽其妙,之谓哲学”。[⑤] 这就是方东美给“哲学”下的定义。

上述思想,在《科学哲学与人生》中被概括为简明的哲学思想结构图:[⑥]

哲学思想——意境之写真 {境的认识——时空上事理之了解
情的蕴发——事理上价值之估定}

① 方东美:《科学哲学与人生》,第 15 页。
② 方东美:《科学哲学与人生》,第 16 页。
③ 方东美:《生生之德》,第 138 页。
④ 方东美:《科学哲学与人生》,第 24 页。
⑤ 方东美:《生生之德》,第 138 页。
⑥ 方东美:《科学哲学与人生》,第 17页。

哲学的功能，包括“时空上事理之了解”和“事理上价值之估定”，即“衡情度理”四字。方东美说：“约而言之，哲学的能事尽在于此：(一)本极缜密的求知方法穷诘有法天下之底蕴，使其质相，结构，关键，凡可理解者一一了然于吾心；(二)依健全的精神领悟有情天下之情趣，使生命活动中所逞露的美、善、爱等价值循序实现，底于完成。”[①]他称前者为“穷物之理”，后者为“尽人之性”，用他的另一句话来说，就是：“纵览宇宙理境，发舒人生情蕴。”

应该指出的是，虽然方东美对“理”和“情”在哲学中的地位同样予以肯定，但他更强调“情”对于哲学的意义。此中原因，就在于他认为“生命精神才是哲学”，[②]而“情”则是生命精神的表征。“情、理虽是一贯的，然从其属性上看起，却可分辨清楚。生命以情胜，宇宙以理彰。生命是有情之天下，其实质为不断的，创进的欲望与冲动”。[③] 因此作为生命精神之体现的哲学，无疑应该突出“情”的地位。他还说，我们之所以肯定“理”在哲学中的地位，是为了认识人类生存的客观环境，以这种认识服务于生命精神之创进。“人类含情而得生，契理乃得存”。人类因其行为契合宇宙之理而得以存在，而人类之所以得“生”——这里应该理解为生生不息、创进不已，则在于其生命精神对真善美价值理想的不断追求。所以在哲学中，“理”归根结底服务于“情”，服务于人类对价值理想的追求。

方东美在其晚年，随着哲学和文化研究视野的进一步扩大，已不再多谈哲学的对象、功能、结构等问题，但他关于哲学应该注重“情”的观念，始终没有改变。如在《新儒家哲学十八讲》中，他仍然批评“现代学者尤其是学哲学的人，只是紧紧抓住一个‘理’字，而把‘情’字疏忽了不去发挥。这对任何一个时代的哲学思想而言，都是一个致命伤”。[④]

(3)“平面的宇宙观与层叠的宇宙观”。

基于上述认识，方东美提出：从价值论的角度看，科学是“平面的宇宙

---

① 方东美：《科学哲学与人生》，第 23 页。
② 方东美：《原始儒家道家哲学》，台湾黎明文化事业公司 1985 年版，第 7 页。
③ 方东美：《科学哲学与人生》，第 25 页。
④ 方东美：《新儒家哲学十八讲》，台湾黎明文化事业公司 1985 年版，第 96 页。

观”,哲学是“层叠的宇宙观”。

方东美承认,对于人类文化发展来说,科学和哲学同样不可或缺,“科哲合作,理情交得,然后人类思想与文化乃臻上乘”。[①] 但是他和熊十力、张君劢、冯友兰等人一样,面对“科学主义”思潮,更加强调科学与哲学的区别。

他认为,这种区别主要表现在以下几个方面:

①科学是“一层同分”的思想体系(hemogeneous thought of Nature[②]),哲学是“双层异分”的思想体系(heterogeneous thought about the thought of Nature)。所谓“一层”、“双层”,是说科学“直接针对自然客境”,哲学则“就科学取象自然所已成就的思想再度推敲其意蕴”。所谓“同分”、“异分”,是说科学思想是单质、单相的(hemogeneous),哲学思想则是多质、多相的(heterogeneous)。哲学是批评的知识,它对于科学的成就作更深一层的、形而上的探讨,以寻求宇宙人生之“真源”。

②科学只求形成“客观的知识系统”,而哲学则要反观主体,“在人类心性上追求科学所由产生之理性作用的根源”,所以哲学是反省的知识。

③科学以分析法为原则,通过“勾画各种自然现象的细密结构”而认识事物;哲学则“从一开始,就是以广大和谐的原则来玄览一致性”。因此从方法学来看,科学重分析,而哲学重综合。

④科学研究特定的领域,各门学科恪守、遵循一定的范围。哲学则会通各类知识,形成统一的“建筑学系统”。因而从理论构成来看,科学是专门的、“局部的知识”,哲学是旁通统贯的、“全体的知识”。

⑤科学将宇宙各境展布在“逻辑平面”上,作事实构造的探讨而不作价值鉴别,表现出“价值学的中立”。哲学则“认宇宙为层叠的构造,所以划分境界之后,即须鉴别各层价值,以求上达至于最高的价值理想”。[③] 因而从价值论来看,科学是“平面的宇宙观”,哲学是“层叠的宇宙观”。方东

---

① 方东美:《科学哲学与人生》,第1页。

② 此处 Nature,特指“拟人化的自然”,下同。

③ 方东美:《哲学三慧》,台北三民书局1970年版,第57页。

美认为，这是科学与哲学最根本的区别。他说："层叠的宇宙的[1]平面的宇宙，在理论上有极大的差别。依此差别，我们可以划分科学的和哲学的宇宙观。"[2]科学"超人生以立论"，它有着对宇宙之"秩序的信仰"，而无对人生之"价值的信仰"。哲学则要追究人类生命之价值，"衡论生命的径向，以树立价值的标准"。正因为这样，"科学家的眼光是锐利而冷静的，哲学家的心情是强烈而温存的"。

(4)"科学主义是要不得的"。

"五四"运动之后，"科玄论战"对于中国思想界产生了重大影响。论战中，"科学派"代表人物丁文江、王星拱等人主张"科学方法万能论"，认为科学与哲学并无界限。王星拱在《科学与人生观》中说："科学就是哲学"，科学方法可以解决人生观问题。"科学是凭借因果和齐一两个原理而构造起来的。人生问题无论为生命之观念或生活之态度，都逃不出这两个原理的金刚圈，所以科学可以解决人生问题"。这类观点，无疑混淆了科学与哲学在对象、方法、功能等方面的基本界限。"科玄论战"发生时(1923 年)，24 岁的方东美正求学于国外。但他归国后，就对科学主义进行批评。而且从出版于 1936 年的《科学哲学与人生》到其晚年著作，方东美都对"科学主义"持反对、批评的态度。

方东美说，自然科学"特具的方法"不是万能的，它不能用来研究社会人生问题。17 世纪的斯宾诺莎用数理上的静性结构来解释人生，认为人的行为如同几何学上的点、线、面一样遵循着机械规则。这种见解，是把"活跃的人生当作死沉的僵尸"。近代欧洲哲学对自然科学"不但是采取它的方法，而且是接受它的原则"，用"因果律"和"齐一律"来看待社会人生。其结果，是导致"哲学问题被化解成数、量、质"，导致哲学讲"理"不讲"情"，见"物"不见"人"。哲学成了"科学唯物论"、"科学齐物论"。逻辑实证主义者卡尔纳普主张所谓知识的统一(unity of knowledge)，要把自然科学、社会科学的语言都统一到物理科学语言的基础上来。方东美认为这是"科学语言的误用"，"事实上不是讲科学的真正精神，而是讲'科学主

---

① 原文如此，后一"的"字，疑为"与"或"和"字之误。

② 方东美：《哲学三慧》，第 57 页。

义’”。用物理科学的语言来表现“人性的心理”，无疑只能导致“错误的哲学”。他说这种“跨越本位的科学主义”把人类的生命现象、精神现象、价值现象统统化作物质现象，认为物质科学的定律“也支配着生命，也支配着人类的心灵”。它运用“冷酷的理智”，“把人生种种活泼机趣都剥落殆尽”。因此，“‘科学’是宝贵的，但‘科学主义’却是要不得的”。[①]

方东美认为，“人”的意识乃是一切哲学得以成立的先决条件。他说：“哲学思考至少有三种途径：(一)宗教的途径，透过信仰启示而达哲学；(二)科学的途径，透过知识能力而达哲学；(三)人文的途径，透过生命创进而达哲学。”[②]哲学如果走宗教的途径，“建构出一套附属于神学的观念系统”，那么由于神学“贬抑现世的人类价值”，哲学“也只能促使人们逃避此一玷污的现世”，哲学的本质便成了虚无主义。哲学如果走科学的途径，如同罗素所说“运用精确与固定的科学方法”，从而成为“科学的哲学”或者说“哲学被科学化”，那么哲学便“只能以科学化的形式聊备一格，成为多余的存在”。总之，宗教与科学的途径使哲学“或是成为神学的婢女，作为护教之用”，或是“成为科学的附庸，不谈价值问题”。因而，“实在说来，人文主义便形成哲学思想中唯一可以积健为雄的途径”。[③] 哲学植根于人类的生命精神，探究人的心性，弘扬人生价值，因而它是“人生意义的图画”。

可见方东美的哲学观，是一种人本主义的哲学观，更确切地说，是道德的人本主义的哲学观。这种哲学观的形成，一是基于对传统儒家哲学的继承。方东美认为，“强调人性之内在秉彝，即价值”自古以来便是“儒家哲学之骨干”。二是基于对近代以来西方哲学思潮、文化思潮的回应。这种回应，包括肯定的和否定的两个方面。肯定的方面，是对具有反对科学主义、实证主义传统的西方人本主义哲学、生命哲学的认同。否定的方面，是对近代西方文化“重科学而轻人文”的价值取向的拒斥。方东美认为，近代西方文化发展了科学技术，但忽视了人文理想，特别是忽视了人

① 《方东美先生演讲集》，第 236 页。

② 方东美：《中国人的人生观》，台北幼狮文化事业公司 1984 年版，第 1 页。

③ 方东美：《中国人的人生观》，第 5 页。

的道德价值。结果使人只知致力于戡天役物，注重物质利益而缺乏价值理想，在精神上陷入虚无主义。他视此为“近代西洋民族的不幸”。而且，近代以来的西方文化对中国社会的冲击，无疑影响着中国人的精神面貌和伦理、道德观念，这也促使方东美鉴于“近代西洋民族的不幸”而抵制、反对“科学主义”。这些可以说是方东美形成以人的伦理价值、道德意识为核心的人本主义哲学观的基本原因。

自从熊十力提出科学与哲学“宜各划范围，分其种类，别其方法”之后，区分科学与哲学，反对“科学主义”，便成为现代新儒家文化哲学理论中一个经久不衰的重要话题。现代新儒家有关于此的大量论述已为学界所熟知，这里不必赘引。我们认为，他们的论述归结到一点，就是熊十力借用佛学概念提出的“俗谛”世界与“真谛”世界的区别。后来，牟宗三将其表述为“事实世界”与“价值世界”的区别。他在《关于文化与中国文化》中说，科学“只知平铺的事实，只以平铺事实为对象，这其中并没有‘意义’与‘价值’。这就显出了科学的限度与范围。是以在科学的‘事实世界’以外必有一个‘价值世界’、‘意义世界’，这不是科学的对象。这就是道德宗教的根源，事实世界以上或以外的真善美之根源”。方东美的以上论述，归根结底也正是主张区分科学所探求的“平面的”物质世界与哲学所探求的“层叠”的价值世界，在此基础上，通过哲学的途径，使人类文化和个人生命从物质层次提升到精神层次，亦即从物质世界提升到价值世界。熊十力、方东美、牟宗三等人的观点，都体现了现代新儒家在科学与哲学关系问题上的此种共识。

2. 艺术

作为哲学家的方东美，兼有浓厚的艺术家气质。他不仅著有《坚白精舍诗集》，而且在其学术论著中，也常以优美典雅的文笔，使读者置身于特定的“诗意化境”而领略其中哲理。而更值得我们从理论上关注的，是他“依生命之表现，以括艺术之理法”，[①]提出了自己的艺术见解。

---

① 方东美：《生命情调与美感》，见《生生之德》第117页。

(1)“一切艺术都是从体贴生命之伟大处得来”。

方东美常说，宇宙“美轮美奂”，人生是“充满纯美的太和境界”。那么，“天地之美”缘何而生？他认为——

①美“寄于生命”而“形于创造”。“天地之大美即在普遍生命之流行变化，创造不息……换句话说，天地之美寄于生命，在于盎然生意与灿然活力，而生命之美形于创造，在于浩然生气与酣然创意”。[①] 美即寓于宇宙的普遍生命之中，它是“生意”、“生气”、“活力”的表现。生命的活力，就在于它的生生不息、创进不已。“生命之本身即是阳刚劲健，充实为美”。“生命的本性就是要不断的创造奔进，直指完美”。所谓美，归根结底是生命之美，是充满“创意”的生命精神。这便是“美”的本质。方东美说倘若没有丰富的生命充塞其间，那么宇宙之中无美可言。既然美寄于生命、形于创造，则人类的“审美的主要意向都是要直透宇宙中创造的生命，而与之合流同化”。[②] 作为人类审美意向之集中体现的艺术，“不论它们是任何形式，都是充分的表现这种盎然生意(一切艺术都是从体贴生命之伟大处得来的)”。[③] 例如，形式上注重格律音韵的诗歌，从内容上说则是一种“生命之律动”。抑扬顿挫的音乐，亦在表现“生命之旋律”和“丰富的生命情调”。再如艺术品，以中国的为例，早自仰韶文化中的白陶，殷墟中的骨器玉器，到历代的青铜、陶器、雕刻、翠玉、钟鼎、铜镜、壁画等等，其造型、饰纹和色彩，无不“象征生命的畅然流行与盎然创意”、“表现生命的活动力与繁殖力”。总之，各种艺术形式皆在于表现“生命之美及其气韵生动的充沛活力”。

②“以精神染色相”。艺术表现生命，不是生命现象的刻板记录，而是“以精神染色相，浃化生命才情，而将万物点化成盎然大生机”。[④] 但方东美提出，这种“以精神染色相”，或曰“以才情点化万物”，并不是西方美学家所说的“移情作用”，不是“将主观的感受投射于外”。他说这种“主观投

---

① 方东美:《中国人的人生观》，第 126 页。
② 方东美:《中国人的人生观》，第 131 页。
③ 方东美:《中国人的人生观》，第 132 页。
④ 方东美:《中国人的人生观》，第 140 页。

射论"只能称为主观主义，其前提是"心理与物理的二元论"，结果在主体与客体之间造成了隔阂和鸿沟。那么，"以精神染色相"应如何理解？方东美说："艺术创作……即以自然之身心投向自然之怀抱；更将宇宙之奥妙摄入一己之灵台……艺术家之理想，成了大自然之范型，大自然之条贯，转变作艺术家之意匠。艺术创造宇宙形象之美，乃竟契合天然；宇宙泄露艺术神机之秘，适以完成自我。艺术天才之神工鬼斧，可以设想人类，趣令别出新样，剔透玲珑；又能创建世界，使之提升超拔，脱尽尘凡。"①可见艺术创作中的"以精神染色相"，既是艺术家对宇宙万物的"提升超拔"，却又能"契合天然"。其前提是：人与宇宙万物和谐浃化，浑然同体，故而能感受普遍生命流行之机趣。此种机趣，"一方面属于自身本性，二方面则与身外的大化同流"。艺术家透过慧心，将自己的灵感契合于大化生命，深悟宇宙人生之雄奇，乃能在作品中表现普遍生命流行之机趣。这便是董源所谓"外师造化，中得心源"，李白所谓"揽彼造化力，持为我神通"。如果有这样的"以精神染色相"，人们就不会"把生命化成单板的死物"，而是"总有一股神妙的机趣贯注其中，点化万物，激励人心"。

(2)从中国艺术看理想艺术。

方东美认为，"中国人是有史以来所有民族中，最能生活在盎然机趣之中的"，②中国艺术最能表现"天地之大美"。他论述了中国艺术的特性。透过他的充满推崇和挚爱的论述，我们可以看出什么是他心目中理想的艺术形态。

方东美说，中国艺术具有下列特性：

①"玄学性重于科学性"。"玄学"即指哲学。方东美引述怀特海的"哲学与诗境相接"，说明艺术与哲学相互贯通。他说中国艺术最能与哲学精神融会贯通，艺术境界包含着哲人的"玄妙神思"。至于科学与艺术的关系，它们既然同为人类精神文化的组成部分，则两者亦不相悖。"科学理趣之完成，不必违碍艺术之意境，艺术意趣之具足亦不必损削科学之理境"。但科学是用分析法来勾画自然现象的细密结构，艺术如果也采取

---

① 方东美：《科学哲学与人生》，第 221—222 页。

② 方东美：《中国人的人生观》，第 142 页。

这样的方法表现生命，那就只能“把生命变成单板的死物”。中国艺术则是“玄学性重于科学性”，而不是“透过科学某些一隅之见来看生命与世界”，所以“不论是那一种中国艺术，总有一股盎然活力跳跃其中”。①

②“象征性”。“所谓象征性，一方面不同于描绘性，二方面接近于理想性”。② 关于描绘的艺术，方东美举希腊人体雕塑为例。他说希腊人观察自然特具一种敏感力，在雕塑中能把人体的每一部分，以及各部分之间的比例关系，细腻、生动地刻画出来。但其缺陷在于如同景物“在镜中一览无遗”，这种雕刻不能给人以更多的神思遐想。而象征性、理想性的艺术则不同于此。例如，西方的哥特式教堂，其尖锋直指苍天，象征着人类灵魂超升的理想。中国绘画更是在精神上犹如“太空人”，提神太虚、俯视万物，咫尺画幅尽可包天含地，寄托无穷玄妙神思，将观画者引至理想胜境。在中国，作品是否具有象征性、理想性，正是高明的画家与只知在技巧上下工夫的“画匠”之分野。这种“很难传述”的象征性，又被方东美称为艺术的“无言之美”。他引用庄子“天地有大美而不言”、培根“美的最好部分，是笔墨无法形容的”等观念，来说明“至美”难以描绘。唯有象征性的艺术，可以使人在理想的层面鉴赏“至美”。

③“中国的艺术方法是真正的表现”。所谓“真正的表现”，是说中国艺术的表现手法不重“形似”，而重“神似”，以“传神来表现事物的真精神、真性情”。这表明“中国艺术家贵在表现事物的生香活态”，③不重事物的表象而重其精神，就是《梦溪笔谈》所说的“书画之妙，当以神会，难可以形器求也”。这种传神的手法，“不以描绘精确为能事，换句话说，也就是对物质性的超升与否定”。只有超升于物质性之上，方能表现“生命的活力”和“盎然机趣”，方能“活泼泼地勾画出一切美感对象”。从这个意义上说，能够勾画出事物“生香活态”的中国艺术方法，才是“真正的表现”。

④“妙契人文主义的精神”。方东美说此处所称人文主义，不是普罗泰哥拉所谓“人是衡量一切的标准”，也不是希腊艺术的“以人体来设想所

---

① 方东美：《中国人的人生观》，第 132 页。

② 方东美：《中国人的人生观》，第 133 页。

③ 方东美：《中国人的人生观》，第 139 页。

有性质”、“以人形来表现众神”，而是指：“人，作为创造主体，既是生命创造的中心，足以臻入壮美意境，也能绵延奔进，‘直指天地之心’……怡然体悟万物与我合一，盎然与自然生机同流，进而奋然振作人心，迈向壮美。”①中国艺术的人文主义，不是以人的主观尺度为标准衡量一切，也不是宣扬人的感性快乐，而是视人为“生命创造的中心”，认为人与天地万物可以合而为一，浃而俱化，同享生命的喜悦、欢欣、美妙。从这种人文主义看来，“自然是人类不朽的经典，人类则是自然壮美的文字”。

方东美的学生、美国夏威夷大学教授成中英，也谈过中国的人文主义。他是从比较哲学的角度来谈的：“就中国哲学来说，自然被认定内在于人的存在，而人被认定内在于自然的存在，这便是中国人文主义的基础。这样在客观和主观之间、心灵与肉体之间、人与神之间，便没有一种绝对的分歧。”②他认为，西方“外在的人文主义”认定人与自然是互相对立的，中国的人文主义则认定人与自然是互相内在、和谐统合的，因而是“内在的人文主义”。在此我们不妨将成中英的见解，视为对方东美所说的“中国艺术的人文主义精神”的一种诠释。

方东美认为，中国艺术的以上特性，表现了它的通性。“中国艺术的通性，乃在表现盎然的生意”。③ 他又称此为“中国艺术的基本原则”，说甚至在中国佛教的雕塑、壁画中也不例外。惟其如此，中国艺术能够“把宇宙之美表现得淋漓尽致”，中国艺术家以此而“昂然不朽④于美的乐园之中”。

值得注意的是，从方东美的论述中可以看出，实际上他认为具有上述特征的中国艺术是一种理想的艺术形态。他还说：“中国的艺术精神贵在钩深致远，气韵生动，尤贵透过神奇创意，而表现出一个光辉灿烂的雄伟新世界，这个世界绝不是一个干枯的世界，而是一切万物含生，浩荡不竭，全体神光焕发，辉露不已，形成交光相网、流衍互润的一个‘大生机’世界，所以尽可洗涤一切污浊，提升一切低俗，促使一切个体生命深契大化生命

---

① 方东美：《中国人的人生观》，第145页。

② 成中英：《中国文化的现代化与世界化》，中国和平出版社1988年版，第94页。

③ 方东美：《中国人的人生观》，第132页。

④ “朽”字在原文中作“巧”，疑为排版之误，兹根据上下文意改。

而浩然同流，共体至美。这实为人类哲学与诗境中最高的上胜义。”[①]无疑，昭显了“人类哲学与诗境中最高的上胜义”的中国艺术，是一种理想的艺术形态。透过方东美关于中国艺术的特性的如上论述，我们可以更深一层地理解他的艺术观。

(3)悲剧的意义。

自从王国维率先将康德、叔本华等人的美学思想介绍到中国之后，“悲剧之意义”便成为中国美学和文艺理论中的一项议题。方东美也由肯定人生的“悲壮性”而论及悲剧的意义。他说：“痛苦为生命的根身。”[②]人生具有一种“艺术的悲壮性”，“乾坤一场戏，生命一悲剧”。艺术应当表现这种悲壮之美。因此方东美很看重悲剧艺术。

他认为最能表现人生悲壮之美的，是希腊的古典悲剧，它具有以下三重意义：

①“启示人生之悲剧意味”，昭示生命历程充满“令人震惊”的灾患。

②晓谕如下道理：“以痛苦来支持生命庶可取消痛苦”，也就是尼采论希腊悲剧时所谓“用痛苦去换取高贵的人生”。对于痛苦，当“挺起心胸，怡然忍受”。对于人生，既不应持“浅薄的乐观态度”，尤不应持“畏葸的悲观态度”。

③激励人类“以艰苦卓绝的精神来操持生命”，舍一己之利害，而于精神上超升至“幻美的境界”，此时便会觉得一切忧患痛苦无非都是“美满生命的点缀”。所以希腊悲剧之终幕，常是“同声朗诵生命胜利之歌”。从这个意义上说，“希腊悲剧智慧最后竟得着喜剧精神为之敷彩”。

叔本华认为，悲剧的意义在于展示“生命的可怕”和“人生的不幸”，从而使人们认识到生命不值得追求而毅然“断念”(resignation)。方东美不赞成这种观点。他说“悲观论者叔本华”陷入了自相矛盾：一方面他的“生命哲学”提出“生命欲之确立可以统摄宇宙万象”；另一方面他竟然又认为悲剧之意义在于指出“生命欲之灭绝乃是人类脱离苦海的‘禅门’”。叔本华自知这种见解“颇违反希腊的悲剧精神……便对这种悲剧精神颇致微

① 方东美：《中国人的人生观》，第138页。

② 方东美：《科学哲学与人生》，第216页。

词”。方东美认为，希腊悲剧体现了大安理索斯(Dionysus，又译狄俄尼索斯，酒神)精神，使人在酣醉中忘却生命的苦难和惊怖，而感受它的崇高和欢悦，焕发出“雄奇壮烈的诗情”。不难看出，方东美对悲剧意义的理解，与尼采“崇高”(“壮美”)来自“对于恐怖的克服”之说颇为契合。

对悲剧意义的理解，表明方东美也把艺术看成人类在精神上的一种“解脱之道”。不过这种解脱不是叔本华所谓“断念”，而是指在艺术境界中，睥睨人生的忧患烦恼，感受生命的尊严和力量，从而获得精神的超升与欢欣。正是在这个意义上，方东美说，诗的功能确如歌德所说，乃是“作生命之梦”。在《坚白精舍诗集》的《后记》中，方天华(方东美长子)翻译了方东美关于诗的一段英语演讲词：“生命的现实就是苦难！……诗词的幻象可以帮助我们穿过悲惨生存的圈套，而开垦精神自由的新天地。不仅是希腊的古诗人，现代所有的诗友都应该将生命结束的悲伤，转认为精神的凯旋。”古希腊诗人描写英雄之死时，总是唱出精神的凯旋之歌，便是一种悲壮之美。借助于艺术幻象而“穿过悲惨生存的圈套，开垦精神自由的新天地”，可以说是方东美对于悲剧意义的概括。

上述表明，方东美艺术观的基本精神，就是他自己所说的“依生命之表现，以括艺术之理法”。对“生命”、“美”、“艺术”三者的关系，他的基本理解是：生命的本性在于创造，“美”的本质是生命的创造活力，艺术则是人类生命创造活力的形象化的表现。方东美提出“艺术从体贴生命之伟大处得来”，美“寄于生命”，艺术创作应当“以精神染色相”，他由人生的“悲壮性”论及艺术的“悲壮美”，凡此，无不是从“生命”的角度来理解“艺术”的。他认为，人类通过艺术活动所表现出来的，是积极向上、充满创造活力的生命精神。无论是把宇宙人生的盎然生意表现得淋漓尽致的中国艺术，还是展示人生苦难而又高唱生命颂歌的希腊悲剧，都是这种生命活力、生命精神的表现。

现代新儒家学者的文化哲学理论中，出于时代思想背景和个人学术兴趣等方面的原因，以对科学和哲学的论述为多，次及宗教问题，对艺术的论述则相对较少。这就使得方东美"生命正是艺术,艺术富有生命"[1]的艺术观,成为现代新儒家文化哲学理论中一项颇有特色的内容。

3. 宗教

毕生致力于"生命精神的高扬"的哲学家方东美,比较看重宗教与人生的关系。他将宗教理解为一种精神生活方式,认为这种精神生活方式所表达的,是人类对宇宙创造力的无限虔敬之心。人们保持这种虔敬之心,便能与天地相和谐,与他人相友爱,并参赞宇宙之化育。

方东美说:"作为一种崇高的精神生活方式,宗教乃是人类虔敬之心的表达,人藉着宗教可以发展三方面的关系——首先是与神明之'内在融通'的关系,其次是与人类之'互爱互助'的关系,第三是与世界之'参赞化育'的关系。藉着神,我们得以存在于世,并且提升人性;在神之内,我们得知泛爱万有、尤其普爱人类;经由神,我们更能观照大千世界的无穷义蕴。"[2]他最为注重的,是他所谓人与神明的"内在融通"的关系。在他看来,这种关系不仅是人与人的"互爱互助"关系、人与世界的"参赞化育"关系的基础,而且是宗教对于人类生活的价值之所在,是宗教精神的真谛之所在。

方东美的宗教观,可以说是一种"内在融通"的泛神论。

(1)"神明"的超越性与内在性。

方东美所谓神,不是人格神。他说:"神决非一样事物;它是一种能力,一种创造力;它是一种精神,充满了无限的爱,将宇宙万有消融于爱的汪洋中。"[3]"神"乃是广大悉备、深微奥妙的宇宙创化力,或曰"生生不息的创造力",它是一种充满"爱意"的精神力量。

神作为"深藏在宇宙里面不泄露它的深微奥妙及一切秘密的精神力量",无疑是一种超越性的存在,所以方东美说:"一切宗教,对神的崇拜,

---

① 方东美:《科学哲学与人生》,第 167 页。
② 方东美:《生生之德》,第 323 页。
③ 方东美:《生生之德》,第 325—326 页。

总是从现实推到理想，从时间流变推到永恒，推到超越界。”[①]但是他认为，神不仅具有超越性，而且具有内在性。

方东美曾描绘一幅“人与世界在理想文化中的蓝图”。在这幅蓝图中，人类以物质世界为基础和起点，发扬创进不已的生命精神，不断地向上追求更高的价值理想，从而使人生超升为理想的生命，使宇宙超化为理想的世界。方东美说，人类之所以这样无止境地追求生命价值的提高，“这就是因为宇宙在最高境界里面有一个精神的力量，拿那个精神力量去贯注在宇宙每一个角落里面的人、物、万有。这样，宇宙每一个角落里面的人、物、万有都贯注有神圣的力量在里面，这个世界才可以提升，人类的生命价值才可以增进，人类的愿望才可以满足”。[②] 神既存在于宇宙的最高境界，又内在于人、物、万有之中，成为万物的创化动力。方东美举例说，花之所以开得美妙，就是因为有神奇奥妙的宇宙创化力——即“神”——贯注在花里面。

因此，神并不是“高居皇天的至尊”，而是“贯注下去，变做无所不在”的精神力量，是既超越而又内在的精神力量。“神为原始之大有，挟其生生不息的创化力，沛然充满一切万有，于穆不已，宇宙六合之内因神圣的潜能布濩了创化的历程”。[③] 方东美说，神明虽不“属于”此世，却能将其创造能力“贯注于”此世。这类论述，明显地表现出方东美宗教观的泛神论基调。

方东美反对把神描绘成“使人恐惧战栗的超绝对象”。他说神作为宇宙的创化力，充满了对万物的爱。“神明的本质——这本质便是爱”，“神原是仁爱充沛的本源”。[④] 人类生活在神的爱德之中，神对于人来说是亲切、无隔阂的。方东美认为，在现实生活中造成人与神“疏离”的一个重要原因，就是有些宗教传说和神学理论“以恐怖的超绝界来解释宗教的神圣界”，使人对于神有敬畏心而无亲切感。方东美否定了神的“超绝性”，他

---

① 《方东美先生演讲集》，第 173 页。

② 《方东美先生演讲集》，第 27—28 页。

③ 方东美：《生生之德》，第 337 页。

④ 方东美：《生生之德》，第 326、353 页。

认为对人和宇宙万物来说，神是既“超越”而又“内在”的。

(2)人与神的“内在融通”。

既然神对人不仅是超越的，而且是内在的，则神性与人性亦是相通的。方东美认为，所谓神性乃是“人性典范”。人性中具有“神性本质”，或曰“神性潜能”，人“能把神性的至善至美展现于人性的美善品格中”。他说希伯来教“在人性天赋的伟大中实现神性本质”的观念，中国大乘佛教的“人人皆有佛性”之说，印度教的“梵我一如”思想，都体现了如下的重要启示：“人经由发现自己而发现神。”[①]

人与神的“内在融通”，前提是肯定人性与神性具有共同的本质。费尔巴哈在《基督教的本质》一书中曾提出：神是人的形象，神的本质其实是人的本质。方东美表示赞同费尔巴哈的这种见解。但是费尔巴哈在考察人的本质时，从人本学唯物主义立场强调人作为现实的感性存在是肉体和灵魂的统一，肉体是基础，灵魂不能脱离肉体而存在，方东美却因为强调人的精神性，而认为费尔巴哈“错将整个的人体视为人的本质”。他说除了这一点之外，可以说费尔巴哈指出了“迈向宗教的正确途径”——从人的本质来理解神的本质。

方东美说，田立克[②]曾分辨过两种“接近神的途径”。一种途径是“克服隔阂”，即首先把神当作与人有隔阂的某物，然后通过克服隔阂而接近神。另一种途径是“会遇陌客”，即视神如同陌生人，认为从根本上说神与人彼此并不相属，人只能通过“试探与揣测”而接近神、认识神。方东美认为，人之发现神，并不是发现“与他隔阂的某物”，也不是偶然地去会遇“一位陌客”。作为“神性精神具体化身”的人，是通过发现并且拓展、实现自身的“神性潜能”而接近神、认识神的。这正是田立克所没有提到的“最重要的第三种途径”，即人经由自己而发现神的“人性论”的途径，亦即人与神的“内在融通”的途径。

如何实现这种“内在融通”？答案就是方东美所说的“提升人性”。人不断地向更高的价值境界提升自己的生命精神，提升自己的品性。“人类

---

① 方东美：《生生之德》，第325页。

② Pall Tillich(1886—1965)，又译“蒂利希”，美国基督教新教神学家。

的智慧发展到最高的阶段同宇宙的最高精神光明化为一体，就是般若与菩提相应。然后，那个人性发展到达那个程度，不仅是人性，而是佛性”。[①]人性的升华，就是神性的实现。方东美认为，西方普罗提诺、奥古斯丁、托马斯·阿奎那等人的神学和哲学，中国原始儒家孔孟荀、原始道家老庄的哲学，以及各派大乘佛学，“最后的目的都是要把人的精神，从自然界的里面提升到达精神的顶点，然后从人类的智能才性上面变做尽善尽美，变做神圣”。[②] 可见方东美所谓神性，就是尽善尽美的人性。所谓人与神的“内在融通”，就是人性对于真善美的不断追求，就是人性的“内在超越”。从人性与神性的关系来看，这是一种相互“融通”的过程；从人性本身来看，这是一种自我“超越”的过程。其结果，是使人性上升到“最高价值统会”的境界，即上升到“神明”之境。

由此还可以看出，方东美所谓通过提升人性而达到神性的途径，不仅是宗教的，而且是哲学的。在他看来，在宗教中和在哲学中，人都是通过“内在融通”、“内在超越”的途径，而上臻于“最高价值统会”的境界——这个最高境界，在方东美的宗教理论和哲学理论中，都被称为“神明”之境。

(3)宗教的情感性。

方东美说：“宗教思想与哲学思想中恒有一种提升的冲力。”[③]他还提出，宗教昭示人类追求“善德”、“美德”，这和道德领域是相通的。宗教和哲学、道德，都具有“提升人性”的作用。但哲学和道德提升人性是通过理性的方式，宗教提升人性则是通过情感的方式。

方东美自谓其宗教理论“特别强调宗教的情感性与宗教虔敬的自发表现”。[④] 所谓“宗教虔敬的自发表现”，也还是基于宗教情感。因此在他看来，宗教作为一种“精神生活方式”，是以情感性为其主要特征的。这种情感性，又是和宗教的神秘性相联系的。“宗教生活就是以炽烈凝练的情感投入玄之又玄的奥秘之中”，[⑤]宗教情感乃是一种“强烈的神秘情感”。

---

① 《方东美先生演讲集》，第 29 页。
② 《方东美先生演讲集》，第 30 页。
③ 方东美：《生生之德》，第 352 页。
④ 方东美：《生生之德》，第 325 页。
⑤ 方东美：《生生之德》，第 323 页。

所谓情感性，乃相对于理性而言。“在人类文明的启蒙时期宗教出现稍早，每易混杂过量的情感而与理性格格不入”。[1] 这就是说，宗教产生于人类文明启蒙、理性水平不高的时期，这就使得它自然而然地依赖于神秘情感而远离理性。这是宗教富于情感性的历史起因。此后宗教在其发展中，由于那“玄之又玄”的宗教奥秘始终是“超乎理性”或者说“内潜于理性”的，不是理性所能予以解说的，因而宗教作为一种精神生活，便始终不离于情感的方式。

就宗教与哲学的关系而论，方东美说它们本该相辅相成，但实际上二者却“争端时起”。原因就在于宗教超乎理性，而“这理性却正好构成哲学的本质”。特别是近代以来的哲学，往往与自然科学“深相结纳”。自然科学对宇宙的精神价值“真、善、美、圣”皆视而不见。它对宇宙进行“理性的解释”，得出科学原理和公式。在自然科学面前，“神明的创化动力显然退处低潮，神性的丰盈价值竟然遭受漠视”。深受自然科学思维方法影响的近代哲学，则重“理”而轻“情”，“以致不时陷于机械的还原论与独断的唯物论，而损及宗教经验中至为重要的精神价值”。这就使得哲学与特别注重情感作用的宗教“争端时起”。

就宗教与道德而论，二者都引导人类追求“美德”。从这个意义上说，宗教领域与道德领域相通。但宗教所追求的美德，是黑格尔所指出的“自然灵魂的道德”(Morality of the Natural Soul)，而不是“反省的道德”。倘若以理性取代宗教中的神秘情感，将宗教的秘密在理性之光下展示出来，“那么宗教马上就变质……神圣的宗教领域变做理性的道德领域”。这种道德，才是“反省的道德”。方东美说，中国古代的周公正是把握了他那个时代的理性精神，“根据人类的普遍理性，把宗教化成道德”。在《尚书》中，对“德”有两种讲法。《洪范》篇所讲的是夏殷时代的道德，即“自然灵魂的道德”。周公在《周诰》《康诰》等篇中所讲的，则是一种理性的、反省的道德。因此可以说周公在殷周之际的思想领域“起了一个很大的革命”。他突破了夏殷时代道德观念的眼界——宗教的眼界，建立起新的、

① 方东美：《生生之德》，第 335 页。

理性的道德领域。这也表明，人类（如中国人）是先产生基于神秘情感的宗教道德观念，然后才形成以理性为基础的道德观念。

通过宗教与哲学、道德的比较，方东美进一步说明了情感性是宗教的主要特征。

方东美的宗教观，否定了人格神的存在，但肯定了作为创化宇宙万物的"精神力量"的"神"的存在。这无疑仍然是一种唯心主义观念。在指出这一点之后，让我们对方东美宗教观的基本特征作一简略分析。

方东美称自己关于宗教问题的论述，"皆与泛神论（Pantheism）的真理相合，就是肯定神明普遍照临世界，肯定圣灵寓居人心深处"。① 对泛神论的基本精神，他作如下理解："泛神论的观点是：神明的本质虽然远超一切经验界的限度，但仍能以其既超越又内在的价值统会，包通万有扶持众类，深透人与世界的化育之中……神明的理想虽非人间所有，却生机充盈于此世，且为人类生命之最高指引。"②神作为宇宙万物的创化力，作为"深微奥妙"的精神力量，是超越于经验界之上的；但又正因为它是宇宙万物的创化力，因而又内在于万物化育过程之中。所以，神对包括人在内的宇宙万物来说，是一种"既超越又内在的价值统会"。人可以通过提升自己的人性，实现与神的"内在融通"。方东美强调神明的超越性与内在性的统一，强调人与神的"内在融通"，所以我们说他的宗教观是一种"内在融通"的泛神论。

方东美的宗教观，与他的哲学观是相通的。他认为，哲学的形而上境界对现实人生来说，不应该是一种"超绝"的境界（如同西方大多数形上学理论那样），而应该是一种"既超越又内在"、"即内在即超越"的境界（如同中国传统形上学理论那样）。泛神论的"神"则同样具有这种内在超越性。因此，"泛神论与哲学精神较为相契……泛神论的神实乃以理性解说之哲学上的神"。③ 不同在于，泛神论的"神"是宗教的神，人们对它的认识是基于情感而"超乎理性"的，而哲学的"神"则是"以理性解说"的。共同之处，

---

① 方东美：《生生之德》，第 329 页。

② 方东美：《生生之德》，第 336 页。

③ 方东美：《生生之德》，第 336 页。

即二者的“相契”之处，便在于“内在融通”、“内在超越”的精神。凭借这种精神，可以使人的生命价值不断地得到提升。宗教作为一种精神生活方式，其作用无非是通过人与神的“内在融通”，使人性上臻于神性，造就崇高的道德人格。方东美之所以看重宗教，正如他推崇哲学一样，是为了通过“内在超越”的途径，解决人在精神方面的安身立命问题。这又体现了现代新儒家共同的致思趋向。

二、“人与世界在理想文化中的蓝图”

方东美设计了一张“人与世界在理想文化中的蓝图”，[①]对人类的“理想文化”作出了描绘。这张蓝图，首先肯定物质世界是人类生活的基础（方东美认为这是东方哲学，特别是中国哲学的传统观念）。在此基础上，人类不断地提升自己的生命精神，追求更高的价值境界。他说：

> 在东方哲学里面，尤其在中国哲学中各家各派，从来不像希腊的末世，也不像在中世纪的若干时期，在宇宙建筑图里面没有物质世界的地位，东方哲学没有西方这个色彩，印度哲学大部分也没有这个色彩。假使我们从形而下的境界上面看，我们在建筑图里面要建筑一个物质世界，把这个物质世界当做是人类生活的起点、根据、基础。把这一层建筑起来之后，才可以把物质点化了变成生命的支柱，去发扬生命的精神；根据物质的条件，去从事生命的活动，发现生命向上有更进一层的前途，在那个地方去追求更高的意义、更高的价值、更美的理想。这样把建筑打好了一个基础，建立生命的据点，然后在那里发扬心灵的精神；因此以上回向的这个方向为凭藉，在这上面去建筑艺术世界、道德世界、宗教领域；把生命所有存在的基础，一层一层向上提高，一层一层向上提升，在宇宙里面建立种种不同的生命领域。所以，在建筑图里面是个宝塔形，以物质世界为基础，以生命世界为上层，以心灵世界为较上层，以这三方面，把人类的躯壳、生命、心理同灵魂都做一个健康的安排。然后在这上面发挥艺术

---

① 《生生之德》第 341 页、《方东美先生演讲集》第 18 页均载有此图。

的理想，建筑艺术的境界，再培养道德的品格，建立道德的领域，透过艺术与道德，再把生命提高到神秘的境界，——宗教的领域。因之，在我们宇宙的建筑里面要分成这许多境界。[①]

这段话，概括地表述了方东美关于人的生命精神在创造“理想文化”的过程中不断提升的基本思想。具体地说，人的生命精神只有经历以下五种人格的提升过程（即他所说的“种种不同的生命领域”），才能达到理想的价值境界。

第一种，是“自然人”的人格。这种人格的最大特点就是能够“行动”，因而又称“行动人”或“行能的人”。方东美说，“自然人”能凭自己的行动开辟出物质生活领域，满足自己在物质方面的需要。但作为人类，我们应该“善于行动”，应该在行动中表现出“创造才能”。就此而论，又分为两种情形。有些人虽然具有“创造才能”，但由于受错误的观念支配，他们运用了“不正当的才能”，他们的行动变成了“昏念妄动”。对这种昏妄的人，必须予以点化，使之上升为“第二种在行动上表现创造才能的这么一种人”。这第二种具有创造才能的人，能够“发扬生命精神，把它指点到真相世界、更高的意义境界、更有价值的境界”。[②] 这就真正达到了“创造性的生命领域”，成了“创造行为的人”。

“创造行为的人”要想真正创造出优秀文化，还得进一步地提高自己的生命境界。他们必须“以理性为指导形成各式各样的系统知识”，使自己的创造行为不至于变成“盲目的创造”，而成为经过“理性考虑、理性支配、理性决定”的创造。由于这种人能够“以知识为基础，把他的生命安排在真理世界上面”，因而他在创造优秀文化的同时，也使自己上升为“知识合理的人”。

以上三种人格统一起来，就构成了“完满的自然人”的人格，他不同于前述第一种有欠缺的“自然人”人格。“这个自然人的生活有躯壳的健康、生命的饱满、知识的丰富，人生种种方面的高尚成就”。[③] 大科学家便是这

① 《方东美先生演讲集》，第14—15页。

② 《方东美先生演讲集》，第16页。

③ 《方东美先生演讲集》，第16页。

种人格的典型代表。

但是，“完满的自然人”仍然处于“自然世界”的层次，处于生命的“形而下”层次。从人类文化领域的角度看，则是处于“科学文化”的层次。科学文化的最大特点，是在有关人类生命的精神价值（如艺术价值、道德价值、宗教价值）问题上“守中立”，不对这些价值作出评判。近代西方文化正是由于片面地发展了科学，虽然在戡天役物方面非常成功，但在人生的价值理想方面却极为贫乏。“艺术才情所欣赏之美，道德品格所珍重之善，哲学宗教所覃思之真，以及其他种种价值都失其根据而流为主观的幻想。这却是文化发展上一种极大的危机”。[①] 这种文化，如同德国哲学家凯塞林（Hermann Keyserling）所指出的，只是一种“能力文化”。它使西方文化由古希腊“观念的文化取向”变为“文化中的实感取向”。科学重“利用价值”，这种利用价值在近代以来的西方社会，又变成了纯粹的“商业价值”，这是文化价值取向中的“浅薄的利用主义”。它导致了社会文化生活中的价值危机、精神危机，因此现代西方文化并不是人类的“理想文化”。人类生命的本性是不断创进，“生命除掉物质条件之外，更兼有精神的意义和价值”。[②] 人要随着普遍生命的大化流行而追求更高的精神价值。因此，“完满的自然人”还得向上提升自己的精神人格。“这个自然界是形而下的境界，我们站在形而下的里面，各方面的要求都满足了，而且我们还要提升向上，向上去发现形而上的世界的秘密”。[③] 其结果，是提升为“符号运用者的人”。这种人能够运用自己创造的各类符号，去象征美的事物、美的境界，“拿艺术家的才能做更高的创造，创造了艺术上面美的世界，所谓艺术世界”。所以，这种人又可以称为“象征人”。艺术家便属于这种人。这第四种人格的特点，在于进入了生命境界的“形而上”层次，“他可以创造种种美的语言、美的符号，把一个寻常的世界美化了，使它变成艺术领域，这是形而上世界的开始”。[④]

---

① 《方东美先生演讲集》，第 193 页。

② 方东美：《中国人生哲学概要》，台湾问学出版社 1980 年版，第 12 页。

③ 《方东美先生演讲集》，第 20 页。

④ 《方东美先生演讲集》，第 20 页。

然而，艺术既可以表现美，也可以表现丑。因为艺术之美，是通过艺术家的主观感受表现出来的，当艺术家受不健康的意志和情绪支配时，它的艺术创作有可能丧失理性，创造出“疯狂的艺术世界”。可见，在艺术创作中“主观的感受在价值上面不能代表美满”，艺术领域“究竟不是完美的生命领域”。所以“符号人”的人格有待于进一步提升、发展为第五种人格，即“道德人”的人格。“那就是具备优美品德、优美人格的这么一种人，是道德的主体”。[①] 由于这种“道德人”是经历了生命价值的逐层提升而形成的人格，他包容了各种不同生命领域的成就，因此“他整个的生命可以包容全世界”。我们可以称其为“全人”。这种人，就是中国先哲所称道的可以赞天地之化育、与天地参的人。儒家所谓“圣人”，道家所谓“至人”，佛家所谓“觉者”，都属于这种伟大的精神人格。

即使达到了“全人”的境界，人的生命价值仍然要“再超越向上”，因为“人生的枢要是新价值”，[②]人的价值追求，总是指向更高的理想境界。方东美说，这正像西方哥特式建筑的尖顶和中国建筑物最高层上的飞檐，总是指向无限悠远的苍天，指向“更高妙的境界”。这个价值境界，是神而又神、高而又高的“皇矣上帝”的境界，也可以说是宗教的境界，是真善美高度统一的“神明之境”。所谓“皇矣上帝”，意在表明这种境界是人的生命精神的一种“最高价值统会”，是一种没有止境的价值境界。而人类生命的意义，也正在于“集中他的全体才能与心性去努力提升”自己的生命价值，去追求这种“尽善尽美的神圣境界”。

上述人的生命精神层层超升的过程，是不断提高人的“生命地位、生命成就、生命价值”的过程。作为宇宙本体的普遍生命，将其创化动力“贯注到整个人间世来”，“贯注在宇宙每一个角落里面的人、物、万有”。这是普遍生命大化流行中的“下回向”。正是通过这样的流向，宇宙间最高、最神圣的精神力量贯注于人的生命和万物之中。于是，人的生命精神就随着普遍生命大化流行中的另一个流向“上回向”，去不断追求更高的价值、更完善的人格。这表明，人格层层超升的“上回向”之所以能够实现，是由

① 《方东美先生演讲集》，第 21 页。

② 方东美：《科学哲学与人生》，第 189 页。

于作为宇宙本体的普遍生命，通过“下回向”将其创化动力贯注于人的生命精神之中。自古以来，人类之所以世代不息地追求更高的生命价值，正是由于“宇宙创造的大力深植在他精神的本性与创造的生命中”。所以，从“自然人”到“道德人”、到永无止境的“最高价值统会”的人格超升过程，体现了普遍生命那生生不已的本性，而人类正是在这一生命价值、精神境界不断提升的过程中，创造出自己的“理想文化”的。

三、民族生命精神与文化形态

方东美认为，哲学作为文化价值结构的核心，具有“批导文化生态”的功能。他说：“吾尝端居幽思，觉哲学所造之境，应以批导文化生态为其主旨，始能潜入民族心灵深处，洞见其情与理。”①他运用哲学的理论思维，审视不同民族的生命精神对民族文化形态的影响，并对这些文化形态进行比较研究，从而形成了注重民族生命精神的比较文化学。这是方东美用哲学“批导文化生态”的理论成果，是他的文化哲学思想中的重要内容。

方东美比较文化学最具代表性的著作，是论文《哲学三慧》。此文最初宣读于中国哲学会第三届年会(1937 年)，后来被台北三民书局编入论文集《哲学三慧》出版(1970 年)，并被台北黎明文化事业公司编入论文集《生生之德》出版(1979 年)。《哲学三慧》同时也是方东美研究比较哲学的重要著作。此外，论文《生命悲剧之二重奏》(1936 年宣读于中国哲学会南京分会成立大会，同年作为《科学哲学与人生》第六章由商务印书馆出版)、论文《生命情调与美感》(1931 年发表于中央大学《文艺丛刊》第 1 卷第 1 期，1970 年被编入论文集《哲学三慧》)，都以比较文化学的研究为其重要内容。方东美的其他一些论著，也反映了他的比较文化学思想。

“每种民族各有其文化，每种文化又各有其形态”。② 不同的民族，具有不同的文化形态。那么，文化形态的差异缘何而起？方东美认为，缘于不同的哲学“共命慧”。他说：“哲学智慧生于各个人之闻、思、修，自成系

---

① 方东美：《生生之德》，第 137 页。

② 方东美：《生生之德》，第 118 页。

统，名自证慧。哲学智慧寄于全民族之文化精神，互相摄受，名共命慧。”①在一个民族之中，除了个人的哲学智慧——“自证慧”——之外，还有整个民族的哲学“共命慧”。“自证慧”通过个人的闻、思、修表现出来，“共命慧”则通过整个民族文化精神表现出来。“自证慧”依赖个人天才，“共命慧”仰仗民族天才，但民族天才由个人天才积聚而成。二者相比，就其对民族文化形态发生的作用而言，“共命慧为根柢，自证慧是枝干”。因此，在探讨哲学智慧对于民族文化形态的影响问题时，方东美“舍去枝干，独详根柢”，专门研究“共命慧”对民族文化形态的影响。

更深一层的问题是：一个民族的哲学“共命慧”缘何而生？方东美认为，缘于不同的民族生命精神。“共命慧意义深密，常藉具体民族生命精神为之表彰”。② 从根本上说，哲学所表现的是生命精神。不同的哲学“共命慧”，表现了不同的民族生命精神。换言之，不同民族的生命精神，决定了不同的哲学“共命慧”。

由此可见，在民族生命精神与民族文化形态之间，哲学“共命慧”是至关重要的中间环节。一方面，哲学是生命精神的表现；另一方面，哲学又是文化价值结构的核心。于是，不同民族的生命精神，决定了它们具有不同的哲学“共命慧”；不同的哲学“共命慧”，决定了它们具有不同的民族文化形态。可见归根结底，生命精神决定了文化形态。

方东美正是依据这种关于生命精神、哲学智慧、文化形态之间关系的基本理解，对东西方不同的文化形态进行比较。他以古希腊文化和近代欧洲文化作为西方文化的代表，以中国文化和印度文化作为东方文化的代表。但他认为，印度文化在某些基本观念（如“原罪”观念）上，与希伯来文化有相通之处。中国文化则不曾受希伯来文化的任何影响。所以，最能代表纯正的东方文化精神的，是中国文化。基于这种看法，方东美的东西文化比较研究，主要考察了古希腊、近代欧洲和中国——即他所谓“三慧”——三种不同的文化形态。

---

① 方东美：《生生之德》，第139页。

② 方东美：《生生之德》，第140页。

1. 古希腊的契理文化

在进行民族文化形态的比较研究时，方东美首先对古希腊文化进行了分析。他说："希腊民族生命之特征可以'大安理索斯'、'爱婆罗'、'奥林坪'(Dionysius，Apollo，Olympos)三种精神为代表……三者之中以爱婆罗精神为主脑。"[①]Apollo(又译阿波罗)，即古希腊神话中主管光明、青春、音乐、诗歌、医药等的神，一说为太阳神。他代表着理智、理性，爱婆罗精神即"理智精神"。这种理智主义的民族生命精神，决定了希腊民族的哲学共命慧是一种"如实慧"。其特征是"以实智照理"、"援理证真"，通过求事物之理而求其真。"希腊如实慧演为契理文化，要在援理证真。"[②]希腊人"笃信真即是美，真即是善。科学的真确性是希腊人的权衡。他们生命的理想，凡不符合真的标准都是错误，都是腐败。希腊人之根性处处都要把他们所观察证验的事象囊括于几种确凿的原则之下，以明其系统的关系。我们如说希腊文化之各部都是科学的结晶，或不免过分，然而这些文化产品确是一种符合科学精神的民族性之表现。因此，希腊人的理想随在都要运用理性以指导人生"。[③] 求事物之真，即是求事物之理，因此古希腊文化是"契理文化"，一切价值在于契合事物之理，运用理性指导人生。"每一个文化体系都有其主要的决定因素。"[④]古希腊文化主要的决定因素，便是"契理"。"太始有名，名孚于言；太始有思，思融于理，是为希腊智慧种子。"[⑤]"思融于理"是古希腊文化的基本特征。

值得指出的是，古希腊文化虽然通过"契理"而求"如实"，但其基本的价值取向，却始终不是"实感"的取向，而是"观念的"文化取向，注重的是精神价值的追求。方东美说，在这方面古希腊文化和中国文化一样，"要拿很高的智慧、高超的理想来指导生活"，注重价值理想的追求和人格的提升，向往真善美的"绝对价值"。尽管古希腊文化中存在着价值理想与

---

① 方东美:《生生之德》，第141页。

② 方东美:《生生之德》，第140页。

③ 方东美:《科学哲学与人生》，第39页。

④ 方东美:《生生之德》，第394页。

⑤ 方东美:《生生之德》，第140页。

现实人生相隔离的弊端(这个弊端后来在近代欧洲文化中被扩大、加剧),但这种追求精神价值的文化取向却是坚定不移。正因为这样,古希腊的"契理"文化虽然以科学精神为根基,但在哲学和艺术方面却也都有着高度发展,创造了博大精深的古希腊哲学和灿烂辉煌的古希腊艺术。我们甚至可以说古希腊文化是"以哲学与艺术为其主要枢纽"。古希腊文化这种"观念的"而非"实感的"价值取向,被方东美视为正确的文化价值取向。

"希腊慧体为一种实质和谐,譬如主音音乐中之主调和谐。慧相为三叠现。慧用为安立各种文化价值之隆正,所谓三叠和谐性"。[①] 对于此种"实质和谐",方东美说明如下:"一种组织,不论体制大小如何,其形式圆满无缺;其内容充实无漏者,名曰实质和谐。此在希腊谓之宇宙(Cosmos),其式如一体三相太极图。希腊人之宇宙取象'太极',太极含三为一,天苞其外,人居环中,国家社会连系(应为"联系"——引者按)于其间,形成一体三相之和谐。"[②]这就是说,古希腊人的宇宙是形式圆满无缺、内容充实无漏的,其结构为一体三相,即由天、人、国家社会共同构成,呈现出"三叠和谐性"。这表明,就内容和结构来说,古希腊文化是一种和谐性的文化。这也是方东美所赞赏的。

但方东美认为,古希腊文化有其缺陷,这主要表现在:

其一,"希腊全部文化之创造都以物格化的思想为其模范"。[③] 古希腊民族的"如实慧",导致"希腊人之世界观只摹仿(应为"模仿"——引者按)那种密迩的、极有限的、自满自足的物体"。古希腊人的文化创造,正是建立在这样的世界观之上。"希腊思想家(德谟克利塔斯除外)所谓物只是此时此地所习见的具体东西。它们有形态可以识别,有量积可以抚摸,有空间可以转移,有轻重可以升降,有方位可以局限。人类五官所能接遇者多半是具体的,有限的东西。假使物的存在样法亦即是宇宙本身的存在样法,那末,宇宙自不能不是具体的,有限的了"。[④] 这种受"物的存在样

① 方东美:《生生之德》,第141页。
② 方东美:《生生之德》,第142页。
③ 方东美:《科学哲学与人生》,第55页。
④ 方东美:《科学哲学与人生》,第55页。

法"局限的宇宙观，就是"物格化的宇宙观"。它是古希腊文化思想的一个缺陷。

其二，更为严重的缺陷，就是古希腊人过于注重求"真"的思维方式，导致了"本体"界超绝于"现象"界，"形上"界超绝于"形下"界，真善美的价值理想超绝于现实生活。这种思维方法，使古希腊文化发展到后期看不起物质世界，认为它是罪恶的渊薮，在精神上逃避它。因此，古希腊文化尽管追求"真"，并由求"真"而及于求"善"、求"美"，却使得真善美的价值理想难以在现实世界实现。方东美陈述此种情景如下：

> 现实生存流为罪恶渊薮，不符理想，可能境界含藏美善价值，殊难实现，是现实与可能隔绝，罪恶与价值乖违，人类寄迹现实，如沉地狱，末由游心可能，契会善美，故哲学家之理想，生不如死，常以抵死为全生之途径。
>
> 躯体都为物欲所锢蔽，精神却悬真理为鹄的，身蔽不解，心智难生，故哲学家必须涤尽身体之溷浊，乃得回向心灵之纯真。
>
> 遗弃现实，邻于理想，灭绝身体，迫近神灵，是以现实遮可能，觉此世之虚无，以形骸毁心灵，证此生之幻妄。世宙冥无论，形体非有说，纯属悲观论者之绝命词，哪能准此归趋真理，引发高情，产生智慧？从此可知希腊文化之崩溃，哲学之衰落，实为逻辑之必然结果也。[①]

古希腊文化的最大缺陷，便是理想与现实隔绝。"遗弃现实"，方能"邻于理想"；"灭绝身体"，方能"迫近神灵"。这种理念，最终导致了对于现实人生的虚无主义态度，视此生此世为"幻妄"，认为"生不如死"，人在死后才能在精神上达到真善美的理想境界。方东美说，这种悲观主义的人生态度，表明了古希腊文化所含藏的"恶性的二分法"，也就是将本体与表象、形上与形下、理想与现实打成两橛的思想方法。"希腊人深通二分法，遂断言'存有'高居超越界，不与表象世界相涉"，[②]将"存有"界（指本体界、形上界、理想境界）与表象世界相隔绝，不仅是古希腊文化的主要缺

① 方东美：《生生之德》，第148—149页。此处略去了原文中每自然段之前的编号。

② 方东美：《生生之德》，第338页。

陷，而且对后来欧洲文化的演变、发展，也产生了非常消极的影响。

2. 欧洲的尚能文化

“欧洲民族生命之特征可以‘文艺复兴’、‘巴镂刻’、‘罗考课’(The Baroque, The Rococo)三种精神为代表，文艺复兴以艺术热情胜，巴镂刻以科学奥理彰，罗考课则情理相违，凿空蹈虚而幻惑。兼此三者为浮士德精神”。[①] Baroque(又译巴洛克)，指欧洲17世纪一种注重雕琢的、奇异的建筑形式和艺术风格。Rococo(又译洛可可)，指欧洲18世纪一种纤巧、烦琐乃至浮华的建筑形式和艺术风格。方东美认为，文艺复兴精神、巴镂刻精神、罗考课精神三者的结合，代表了近代欧洲人生命精神的特征。这种生命精神培育出的典型形象，便是浮士德。他是欧洲中世纪传说中的人物，也是英国文艺复兴时期剧作家马洛和德国诗人歌德笔下的人物。他不乏进取的热情，经历了生活中的爱欲、痛苦、欢乐种种矛盾，曾为获取知识和权力，不惜向魔鬼出卖灵魂，失去了自我。

近代欧洲民族的生命精神，决定了欧洲文化“以方便应机，生方便慧。形之于业力又称方便巧”。[②] 近代欧洲民族的哲学共命慧是“方便慧”，它表现在欧洲人征服自然、谋取福利的事业中，成为“方便巧”，即能够戡天役物、给人们带来种种方便的机巧。这种以“方便巧”为主导的文化，便成为“尚能文化”。“欧洲方便巧演为尚能文化，要在驰情入幻”。[③] 近代欧洲文化主要的决定因素，便是“尚能”，即崇尚人类控御自然的知识、技能。“太始有权，权可兴业；太始有能，能可运力。是谓欧洲智慧种子”。[④] 对“能力”的追求，是近代欧洲文化的基本特征。

“尚能文化”所产生的重要成就，是近代欧洲民族在科学技术方面所取得的“金碧辉煌”的业绩。方东美说：“古代希腊是近代欧洲文化之母，传下了一种重要的宝物：科学。”[⑤]近代欧洲文化继承和发扬了古希腊文化

---

① 方东美：《生生之德》，第141页。
② 方东美：《生生之德》，第140页。
③ 方东美：《生生之德》，第140页。
④ 方东美：《生生之德》，第140页。
⑤ 方东美：《科学哲学与人生》，第39页。

注重求“真”的科学精神，并将科学精神转化为戡天役物的实际技能，这表现为近代以来欧洲科学技术的迅猛发展。欧洲民族的物质生活条件，由此得到极大的改善，生活水准得到大幅度的提高。应该说，这是值得肯定和赞许的。

但是，近代欧洲文化存在着十分严重的缺陷。

首先，近代欧洲文化背弃了古希腊文化的基本价值取向——“观念的文化取向”，而代之以“实感的文化取向”。近代欧洲人过于追求“权能”，注重戡天役物，突出物质利益而漠视价值理想，漠视人对崇高的精神价值的追求。科学居于近代欧洲文化的核心地位，其他一切，唯科学之马首是瞻。这种重科学利用而轻人文理想的文化，是一种“崇权尚能”的文化，其形态堪称“权能为里，业力为表”。[①] 从近代欧洲文化的形成和发展来看，“科学思想系统确立之后，近代西洋人更据以发挥权能，产生技术，控制自然界之质力以为人用，于是工业文明的成就因之而大显。这……都是我们今日应当诚心向往的。但是此中亦有根本困难我们不能置而不辩。近代科学因为要确守逻辑的谨严，追求方法的便利，重视客观的真实，乃遂剥削自然界之内容，只承认时空数量物质之存在，而抹煞人类心理属性之重要；因此艺术才情所欣赏之美，道德品格所珍重之善，哲学宗教所覃思之真，以及其他种种价值，都失其根据而流为主观的幻想。这却是文化发展上一种极大的危机”。[②] 人类对真善美的价值理想的追求，在近代欧洲文化中已经失去了存在的根据。在方东美看来，“自然界”（此处即指“宇宙”）不仅包括“时空数量物质”，而且包含“人类心理属性”。近代欧洲文化排除了人类心理对于真善美价值理想的向往，使人失去了精神追求，不像古希腊文化那样使人于现实生活中向往真善美、注重精神追求。因此他认为：“希腊之悲剧变无入有，故能从心所欲；欧洲之悲剧，运有入无，故不能从心所欲。”[③]古希腊文化虽然使价值理想超绝于现实人生，但毕竟坚持了“观念的文化取向”。近代欧洲文化则以功利主义的“实感取向”替代

① 方东美：《生生之德》，第 150 页。

② 《方东美先生演讲集》，第 192—193 页。

③ 方东美：《生生之德》，第 66 页。

了“观念取向”，使人在精神上不能“从心所欲”。这是近代欧洲文化最大的缺陷。它表明，近代欧洲文化正是德国哲学家凯塞林在其《创造的理解》一书中对之表示不满的“能力文化”。这种能力文化，“缺少浩荡艰深的智慧”，表现出“浅薄的利用主义”。

“欧洲方便巧演为尚能文化，要在驰情入幻”。[1] 所谓“驰情入幻”，是说近代欧洲人由于过分追求知识和技能，过分追求人在宇宙中的“权力”，以致企图“发泄这一个权力来支配其他的人类”，结果导致了种种“昏念妄动”，表现了对于宇宙和人类的一种虚无主义态度。“近代欧洲思想之主要潮流随处都表现驰情入幻的趋势，所以我们不妨称之为虚无主义的悲剧（The Trangedy Of Nihilism）。”[2]不过，由于这种虚无主义是与对于自然界乃至人类的强烈的征服欲望、主宰意识结合在一起的，因此准确地说，应该称之为“进取的虚无主义”。浮士德的精神，就体现了这种“进取的虚无主义”。方东美认为，“驰情入幻”的“进取的虚无主义”，是近代欧洲文化以“实感取向”替代希腊文化的“观念取向”而招致的恶果。

其次，近代欧洲文化继承、加剧了古希腊文化的“恶性的二分法”，把它推展到了极端。近代欧洲人的哲学共命慧是“方便慧”，其“慧体为一种凌空系统”，“慧相为多端敌对”。[3] 对“凌空系统”，方东美解释说：“一种境界不论范围广狭如何，其性质深秘微密，其内容虚妄假立者，名曰凌空系统，此在欧洲谓之二元或多端敌对系统。”[4]所谓“虚妄假立”，是说近代欧洲思想看似具有一个庞大系统，然而却是“真虚妄，假和合”。在这个“凌空”的思想系统中，就学理而论，下列学说无不体现了二元敌对：①初性次性分别说；②感觉理性功用刺谬说；③精神物质势用相违说；④物质生命理体乖舛说；⑤心身遇合无缘说；⑥现象物如并行相悖说；⑦假相真相变现破产论；⑧质能理体矛盾论；⑨体空相续，断灭和合论；⑩普遍因果似有还无论。总之，在近代欧洲文化中，“一切思想问题之探讨，义取二元或多

① 方东美：《生生之德》，第 140 页。
② 方东美：《生生之德》，第 66 页。
③ 方东美：《生生之德》，第 141 页。
④ 方东美：《生生之德》，第 143 页。

端敌对，如复音对谱，纷披杂陈，不尚协和。举一内心而有外物与之交迕，立一自我而有他人与之互争，设一假定而有异论与之抵触，建一方法而有隐义与之乖违。内在矛盾不图根本消除，凡所筹度，终难归依真理”。[1]

在近代欧洲文化中，不仅有源自古希腊文化传统的“上界”（真善美的价值领域）与“下界”（世俗生活领域）的对立，而且有笛卡尔的心物二元论所肇始的“内在的心灵世界”与“外在的客观自然界”的对立。人与自然被剖成水火不容的两橛，人是自然界的主宰者、征服者，自然界不过是人类戡役、利用的对象。这种人与自然界极端对立的观念，虽然刺激了科学智慧的发达，但也导致了近代欧洲文化重物理而轻人伦的恶果。

总之，“欧洲人之崇尚权能，熏生业力，虽有精纯智慧，究属方便善巧”。[2] 这个总结性的评价，表明了方东美对近代欧洲文化的基本价值取向所持的批评态度。他还说：

> 近代整个文化有一种趋势，就是人在自然界中的地位如一粒尘埃，掉落于无底深渊，感到不可言喻的渺小（德国哲学家尼采对于此层曾痛切言之）。假使以纯物质的观点来分析解剖人的构成，而把人的视听嗅觉除掉，试问人类对于世界还有什么兴趣呢？再进一步说，连人类文化中哲学上的真，道德上的善，艺术上的美也给剥夺掉，那么人类还有什么价值？生活还有什么意义呢？[3]

由此可见，方东美否定近代欧洲文化的“实感取向”，否定其“二元甚至多端敌对”的思维方式，从根本上说是因为在他看来，这种取向和思维方式忽略了人类自身的精神价值，忽略了人生的意义。

3. 中国的妙性文化

方东美说：“中国民族生命之特征可以老（兼指庄，汉以后道家趣入邪道，与老庄关系甚微）孔（兼指孟、荀，汉儒卑卑不足道，宋明学人非纯儒）

---

① 方东美：《生生之德》，第151页。

② 方东美：《中国人生哲学概要》，第113页。

③ 《方东美先生演讲集》，第193页。

墨(简别墨)为代表。老显道之妙用。孔演易之'元理'。墨申爱之圣情。贯通老墨得中道者厥为孔子。"[①]中国民族的生命精神,在中国文化形成和发展的初期,以道家、儒家、墨家为代表;在中国文化后来的演进、发展中,则主要以儒家、道家、中国大乘佛家和宋明清新儒家为代表。他们所代表的民族生命精神,从根本上说是一种"爱、悟"精神。"太始有爱,爱赞化育;太始有悟,悟生妙觉,是为中国智慧种子"。[②] 由爱、悟精神所决定的哲学共命慧,是一种"平等慧"。"中国人以妙性知化,依如实慧,运方便巧,成平等慧"。[③] 对于"如实慧"和"方便巧",中国人皆有运用,但中国民族生命精神所孕育的哲学共命慧,则是注重人与自然平等和谐的"平等慧"。"中国慧体为一种充量和谐,交响和谐。慧相为尔我相待,彼是相因,两极相应,内外相孚。慧用为创建各种文化价值之标准,所谓同情交感之中道。道不方不隅,不滞不流,无偏无颇,无障无碍,是故谓之中"。[④] 中国民族哲学共命慧的特征,便是追求万事万物之间(包括对立的"两极"之间)的充分和谐。

注重人与万物和谐的哲学共命慧,决定了中国文化"天人合一"的基本精神,或者说最大特色。"中国在遥远的古代,在对外隔绝,未曾受到一点外来文化的影响下,早就发展了一种中国文化最大的特色,就是能观照在人和世界中生命的全面。古代的三大哲学传统,儒、道、墨三家,可说都是致力于人和自然的合一"。[⑤] 在此种天人合一精神指引下,中国文化观照宇宙万物,历来采取"同情交感之中道",反对偏执、武断的"恶性二分法"。这就是中国文化的"履中蹈和"。"中和之理是中国精神最高深的妙谛,也是要了解中国文化的最高标准"。[⑥] 方东美还举例说:

> 此同情交感之中道正是中国文化价值之模范。周礼六德之教,殿以中和……其著例一也。诗礼乐三科之在六艺,原本不

① 《方东美先生演讲集》,第 141 页。
② 方东美:《生生之德》,第 140 页。
③ 方东美:《生生之德》,第 140 页。
④ 方东美:《生生之德》,第 142 页。
⑤ 方东美:《生生之德》,第 258 页。
⑥ 方东美:《中国人生哲学》,台湾黎明文化事业公司 1988 年版,第 130 页。

分，故诗为中声之所止，乐乃中和之纪纲，礼是防伪之中教，周礼礼记言之綦详，其著例二也。中国建筑之山回水抱，得其环中，以应无穷，形成园艺和谐之美，其著例三也。六法境界之分疆叠段，不守透视定则，似是画法之失，然位置，向背，阴阳，远近，浓淡，大小，气脉，源流出入界划，信乎皴染，隐迹立形，气韵生动，断尽阂障，灵变逞奇，无违中道，不失和谐，其著例四也。中国各体文学传心灵之香，写神明之媚，音韵必协，声调务谐，劲气内转，秀势外舒，旋律轻重孚万籁，脉络往复走元龙，文心开朗如满月，意趣飘扬若天风，一一深回宛转，潜通密贯，妙合中庸和谐之道本，其著例五也。[①]

这五个方面的“著例”，都说明中国文化的“同情交感之中道”是一种和谐之道。而在人与自然的“同情交感”中，人性备受尊崇，人性的机趣淋漓充盈。因此中国文化是“妙性文化”。在中国文化中，科学诚然发展不足。但是，即使在中国发展科学思想，也不会陷入西方文化“人性被贬抑，机趣被斫丧”的困境。“因为我们充分相信人的生命及工作与外在世界必须和谐一致，内外相孚，所以我们中国文化可称为‘妙性文化’……贵在契幻归真，人与自然彼此相因，流衍互润，蔚成同情交感之中道”。[②] 就此而论，中国文化与同属东方文化的印度文化也有明显区别。印度文化虽然也“视自然、人与历史浑然一体，浩然同流”，但是由于早期受西方文化的影响，印度文化内在地含有“善恶二分”的倾向，因而在人性问题上主张“神魔同在”。中国文化则主张人性与宇宙最高精神本体“浃而俱化”，人性具有“神性潜能”，人性即是神性。随着宇宙的不断超化，人性也不断得到超升。可见印度文化不能称为“妙性文化”，唯有中国文化是充分肯定人性之美好、充溢人性之机趣的“妙性文化”。至于西方文化，则完全不具备这个特色，“这是因为西方有个恶性二分法”。[③]

中国文化是凯塞林所说的“品德文化”，也可以称为“伦理文化”。这

---

① 方东美：《生生之德》，第145—146页。

② 方东美：《中国人的人生观》，第21页。

③ 方东美：《中国人的人生观》，第21页。

同样是由中国文化的“天人合一”、“天人合德”精神决定的。由于主张“天人合一”，中国文化不像近代欧洲文化那样看重外在的“业力”，而是看重人的内在精神，强调“内证圣智”，注重品德修养。这种价值取向，确实一定程度地导致了中国的科学技术没有得到应有的发展，但是却形成了提倡人与他人、人与社会协调发展的道德主义思想。在方东美看来，这是值得称道的。“从道德生命的立场看，天人合一的学说是极好的”。① 在中国文化中，“道德是生命的本质，也是生命价值的具体表现，我们本着中国人酷爱生命、尊重生命的民族性，不愿把生命只看作盲目的本能冲动，所以先要慎重地选择高尚理想，并且奋发努力，促使这些高尚理想一层一层地完成实现。换言之，我们不仅仅是为了生活而生活——那是任何野蛮动物都能作到的，我们是要不断地提高生命意义，增进生命价值，再接再厉，以止于至善，我们是为了实现最高的价值而生活”。② 道德被视为生命的本质和价值所在，人生的意义被理解为追求道德理想，这表明了中国文化是一种道德文化。

方东美还具体阐述了中国人“道德生活的共同标准”，即孔子所说的“忠恕”、老子所说的“慈惠”、墨子所说的“爱利”，认为孔、老、墨堪称“我们民族的道德发言人”。儒、道、墨“这三家所表现的中国智慧，根据‘广大和谐’或‘一以贯之’的原则看来，正是一种‘三位一体’的道德精神”。③ 可见中国智慧是道德智慧，中国文化是道德文化。关于中国道德文化的形成过程，方东美也作出了论述。这个过程，简言之即在夏商至成周时期，主要是通过宗教精神支撑道德观念。这时的道德，只能是“自然灵魂的道德”。在殷周时期，伴随着政治腐败，宗教也趋于衰微，无力维系人们原有的道德信念，于是出现了“道德革命”。在东周以后，则进一步发生了“哲学革命”。在经过“哲学的制定”之后，原先由宗教精神支撑的“自然灵魂的道德”，便上升为“理性的道德”，道德价值、伦理价值此后便始终是中国文化的基本价值。“由此可见，上古的宗教秘密退隐，显现出来道德的价

① 方东美:《中国人生哲学》，第 183 页。
② 方东美:《中国人的人生观》，第 108 页。
③ 方东美:《中国人的人生观》，第 119 页。

值理想，而道德的价值理想要根据人性来发挥人类的善性，才可以推广道德价值，变成了广大的人群之中为人人共同遵守的理想标准。所以，中国的文化，在整个的世界上面，平常叫做‘伦理的文化’(Ethical Culture)”。[①]中国人以这种富于悠久历史传统的“品德文化”、“伦理文化”，区别于近代西方人的“能力文化”、“科学文化”。

此外，方东美还提出，中国文化是“早熟的文化”、“无罪的文化”。

所谓“早熟的文化”，是说中国文化实现“由宗教到理性”的演变，比其他民族早数百年。中国“在纪元前十一世纪的商周之际，就显现出一个中国的理性文化初期，我们称之为‘早熟的中国文化’，宇宙的秘密好像都在理性之光下被揭开来了”。[②] 而这一点，“在其他文化中最需要长时期的演变才能达到的”，如希腊、埃及、印度等民族，“都经过了长时期的神话时代，直到纪元前八、九世纪才逐渐升华”。[③] 这表明了在中国文化中，理性精神是很早就形成了的。

所谓“无罪的文化”，是相对于西方文化(以及东方的印度文化)中的“原罪”观念而言的。西方文化传统中的“原罪”说认为人类有先天的罪孽。中国先民固然也有宗教，却从来没有此种观念。而且中国文化因其早熟，“一开始便是以理性开明的伦理文化代替神秘宗教”。因此中国人不把世界看成“罪恶的渊薮”，不把自身看成“先天的罪人”。相反，中国文化历来肯定人性具有“可使之完美性”，坚信人只要尽其本性，就可以远离罪孽，趋向完美。这表明了在中国文化中，“人性”是丝毫不受贬抑的。

从上述见解中，我们可以提炼出方东美对于中国文化精神的一种更深层的基本理解。他在谈到自己所设计的“人与世界在理想文化中的蓝图”时，曾说过这样的话：“这一张图片中所画的是我所谓的广大悉备的和谐。由于这种和谐，人和世界上的一切生命结成一体，而享受到和平、安宁和妙乐。要把这个理想化为现实，唯一的条件就是我们要确信人和自然(也即是宇宙)，都是生元所发，都是中和的，这样才能从根本上拔除矛

---

① 《方东美先生演讲集》，第 175 页。

② 方东美：《原始儒家道家哲学》，第 90 页。

③ 方东美：《原始儒家道家哲学》，第 15 页。

盾及不幸”。[①] 我们不妨借用这段话，来进一步说明方东美对中国文化精神的理解。在他看来，中国文化的“天人合一”精神，从实质上说，归根结底无非就是“确信人和自然（也即是宇宙），都是生元所发，都是中和的”。中国文化的“同情交感之中道”，中国文化的“妙性”和注重道德伦理，中国文化之所以是“早熟的”和“无罪的”，都可以从“确信人和自然都是生元所发”中找到根据。

方东美将“确信人和自然都是生元所发”，视为实现“人与世界在理想文化中的蓝图”的“唯一的条件”。就中国文化而论，当然不能说已经实现了这张蓝图。但方东美认为，中国文化的基本精神是符合这个“唯一的条件”的。倘若我们要进一步追问：中国文化何以会“确信人和自然都是生元所发”？那么，答案将回溯到前文所说的中华民族的哲学“共命慧”——注重人与自然平等和谐的“平等慧”；回溯到导致这种“平等慧”的中华民族生命精神——以老、孔、墨为代表，基于“爱悟心”的民族生命精神。

上述内容，是方东美所理解的中国文化的特征，同时也是中国文化的长处。关于中国文化的缺陷，方东美曾说：“中国人悟道之妙，体易之元，兼墨之爱，会通统贯，原可轰轰烈烈，启发伟大思想，保真持久，光耀民族。但一考诸史乘，则四千年来智慧昭明之时少，闇昧锢蔽之日多，遂致文化隳堕，生命沓泄。”[②]尤其是近现代的中国文化，终至出现了严重的危机。究其原因，方东美从历史和现实两方面，作出了多项分析。[③] 其中，他对中国文化自身内在缺陷作了如下分析：“中国哲学家之思想向来寄于艺术想象，托于道德修养，只图引归身心，自家受用，时或不免趋于艺术诞妄之说，囿于伦理锢蔽之习，晦昧隐曲，偏私随之。原夫艺术遐想，道德慈心，性属至仁，意多不忍，往往移同情于境相，召美感于俄顷，无科学家坚贞持恒之素德，颇难贯穿理体，钜细必究，本末兼察，引发逻辑思想系统。”[④]这个缺陷，简单地说，就是“艺术遐想”和“道德慈心”在中国文化中得到充分

① 方东美：《生生之德》，第 263 页。

② 方东美：《生生之德》，第 154 页。

③ 详见方东美《生生之德》，第 154—156 页。

④ 方东美：《生生之德》，第 156 页。

发展，而“贯穿理体”的科学思维则明显不足。用方东美自己的语言来说，就是中国文化长于“神圣理性”而短于“自然理性”，亦即长于道德理性而短于科学理性，这是中国文化在其演变、发展过程中日益表现出来的缺陷。这种认识，也正是现代新儒家的一个基本观念。

四、中国文化的复兴与人类文化的重建

在理论阐述之外，方东美还设计了一个戏剧场景，以“希腊人”、“近代西洋人”和“中国人”为剧中人物，通过场景中各方面的不同景象，[①]来形象地“比观三种生命情调”，展示“希腊文化之契理，欧洲文化之尚能，中国文化之妙性”。方东美描绘这一场景的文字，凝练、深沉地表达了他关于古希腊文化、近代欧洲文化和中国文化的基本理念。

我们接下来要考察的问题是：方东美的这种比较文化研究，归结于一种什么样的见解？方东美说：

> 希腊思想实慧纷披，欧洲学术善巧迭出，中国哲理妙性流露，然均不能无弊。希腊之失在违情轻生，欧洲之失在驰虑逞幻，中国之失在乖方敷理。矫正诸失，约分两途。一者自救，二者他助。希腊人应据实智照理而不轻生，欧洲人当以方便应机而不诞妄，中国人合依妙悟知化而不肤浅，是为自救之道。抑有进者，希腊人之所以逃禅，欧洲人之所以幻化，中国人之所以穿凿，各有历史根由深藏于民族内心，仅凭自救，或难致果，他山取助，尤为切要。希腊人之轻率弃世，可救以欧洲之灵幻生奇，欧洲之诞妄行权，可救以中国之厚重养生，中国之肤浅蹈空，又可救以希腊之质实妥帖与欧洲之善巧多方，是为他助之益。[②]

古希腊文化、近代欧洲文化、中国文化各有其弊。古希腊文化之弊在于“违情轻生”，也就是“逃禅”，否定现实人生的意义和价值。近代欧洲文化之弊在于“驰虑逞幻”，也就是“诞妄行权”，追求知识和权能而陷于虚幻

---

① 详见方东美《生生之德》，第115—116页。

② 方东美：《生生之德》，第157页。

妄行。中国文化之弊在于“乖方敷理”，也就是“肤浅蹈空”，过分执着于形而上的道德层面而轻视形而下的自然世界之理（即科学之理）。

如何克服人类文化这三种代表形态所具有的缺陷，方东美提出的方案是“自救”和“他助”。

所谓“自救”，就是消除本民族文化的弱点和弊端。“古代希腊人——我是指他们的灵魂[①]——应当纡尊降贵到凡俗世界，以拯救俗世之表象。中国人应当从形上与道德的层次落实到自然世界的层次，以学习欣赏现代科学的成就……现代西方人应当引导群众在人生奋斗中走向较高尚的水准，以明瞭并理解精神价值，那些价值在古典时代是全世界各民族所曾致力实现的”。[②] 所谓“他助”，就是取他民族文化之长以补本民族文化之短。以欧洲人对生活的“灵幻生奇”态度补救古希腊文化的轻率弃世之弊，以中国人对于天地万物的厚重养生精神补救欧洲文化的诞妄行权之弊，以古希腊人对自然界的质朴妥帖认识补救中国文化的肤浅蹈空之弊。方东美认为，与“自救”相比，“他助”的作用更为切实、重要。

通过“自救”和“他助”，古希腊文化、近代欧洲文化、中国文化可以消除各自的弊端，恢复和发扬各自的优点。当今人类就可以通过这三种文化形态之间的互相补益、互相融合，创造出新的、统一的文化形态。这就是方东美通过比较文化研究而提出的见解、主张。

他的这一见解，包含着两个前提性的认识：

从历史看，人类社会曾经出现过多元文化相统一的时代。这个时代，就是德国哲学家雅士裴（Karl Jaspers，又译为雅士柏尔斯、雅斯贝尔斯）所说的人类文化的“轴心时代”。大约相当于中国的先秦时期，“当时各方面的天才都涌现出来，形成各民族里面最高度的文化精神成就。以后的人类还没有第二个时期，像那一时代在希腊、埃及、印度、中国，有那么光辉灿烂的高度的文化同高度的哲学，同时出现”。[③] 古希腊的哲学、印度的兴都教和佛教、中国的儒家和道家思想、以色列的犹太教等，共同构成了

---

① 因为古希腊文化已经成为一种历史文化，故方东美如是说。

② 方东美：《生生之德》，第 339 页。

③ 方东美：《中国大乘佛学》，第 8 页。

当时人类辉煌的“轴心文化”。既然如此，那么消除了弊端、恢复和发扬了各自优长之处的古希腊文化、欧洲文化、中国文化，完全可以再度共同构成整个人类的“轴心文化”，迎来人类文化的新时代。

从现实看，当今人类文化面临着有待拯救的危机。方东美历来认为，当今人类处于文化上的“黑暗时代”。近代以来的西方文化，由于过分追求“权能”，导致了科学技术与人文精神发展的失衡，出现了严重的精神和价值危机。作为东方文化典型代表的中国文化，其固有的不足，已经使中国文化在现代世界面临危机。而在西方科技文化的猛烈冲击之下，一些中国人竟认为“西化”乃是中国文化的唯一出路，完全否定了自己民族文化的根基和精神传统。这更使得中国文化陷入严重的危机之中。因此无论从西方文化或东方文化来看，都表明人类已经陷入文化危机。

基于上述看法，方东美认为当今人类必须并且完全可能通过三大主要文化传统之间的互相补益和融合，重建统一的世界文化，以克服当前的文化危机，为人类开辟光明的未来。

关于未来的文化形态，方东美曾采用尼采的“超人文化”观念加以说明。但他认为，尼采的“超人”理想失之空洞，特别是“据其臆断，超人应鄙夷一切过去人类，毋乃诬妄特甚”。[①] 他反对尼采对于历史文化的虚无主义态度，而认为：“希腊人，欧洲人，中国人各在生命领域中创获如许灿烂文化价值，堪受推崇，殊难抹煞。超人空洞理想更当以希腊欧洲中国三人合德所成就之哲学智慧充实之，乃能负荷宇宙内新价值，担当文化大责任……所谓超人者，乃是超希腊人之弱点而为理想欧洲人与中国人，超欧洲人之缺陷而为优美中国人与希腊人，超中国人之瑕疵而为卓越希腊人与欧洲人，合德完人方是超人。试请澄心遐想，此类超人若能陶铸众美，起如实智，生方便巧，成平等慧，而无一缺憾，其人品之伟大，其思想之优胜，其德业之高妙，果何如者！”[②] 此处所塑造的“超人”形象，乃是古希腊人、欧洲人、中国人三者优点的结合体。所谓“超人文化”，则是古希腊文化、近代欧洲文化、中国文化三种文化形态优秀之处的结合体，方东美称

① 方东美：《生生之德》，第158页。
② 方东美：《生生之德》，第158页。

之为“三者合德”。他在对古希腊文化、近代欧洲文化、中国文化这“三慧”进行比较研究之后，提出的重建世界文化的主张，便是这“三者合德”。他认为通过“合德”，可以“形成统一的科学思想系统、统一的宇宙构造理论、完整的哲学思想体系，终至道德、艺术、宗教领域之次第完成”。[①] 只有这样的“陶铸众美”的文化，才是他心目中的人类未来文化，才能担当为人类开辟光明未来的“大责任”。

值得注意的是，方东美认为，从中国文化来看，这一与古希腊文化、近代欧洲文化“合德”而解救世界文化危机、重建人类文化的途径，也正是中国文化复兴的途径。在这一过程中，中国文化既要“自救”——克服自身的不足，又要“他助”——吸纳古希腊文化、近代欧洲文化的长处；既要恢复优良的传统文化精神，又要补充必需的现代文化内容。而这，也就是中国文化的复兴。以复兴了的中国文化参加世界优秀文化传统的重建，就可以克服当前的世界文化危机，为人类开辟新的文化道路。因此，中国文化的复兴，与解救世界文化危机、为人类创造新的文化形态是一致的。“使哲学在我们的时代，尤其是在中国能够复兴，然后拿中国复兴的哲学思想去面对西方，也促使西方衰退的哲学精神能够复兴”。[②] 这是方东美关于复兴中国哲学与西方哲学的主张，也是他关于复兴中国文化与重建人类文化的主张。

在这一复兴中国文化，同时亦是重建人类文化的过程中，方东美认为有两点须认识清楚：

就中国文化与西方文化的关系来说，中国文化的复兴和现代化固然需要“他助”，特别是需要学习西方的科学技术，但我们千万不能“把现代化只看成西化”，不能抛弃中国文化的根基和精神传统。在此，方东美再次表现了现代新儒家在中国文化现代化问题上的基本立场，即以中国文化为本位的立场。方东美“现代化不等于西化”的观点正是现代新儒家的一种反复申明的基本观点。

就中国文化内部各流派的关系来说，我们讲中国文化的复兴，千万不

---

① 方东美：《原始儒家道家哲学》，第 39 页。

② 《方东美先生演讲集》，第 12 页。

可“卫道统”——卫儒家思想之道统。中国文化的根基和优良精神，存在于儒家、道家、墨家、大乘佛家、宋明清新儒家等流派之中。“在现代讲文化复兴，我们要留心中国整个文化的发展。凡是对于这整个民族文化有光荣与伟大贡献的思想，我们须是一体欣赏，千万不能抱持一个偏见，而陷入错误的道统观念。”[①]这种要复兴中国文化却又不讲儒家“道统”的观念，再次表现了方东美与现代新儒家其他代表人物相比所具有的特色。

五、结　语

方东美的文化哲学思想包括文化价值观和比较文化学两方面的内容。

方东美的文化价值观，是一种以哲学思想为核心的人文主义文化价值观。近代以来，特别是“五四”以后，西方的科学文化猛烈地冲击着中国传统文化。对于这种冲击，一方面，现代新儒家承认它暴露了以道德为本位的中国传统文化的不足。例如，方东美承认中国传统文化应当“从形上与道德的层次落实到自然世界的层次，以学习欣赏现代科学的成就”，[②]即发展科学技术。而另一方面，现代新儒家又坚持认为近代西方文化漠视了人文价值，存在着“科学与人文之间的不平衡”的弊病。中国文化在发展科学技术的同时，应该避免蹈此覆辙。西方科学技术的高度发达给人们带来了物质利益，但西方社会又面临着精神、道德方面的危机。这种弊病使近代西方人只知道戡天役物，注重物质利益而漠视价值理想，在精神上陷入虚无主义。特别是西方文化对中国社会的巨大冲击、影响，更促使现代新儒家鉴于西方文化“科学与人文之间的不平衡”，而主张中国文化在发展科学技术的同时，必须坚持人文主义的精神传统。牟宗三在《人文主义的完成》中提出，伦理本位的“儒家式的人文主义”只要适应现代社会的需要，“转出”民主和科学，那就“足以成为文化生命前进之最高原则”。方东美则提出：“我们这一个时代，最需要所谓人文学者来谈人生上面各

① 《方东美先生演讲集》，第 119 页。

② 方东美：《生生之德》，第 339 页。

种不同的价值理想。”[①]他强调科学与哲学的划界，认为“人”的价值问题应是哲学思想关注的中心，提出艺术是人生情趣的象征，宗教的意义在于实现人与神的“内在融通”。他认为精神文化是文化价值的集中体现，将艺术、哲学、宗教的“三者合德”视为文化的价值结构，而以哲学为文化价值的“主要的决定因素”。他设计出“人与世界在理想文化中的蓝图”，以阐述人的生命价值、精神境界不断超升的过程。凡此，都表明了方东美文化价值观的人文主义取向。

方东美的注重民族生命精神的比较文化学，选择从生命精神看文化形态的视角，对古希腊文化、近代欧洲文化、中国文化进行了比较研究。他认为这三种文化作为人类文化类型的主要代表，各自都创造了辉煌成就，同时也各有缺陷。在他对于这三种文化形态的评论中，我们可以看出，按照他的文化价值观，他认为，具有“观念取向”的古希腊文化和中国文化，在价值上高于具有“实感取向”的近代欧洲文化。而作为古代欧洲文化的古希腊文化之所以在价值取向上高于近代欧洲文化，或者反过来说近代欧洲文化之所以在价值取向上反不如古代希腊文化，是因为近代欧洲文化的“实感取向”，使它没有达到古希腊文化的精神高度。这也反映了方东美关于人类文化发展的一种见解：就文化价值而论，现在未必胜于过去，因为人类文化史不是“直线发展”的。

在方东美看来，中国文化作为东方文化最纯正的代表，不仅在精神价值上高于近代西方文化，而且与古希腊文化相比，也有胜出之处。那就是中国文化和古希腊文化虽然都推崇真善美的价值理想、注重形而上境界的追求，但中国文化不像古希腊文化将价值理想与现实人生、形而上领域与形而下领域相互隔绝，而认为价值理想可以内在于现实人生得到实现，形而上“超越”而不“超绝”于形而下。因此中国文化不赞成对于人生的虚无主义态度，而坚信人性和世界在本质上都是美好的。可见中国文化表现了比希腊文化更为积极、健康的生命情调。中国文化以其基于“爱悟心”和“平等慧”的广大和谐精神（即天人合一精神），不仅消除了人与自然

① 方东美：《中国大乘佛学》，第 293 页。

界的隔阂，而且消除了价值理想与现实人生、形而上领域与形而下领域之间的隔阂。方东美在谈到他的“人与世界在理想文化中的蓝图”时，说“这一张图片中所画的，是我所谓的广大悉备的和谐”。而这种“广大悉备的和谐”，正是他所理解的中国文化的基本精神。因此可以说，方东美所设计的人类未来文化，虽然是古希腊文化、近代欧洲文化、中国文化的“合德”，但却是贯穿着中国文化的基本精神的。这实际上是方东美的文化哲学思想的一个重要的基本观念，他关于复兴中国文化与重建人类文化相一致的思想，正是建立在这个基本观念之上的。

不过，方东美虽然认为中国文化精神是最优良的文化精神，却并不认为在未来的人类文化中应当以中国文化为“独尊”。他不像梁漱溟在其《东西文化及其哲学》一书中那样，通过文化的比较研究，得出了全世界的文化发展最终都必然走“中国的路、孔家的路”的结论。方东美尽管将中国文化精神视为人类未来文化的基本精神，却同时认为人类未来文化的形成有赖于三大文化传统的“合德”，东西方文化的“合德”，像人类曾经有过的“轴心文化”那样，而不是某一个文化传统的复兴和“独揽天下”。这也反映了方东美这一代新儒家，与现代新儒家开创人物在思想观念方面的差异。应该说，这体现了文化哲学理念的一种进步。

值得思考的是，在方东美提出的人类文化建设方案中，如何才能真正实现不同的文化形态之间的融合？按照方东美的文化哲学理论，不同的文化形态决定于不同的哲学“共命慧”，不同的哲学“共命慧”根源于不同的民族生命精神。那么，不同的民族生命精神怎样才能趋向一致？不同的哲学“共命慧”怎样才能合为一体？倘若不同民族的生命精神和哲学智慧未能统一起来，又如何建立统一的人类文化形态？这些，在方东美的文化哲学思想中，是没有解决的问题。这表明，方东美关于通过古希腊文化、近代欧洲文化、中国文化的“三者合德”重建人类文化的理论，与唐君毅等人关于通过多元文化的融合，建立“天下一家”的人类文化的理论一样，虽然提出了关于当前人类文化建设的方案，却无法真正解决实现这一方案的途径问题，他们的方案因此而表现出强烈的理想主义色彩。

第五章

唐君毅论道德理性与文化价值

唐君毅，1909 年 1 月 17 日出生于四川省宜宾县柏树溪，祖籍广东五华。父亲唐迪风是前清秀才。唐君毅 6 岁开始读《老子》，10 岁时入成都省立第一师范附小高小，12 岁时随父亲就读于重庆联中。1925 年，唐君毅赴北京求学，先入中俄大学，后考入北京大学。在北大，他听过梁启超、梁漱溟、胡适等人的演讲，对梁漱溟弘扬中国传统文化的精神非常敬佩。尽管当时梁漱溟的思想遭到左派学生的强烈抨击，唐君毅还是顶着压力去听梁漱溟的演讲。

1927 年，唐君毅转读南京东南大学（后改名为中央大学）哲学系，受业于方东美、汤用彤、宗白华诸先生，并有机会听熊十力到中央大学讲授"新唯识论"。他还阅读了微积分、物理学、心理学乃至生物学方面的西方科学书籍。这时的唐君毅除了赞赏传统的儒家思想，还对怀特海、康德、黑格尔、费希特等人的唯心论思想感兴趣。1932 年，唐君毅毕业回成都，执教于多所中学，1934 年，回到中央大学任教。他先后在哲学系任讲师、副教授、教授及系主任，主讲哲学概论及中国哲学史课程。1949 年春，唐君毅与钱穆应华侨大学聘请南下广州执教，后因时局动荡，没有多久他便离穗赴港。

40 年代，唐君毅的学术思想主要围绕道德自我的建立问题而展开。1944 年，他完成了《道德自我之建立》一书。该书提出，人既是物质身体的存在，也是心灵精神的存在，人生的本质是心而不是身体。心是身体的主宰，人生的活动本质上是心的活动，所以人生的目的在于实现内在的精神价值。此后的《人生之体验》《人生之体验续篇》《心物与人生》《文化意识与道德理性》等著作，均是他这一基本理念的展开和深化。

唐君毅到香港后，与钱穆、张丕介等人创办亚洲文商专科学校。1950年春，该校改建为新亚书院，书院“上溯宋明书院讲学精神，旁采西欧学府导师制度，以沟通中西文化，谋求人类福利和平为旨”，后来它成为现代新儒学在海外传道授业的大本营。唐君毅在新亚书院发起并主持新亚学术文化讲座，邀请著名学者主讲，历时五年，共一百三十九次，新亚书院由此蜚声学界。唐君毅还多次应邀前往美国、日本、韩国及欧洲参加学术会议或作演讲。1958 年，他同张君劢、牟宗三、徐复观联名发表了《文化宣言》。

50 年代，唐君毅的学术思想由主要关注人生问题、伦理问题转向关注中国文化问题。他以人文精神为主线，探讨中国文化的价值和人文世界的重建问题，阐发自己的文化理想。这一方面的代表作，有 1953 年完成的《中国文化之精神价值》，1955 年完成的《人文精神之重建》和 1958 年完成的《中国人文精神之发展》。在《中国文化之精神价值》中，唐君毅提出，中国文化的基本精神在于“天人合一”的心性之学，他一方面视天心即人心，另一方面以人心见天心。中国文化固然需要吸收西方文化的优良精神，但是中国文化自有其至高无上的精神价值，这种精神价值终将在未来的世界文化中得到显现。在《人文精神之重建》中，唐君毅肯定了不同民族的文化各有其价值，提出重建人文精神，开创一个理想的人文世界，并对中国传统文化的人文精神进行了多角度的阐释。《中国人文精神之发展》则论述中国传统人文精神的发展历程与中国人的文化理想，探讨中国人文精神与科学及宗教思想如何相融相通的问题，其目的就是重建现代社会的道德生活。

1963 年，港英当局将新亚书院与崇基书院、联合书院合并成立香港中文大学。唐君毅受聘为哲学系讲座教授、系务委员会主席，并被选为中文大学第一任文学院院长。1974 年，他从中文大学退休后，与牟宗三、徐复观等人在新亚书院旧址重建新亚研究所，唐君毅任所长。

60年代以后,唐君毅进一步对东西方哲学进行了系统、深入的研究,完成了6大册200多万字的巨著《中国哲学原论》。1975年秋,他应台湾大学之聘,出任哲学系客座教授。在这时期,唐君毅为介绍、弘扬儒家思想和中国传统文化,多次出访讲学和参加国际性学术会议。

唐君毅的最后著作《生命存在与心灵境界》于1977年由台湾学生书局出版。在该书中,唐君毅借用佛家体、相、用三分法考察心灵自身的主观活动与心灵观照的客观对象,并以不同的体、相、用分别对应于客观、主观、超主客观三界,由此提出心灵活动的九种境界,认为人生的真实意义在于精神境界的不断升华和永恒超越。这就是他著名的心灵"三界九境"之说。此说"建立了一个新的哲学体系,将宇宙万事万物看作都是求超越的过程,生命的存在不仅是为存在而存在,乃是为超越自己而存在;心灵的活动也是在这个基础上,从现实的生命逐渐向上求更高的价值,最后止于天德与人德一致的最高价值世界"。①

1978年2月2日,唐君毅先生在香港逝世,终年69岁。除上述著作外,他还有《哲学概论》《中华文化之花果飘零》《中华人文与当今世界》等著述,并发表学术论文300余篇,故学术界有人说"先生著述之丰,在当代学人当中,可谓无出其右者"。

唐君毅的文化哲学思想十分丰富,它主要包括以下几方面的内容:人类文化与道德理性的关系;中西文化基本精神的比较;中国文化的精神价值;中国文化的问题及其解决之道。

一、一切文化活动皆表现道德价值

唐君毅说:"盖文化之范围至大,论文化最重要者,在所持以论文化之中心观念。如中心观念不清或错误,则全盘皆输。"②唐君毅论文化所持的"中心观念",就是:文化是人类道德理性的表现。

---

① 《简明不列颠百科全书》第7卷,中国大百科全书出版社1985年版,第677页。

② 唐君毅:《中国文化之精神价值》,广西师范大学出版社2005年版,第1页。

1. 文化是人类道德理性的表现

文化包罗万象，唐君毅将其区分为“社会文化”、“纯粹文化”和“保卫文化的文化”。所谓“社会文化”，包括家庭生活、经济活动、政治活动。所谓“纯粹文化”，包括哲学、科学、文学、艺术、宗教、道德。所谓“保卫文化的文化”，包括体育、军事、法律、教育。这三种文化，都是人类道德理性的表现。唐君毅说：

> 人类一切文化活动，均统属于一道德自我或精神自我、超越自我，而为其分殊之表现。人在各种不同之文化活动中，其自觉之目的，固不必在道德之实践，而恒只在一文化活动之完成，或一特殊的文化价值之实现。如艺术求美，经济求财富或利益，政治求权力之安排……然而人类一切文化之所以能存在，皆依于一道德自我，为之支持。一切文化活动，皆不自觉的，或超自觉的，表现一道德价值。道德自我是一，是本，是涵摄一切文化理想的。文化活动是多，是末，是成就文明之现实的。[①]

在此，唐君毅的着眼点是人类的“一切文化活动”，而他所说的“分殊”表现，是相对于各种不同的文化活动领域而言的。因此从根本上说，唐君毅在此所表达的观念是：文化是人类道德理性的表现。人在各种文化活动中，其主观目的未必是实现道德价值，但是一切文化活动得以进行，则必然有赖于人的道德理性的支持。这种支持，是不自觉的，或超自觉的。唐君毅分别就上述三种文化，论证文化是人类道德理性的表现。在《文化意识与道德理性》一书中，他通过“家庭意识与道德理性”、“经济意识与道德理性”、“政治与国家与道德理性”、“哲学科学意识与道德理性”、“艺术文学意识与求真意识”、“体育军事法律教育之文化意识”等问题的阐述，来说明“社会文化”、“纯粹文化”和“保卫文化的文化”都是人类道德理性的表现。

在“社会文化”方面，人类的家庭生活并非基于所谓性本能，而是基于

---

① 唐君毅：《文化意识与道德理性》，中国社会科学出版社 2005 年版，第 3 页。

男女之爱和孝悌意识。在家庭生活中,在父子、夫妇、兄弟之间,充分体现着人类道德理性的存在。人类的经济活动并非基于人的生存欲望,而是基于人的精神理想。各种生产、分配、交换、消费活动,无不以道德理性为之支持。人类的政治活动并非基于权力欲望、权力意志,而同样是基于人的道德理性。各种社团政治活动,都贯穿着人的至善精神,政治活动离不开人类道德理性。

在“纯粹文化”方面,从表面上看,哲学、科学、文学、艺术活动不同于道德活动。但实际上,哲学、科学的求真,文学、艺术的求美,都不是无善恶的或者超善恶的。既然有善恶之分,就不能脱离人类道德理性的支配,就要受到道德评价的制约。因此哲学、科学、文学、艺术活动是道德理性的表现。至于道德活动和宗教活动,前者是人的道德理性或道德自我的表现自不待言,而后者亦与人类道德密切相关,因为人们在宗教活动中所信奉的神明,就是最完满的道德化身。

在“保卫文化的文化”方面,从表面上看,体育、军事、法律、教育活动本身的价值似乎仅仅是形式的、工具的,它们仅仅是为实现其他文化活动(“社会文化”和“纯粹文化”)的价值而存在。但实际上,这些活动在其形式的、工具的价值之中,各自有其独特的道德价值,而这才是它们自身的本质目的。因此体育、军事、法律、教育活动实质上也是人类道德理性的表现。

由此可见,人类的全部文化活动都是道德理性或道德自我的表现。

唐君毅关于人类文化是道德理性之表现的论述,典型地体现了现代新儒家文化哲学的道德本位思想。在现代新儒家代表人物中,也有其他学者从不同方面阐述过道德理性在人类文化活动中的重要意义,但他们都没有像唐君毅那样全面、深入地探讨道德理性与文化活动的关系问题。唐君毅专门探讨这一问题的著作《文化意识与道德理性》,堪称现代新儒家文化哲学道德本位思想的代表作。在这部著作中唐君毅从家庭、经济、政治、哲学、科学、文学、艺术、宗教、体育、军事、教育等不同方面,论述了道德理性与文化意识的关系,阐明了他关于文化是道德理性的表现、人类一切文化活动都根源于人的“道德自我”的见解。

2. 文化活动与现实环境

人类文化是道德理性的表现，即道德理性的现实化。既是现实化，那就离不开一定的现实环境。“此所谓现实环境，即指精神欲实现其理想于其中之一切。不特我之外之自然界与社会现状，为我所欲实现理想于其中之现实环境。即我之已成之心理习惯、性格、自然生命力与身体，对吾人当下之文化道德理想，或迁善改过之精神言，亦为其现实环境”。[①] 在唐君毅看来，精神——即人的道德理性——借以实现其理想的一切环境都是人类文化活动所需要的现实环境。这种现实环境不仅包括自然界和社会状况，而且人的业已形成的心理习惯、性格、生命力与身体，相对于他当下的文化创造活动（也就是实现“文化道德理想”的活动）而言，也是既定的现实环境。

人类文化活动离不开一定的现实环境。譬如说，人在从事文化活动时要通过口的动作发出语音，通过身体的动作制造器物或写出文字，这些动作和语音、器物、文字等等乃是有形之物，属于物质世界。在这种物质性的现实环境中，作为人的主观精神的道德理性才能够客观化、社会化。“道德之实践，内在于个人人格。文化之表现，则在超越个人之客观社会。然而，一不显为多，本不贯于末，理想不现实化，内在个人者，不显为超越个人者，则道德自我不能成就他自己”。[②] 道德自我是“一”，是“本”，它必须在现实环境中超越自我而客观化、社会化，这就是人的文化活动的实质。

虽然现实环境对于人的文化活动如此重要，但是它只能“规定”而不能“决定”人的文化活动。“决定”就是主宰，意味着被决定者完全没有自由，“规定”则只是现实环境对人的文化活动的影响。在这种影响之下，人们在文化活动中仍然有自己决定如何行动的自由。因此现实环境只是文化活动的“必要条件、规约条件”，而非“充足条件或实现条件”；只是文化活动的“外缘”，而非“第一因”。“第一因”只能是人的道德理性或曰道德

① 唐君毅：《文化意识与道德理性》，第4页。
② 唐君毅：《文化意识与道德理性》，第3页。

自我、精神理想。“故吾人欲了解人之文化活动，必先透入人之精神或人之理想之本身之了解，视此精神理想为决定人之文化活动之第一因，而不能以人所接之现实环境，为决定人之文化活动之第一因。……吾人今之所欲主张者，即此一切现实环境，皆不能真决定吾人之理想之形成，决定吾人之精神活动。而唯吾人之理想与精神活动之自己生发与形成，可以逐渐决定此一切现实而表现为文化”。①

就哲学思想而论，以道德理性作为人类文化活动的根源和本质，无疑是一种主观唯心主义观念。唐君毅是一位唯心主义思想家。他把精神性的道德理性视为文化的根源和本质，视为文化活动的决定性的因素，这与他的哲学思想是完全一致的。他曾经说自己关于道德理性是人类文化本原的见解，与“世俗之人所想及之主观唯心论之说”不同，因为他承认“现实环境”在文化活动中的重要作用，承认文化创造的过程离不开一定的现实环境，而不像一般的主观唯心论学说那样只承认精神性的思想观念的作用。但实际上，唐君毅关于“现实环境”在人类文化活动中的作用的观点，同样是以精神性的道德理性对人类文化的第一性的、决定性的作用为基本前提的。在他那里，“现实环境”对人类文化活动来说不过是“第二因”和“外缘”。

3. 文化活动的自决性

人的文化活动是自决、自主、自由的，其所以如此，根本原因在于道德理性对于人来说属于“心之能”，可以自动自发、自作主宰，而非被动地、机械地由现实环境决定。

例如，近山之人朴厚，近水之人灵巧；健康之人思前进，多病之人恒想后；男性强而自尊，女性弱而自谦；老人好静，少年好动；农业之人保守，商业之人好新奇；富者习奢华，贫者习俭约；气质刚者好斗，气质柔者喜和平。按照唐君毅对“现实环境”的理解，这种种不同都属于人们的“现实环境”的差异。这些差异影响着人的精神状态，“由人之精神状态各不相同，

---

① 唐君毅：《文化意识与道德理性》，第4页。

而人之文化活动,亦各不相同”。[1] 近山之人朴厚则睦宗族厚邻里,长于组织政治社会;近水之人灵巧则长于工艺;健康之人信乐观之哲学,多病之人信悲观之哲学;男性强而自尊可为军事政治之人物,女性弱而自谦则宜于处家;老年好静,爱田园山林文学,少年好动,则爱读冒险小说;农业之人保守而重历史,商业之人喜新奇而轻历史……这些似乎可以证明“人之现实环境之为如何,遂致人之精神状态或文化活动亦为如何”,[2]但其实不然。唐君毅说:

> 然吾人仍反对现实环境对吾人精神或文化活动之决定者,则在吾人认定吾人之精神活动或文化活动,毕竟依于吾人对现实环境所表现之一态度,而对此态度,吾人乃始终能自己加以批判,而估量判断其价值,对之有所好恶者。吾人如透过吾人自己对自己之态度,加以估量而判断其价值之一超越的活动以观,则是现实环境实未尝真决定吾人对之之态度,亦未尝真决定吾人之精神或文化活动之形态。而真正决定之者,唯是发出此态度,并能估量判断其价值之精神自我,或超越自我。此精神自我、超越自我,不仅可以决定吾人对现实环境之态度,不仅可求改变我与现实环境之关系,且可求对现实环境本身,加以改变。[3]

人在文化活动中,要对现实环境采取一定的态度,要作出一定的价值判断,这就决定了文化活动的状态。因此,“发出此态度,并能估量判断其价值”的道德理性,才是人的文化活动形态的真正的决定者。道德理性不仅可以决定人对现实环境的态度、人与现实环境的关系,而且可以导致现实环境的改变。近山之人之所以自爱其朴厚而愿意保其朴厚,是因为其良知(亦即道德理性)视朴厚为善德而加以肯定。如当其觉得过于朴厚而近于呆笨时,便会改变原来的态度而欲学灵巧,以致寻求近水之地以养其心灵之活泼灵巧。近水之人在觉其灵巧流于圆滑时,也会改变原来的态度,居山地以养朴厚。可见,“人任何精神文化或活动被保存,亦初无不赖

---

① 唐君毅:《文化意识与道德理性》,第7页。

② 唐君毅:《文化意识与道德理性》,第7页。

③ 唐君毅:《文化意识与道德理性》,第7—8页。

人自觉该精神或文化活动有某一价值，而自觉的加以爱好之态度。而当吾人沉溺于一精神或文化活动，而觉此足致吾人精神之偏蔽于一面，以抹杀其他，而近于过恶时，吾人亦将立觉其当改变，或取他人之长以自辅。或去求摆脱自己之现实环境，以致一新环境，以便启发吾人其他精神或文化之活动”。[①] 总之，道德理性决定人在文化活动中的价值取向，决定其与现实环境的关系，乃至决定现实环境的改变，这就体现了人类文化活动的自决性。人在文化活动中是精神自主、自由的，至于人们往往会感到自己在文化活动中不自由，那是由于他们主观地觉得现实环境是一种桎梏，束缚着自己的精神，限制着自己的理想，其实这只是一种“幻觉”。

唐君毅所说的人类文化的“自决性”(或曰“自主性”、“自由性”)，归根结底是指由精神性的道德理性决定文化活动的方式、过程、形态和价值。而且他所说的“现实环境”，还包括文化活动的主体(人)业已形成的思想、心理乃至性格，这些其实仍然是精神性的存在。由此可见，唐君毅关于人的文化活动“自决性”的观念，同样是深深植根于他精神至上的唯心论思想之中的。

二、中西文化特点之比较

唐君毅认为，从历史上看，“原来东西的思想虽然不同，然而其传统的思想正流，都表现同一的向上的人性。东西的传统的思想正流，同承认人不只是一自然的存在，而是一精神的存在、文化的存在。人不只有外部的社会生活、自然生活，而且有个人在内部开辟的精神生活、文化生活……这种人生观保持了人类的尊严和向上心”。[②] 唐君毅所说的东方和西方“传统的思想正流”指的是人文主义思想。他说中国文化和西方文化原本都具有人文主义传统。在西方，人文主义传统在中世纪曾遭受严重摧残，直至文艺复兴运动使之得到恢复和发扬。然而，近代西方的科学文化兴起之后，西方文化慢慢来了一个天旋地转，“走背离人文、面向自然、物化

① 唐君毅：《文化意识与道德理性》，第8页。

② 唐君毅：《人文精神之重建》(一)，广西师范大学出版社2005年版，第23页。

人生的路”,[①]形成了科学主义思潮。

“中国文化中之人文精神,与西方科学精神以至宗教精神,实实在在是人类心灵,倾向不同道路发展而生之二种精神”。[②] 唐君毅认为,当今人类文化应该将中西文化的这两种精神融合起来,“现在我们的理想是要把此两个打成一个,但我们却须先承认在事实上原是两个”,[③]我们对中西文化必须“洞彻其差异所在”。因此唐君毅的中西文化比较论,着重阐明的是中西文化的不同特点。

1. 中西文化的主要不同

唐君毅在《人文精神之重建》中说:“以中西文化相较而论,可以各种之观点论其异同。吾昔年尝以天人合一、天人相对之别,论之于一书(指唐氏1943年由正中书局刊行的《中西哲学思想之比较论文集》——引者按)……然今将另取一观点,直就中西文化所重视之文化领域之不同,以显示其精神之差别。”[④]关于中国文化之“天人合一”与西方文化之“天人相对”,唐君毅在论述中国文化的根本精神及其价值时多有论列,其中,“中国文化的根本精神及其价值”被列为该书的一节予以阐述。在《人文精神之重建》和《中国人文精神之发展》《中国文化之精神价值》等论著中,唐君毅着重就中西文化所注重的不同方面,阐明了中西文化的主要差异。

(1)中国文化注重人,西方文化注重物。

唐君毅说,“中国的文化,根本上就是一个人的文化”。[⑤] 他认为这是中国文化的最重要的特点。“中国思想与西方思想不同的地方,关键在于中国思想,很早便特注重‘人’的观念。大家知道,中国最早经典当推六经,六经主要讲的是人道”。[⑥] 中国古代经典也讲“天”和“天道”,但总是结合着“天象”、“天时”讲天道,意在治“历”明“时”,其目的还是为了治“人

① 唐君毅:《人文精神之重建》(一),第25页。
② 唐君毅:《中国人文精神之发展》,广西师范大学出版社2005年版,第77页。
③ 唐君毅:《中国人文精神之发展》,第77—78页。
④ 唐君毅:《人文精神之重建》(二),第61页。
⑤ 唐君毅:《中华人文与当今世界》(二),广西师范大学出版社2005年版,第388页。
⑥ 唐君毅:《中华人文与当今世界》(二),第417页。

事”。可见“中国古代之特重‘人’的观念，尤为中国思想之特点”。①

唐君毅进一步指出，中国文化注重“人”的观念“是由于中国人之自觉的反省自己之为人而起的”。② 按照孔子的思想，人在精神上应该由“小人”修养成为“大人”。因此中国人特别重视如何“做人”，特别重视人生修养。中国文化所讲的“人道”，就是人生修养之道。西方文化则不然，它所注重的是“物”而不是“人”。西方文化虽然也研究人，但西方的生理学是将人当作“活的机器”来研究，西方的心理学是将人的心理当作外在的客观对象来研究。近代以来西方科学技术的发展固然很有成就，但也带来一个极大的弊病，那就是视人如物，见物不见人。而且由于重物质享受不重精神追求，近代以来的西方文化还导致了人的“物化”，例如不少美国人所向往的无非是多挣钱，今天换一辆汽车，明天换一部电视机。针对西方文化的“人之物化”现象，唐君毅说：“一个人不是一个物，人总要从物化里解放出来。人一方面不能视人如物，把人当作物来安排，另一方面我们自己的生活也不能物化。只有人从物化里解放出来，然后人才能成为人。讲到这里，我就觉得我们中国几千年来先圣先贤、列祖列宗文化遗产的可贵。他们对于人所以为人，不可物化，是言之再三，念兹在兹的。”③西方文化的“人之物化”包含着“视人为物”和“物化人生”两个问题。这两个问题之间有区别：“视人为物”指的是西方文化将人当作“物”来看待和研究，“物化人生”则是指西方文化引导人们在生活中注重物质利益、轻视精神追求。唐君毅认为，“视人为物”和“物化人生”乃是“今天西方文化上的两大问题”。④ 西方文化的根本弊端，被唐君毅概括为“背离人文、面向自然、物化人生”，这也可以说是现代新儒家的共识。唐君毅用“物化”二字说明西方文化之弊病的症结所在，并且进一步分析了西方文化的“人之物化”的两个方面的表现，即“视人为物”的观念和“物化人生”的价值取向。在唐君毅看来，“今天西方人之文化的主要问题，就是如何从‘人之物化’里

---

① 唐君毅：《中华人文与当今世界》(二)，第418页。
② 唐君毅：《中华人文与当今世界》(二)，第418页
③ 唐君毅：《中华人文与当今世界》(二)，第388页。
④ 唐君毅：《中华人文与当今世界》(二)，第386页。

解放出来”，[1]也就是从“视人为物”的观念和“物化人生”的价值取向中解放出来。

(2)中国文化注重伦理关系，西方文化注重个人意志自由。

“中国古代之文化，又皆由人群之实际生活中所形成，及周而严伦理宗法”。[2] 中国文化注重人与人之间的伦理关系，自周代开始就严格地确立了伦理规范。这种伦理规范存在于父子、兄弟、夫妇、朋友以及君臣各种关系之中，表现于每个中国人身上。在父子、兄弟关系中，中国文化推崇孝悌，不像西方文化视父子如朋友。在夫妇关系中，中国文化推崇互相敬爱，认为结婚乃是“合二姓之好”，不像西方文化视婚姻仅是男女之间的契约。人与人之间，中国文化提倡忠信，不像西方文化导致人与人的疏离。这些伦理规范表明了中国人能够替对方着想，能够将心比心，超越一己私心而从对方心中发现自己的价值。唐君毅高度评价中国文化这种注重人与人之间伦理关系的价值取向，认为：“中国传统文化所重之个人对个人之一对一的伦理关系组织，实涵一至高无上之价值。”[3]

在这方面西方文化的价值取向是“尊重个体自由意志”。唐君毅对此作出分析说，古代希腊文化已经表现出对个性自由的尊重。基督教则宣扬人人皆由上帝创造，皆有自由意志。但是由于“亚当犯罪”，使人的自由意志“趋向于恶”，于是中世纪的基督教“不重个人之自由意志之价值”。真正尊重个体自由意志之价值，乃始于西方近代。随着社会分工的发展，西方人不断地被个体化。人们崇尚自由，提出了天赋人权、人人生而自由的口号。“故近代西方哲学中，特以意志自由之证明，为最重大之问题。近代复有各种社会上、政治上、法律上之争个人之自由平等之权利之运动，经济上近代有自由企业之资本主义之产生”。[4] 这是西方文化与中国文化一个重要的不同之处。从西方哲学看，从西方社会生活和政治、法律、经济看，都表明了“西方近代人所重之个体之意志自由，亦非中国文化

---

① 唐君毅：《中华人文与当今世界》(二)，第386页。

② 唐君毅：《中国文化之精神价值》，第44页。

③ 唐君毅：《中国人文精神之发展》，第177页。

④ 唐君毅：《中国文化之精神价值》，第3页。

大统中所重之精神”。[①]

(3)中国文化注重道德和艺术,西方文化注重科学和宗教。

在周代中国文化就富于礼乐精神,“关于中国文化之以道德精神与艺术精神为主,吾将谓其自周代已然。周代之礼乐,乃古代文化之二干”。[②]唐君毅说,后来孔子教人以六艺,更表明了对于道德和艺术的重视。“孔子之功绩……在承继以前中国之六艺之文化”。[③] 唐君毅对“六艺”作出如下解释:“原始之六艺为:礼、乐、射、御、书、数。礼即道德法律,乐为艺术、文学,射御即军事体育,书是文字,数是科学。后来之六艺为:诗书礼乐易春秋。诗属文学艺术,礼属道德伦理、社会风俗、制度。书属政治、法律、经济。易属哲学宗教。春秋即孔子依其文化理想所以裁判当世,垂教当世之教育法律也。”[④]“六艺”所体现的礼乐精神就是道德精神和艺术精神。在儒家所宣扬的“四德”(仁、义、礼、智)之中,“智”德居于末位,更加表明了中国文化以道德和艺术为先的精神。而且道、墨诸家同样以论人生德性为事。至于名家和荀子所讨论的知识论、逻辑学,庄子的齐物论,乃是由诸家之间的论辩所引起,为诸家的末流所崇尚,并非中国文化的主流。

唐君毅还从中国文化的天人合德理念,说明中国古代宗教和科学之所以不发达之因。就宗教而言,中国人基于天人合德的理念,“以道德眼光看天,则天心内在于人心,而谓有超越外在之神意或天命,故与人意相违,而与人以灾难之思想,亦宜不能有。而人对天,亦可不负其良心自觉所昭示者以外之责任”。[⑤] 天心内在于人心,在中国文化中没有外在于人心的“神意”、“天命”,人对于天也没有宗教方面的责任,因此中国古代宗教自然不发达。就科学而言,科学精神要求肯定“客观必然的自然律”,“人必须认识此超越于道德外之必然之自然律,科学精神乃得舒展。然中国人以天心即内在于人心,遂使人之道德律以外无超越外在之神圣律……于是科学之求客观必然的自然律之纯理动机,不得滋长,而改造自然之科学的实

---

① 唐君毅:《中国文化之精神价值》,第 44 页。

② 唐君毅:《人文精神之重建》(一),第 79 页。

③ 唐君毅:《文化意识与道德理性》,第 4 页。

④ 唐君毅:《文化意识与道德理性》,第 4 页。

⑤ 唐君毅:《人文精神之重建》(一),第 78 页。

用动机，或被阻塞也”。[1] 这使得科学在中国文化中也难得发展。西方文化与此不同。从古希腊直到近代的西方人总是把自然视为与人类对峙的客观对象。西方文化所注重的是理智的理性活动。西方哲学总是将知识论、逻辑学、形而上学置于人生伦理之前。西方人谈道德，不像中国人重在改变自己的气质，而是多谈道德行为与宗教的关系。这就导致了以自然律为研究对象的科学和以外在超越为目的的宗教在西方文化中特别地得到发展。由上述可知，“西洋文化之中心在宗教与科学……中国文化之中心在道德与艺术”。[2]

(4)中国文化注重统绪，西方文化注重类分。

唐君毅将这种差异谓为“中西文化之面目之不同——重文化之类别，与重文化之统”。[3] 西方文化的分类精神“在社会则显为阶级之分立、职业之对峙，在文化则成各种类之文化领域、主义、派别”。[4] 而在中国，社会的阶级区分不明显，人们的职业改换很容易，因而“学术文化中亦重统绪而略类分，重各类学术文化之精神之融和”。[5] 现在中国文化中宗教、艺术、哲学、科学、政治、经济、文学等不同领域的划分，是从西方输入的。每种文化领域中存在着各种主义，科学又截然区别为不同的门类，也是中国文化原本没有的。“中国人亦不重视分辨各种门类之学术文化之价值意义，而重于不同之学术文化活动中见同一之道之表现”。[6] 中国学术文化的派别，只是表明源流、师承和地域的不同，而罕有像西方学术文化那样按照“抽象之主义”区分派别者。中国各宗派、家派的学术文化当然也各有其所重之宗旨，如哲学中程朱重主敬穷理，陆王重悟本心良知；诗文中王渔洋重神韵，袁枚重性情。但这些宗旨无非是表明其学术的重心所在，而不表示“主义”的根本不同，因此在中国文化中“不同宗旨之学术文化，常可

---

① 唐君毅:《人文精神之重建》(一)，第78—79页。

② 唐君毅:《人文精神之重建》(一)，第61页。

③ 唐君毅:《中国文化之精神价值》，第12页。

④ 唐君毅:《中国文化之精神价值》，第12—13页。

⑤ 唐君毅:《中国文化之精神价值》，第13页。

⑥ 唐君毅:《中国文化之精神价值》，第13页。

以互相涵摄而并存”。[①]

在西方，不同学派、宗旨的学术文化“对峙显然”，“故论西洋学术文化史之发展，吾人最易见一时代之学术文化之精神，为某一特殊之文化领域所主宰”。[②] 例如，古希腊文化精神以文艺、哲学为主，中世纪西方文化精神以宗教为主，近代西方文化精神以科学技术为主。而且在同一时代中，宗教的宗派或为一神，或为多神，或为超神，或为泛神；文学的宗派或为浪漫的，或为写实的，或为古典的；哲学的宗派或为唯心论，或为唯物论。特别是近代以来，西方文化的分类愈来愈细，不同的主义和派别愈来愈纷繁，各种学术文化人物各执一端、逞其所长、显其偏至。这都表明西方文化“重文化之类别”。就中国文化史而论，很难说各个时代的文化精神究竟为哪个特殊的文化领域所主宰，“辨章学术之同异，尤为古今人所难，而言三教合一，异唱同归，则易于振振有词。此皆中国学术文化精神，重融合（应为“会”——引者按）贯通于一统，较不重以概念之分析辨其类别之证也”。[③] 唐君毅认为这是中国文化与西方文化最主要的区别，这个区别表明了中国文化“重融合（会）贯通于一统”的根本精神。

西方文化“有分途开展之人文领域，而缺综摄贯通之礼乐精神”。[④] 唐君毅将“西方文化之特殊精神”概括为以下四项：“向上而向外之超越精神”、“求知的理性活动之精神”、“尊重个体自由意志之精神”和“学术文化上之分途的多端发展之精神”。“此四种精神，相依为用，以表现于西洋文化历史中”。[⑤] 他又将中国文化综摄贯通的精神称为“圆而神”的精神，将西方文化分途发展的精神称为“方以智”的精神；“圆而神”精神的核心是仁，“方以智”精神的核心是智，这也正是中国与西方人文精神的区别所在。“中国之社会人文世界，是着重在内部和融贯通的社会人文世界。而西方的社会人文世界，则是各种学术分途开展的社会人文世界。前者主

---

① 唐君毅:《中国文化之精神价值》，第 15 页。

② 唐君毅:《中国文化之精神价值》，第 15 页。

③ 唐君毅:《中国文化之精神价值》，第 15 页。

④ 唐君毅:《人文精神之重建》(二)，第 404 页。

⑤ 唐君毅:《中国文化之精神价值》，第 3 页。

要表现仁的性情，后者主要表现智的条理”。[1] 可见“圆而神”代表“仁的性情”，“方以智”代表“智的条理”。唐君毅还认为，西方文化之所缺（仁的性情）正是中国文化之所长，西方文化的“悠久之道”应该是“以礼乐精神之圆而神，运于其人文分途之方以智之中”。[2]

中西文化精神的基本差异，又被唐君毅概括为“自觉地求实现”与“自觉地求表现”，他说：

> 吾人回顾中国文化数千年之发展，吾人在此章（即《中国文化之精神价值》第十六章——引者按）将先姑用二名词，论说中西文化精神重点之不同，即中国文化根本精神，为自觉地求实现的，而非自觉地求表现的。西方文化根本精神，则为能自觉地求表现的，而未能真成为自觉地求实现的。此处所谓自觉地求实现……即精神理想，先全自觉为内在，而自觉的依精神之主宰自然生命力，以实现之于现实生活各方面，以成文化，并转而直接以文化滋养吾人之精神生命、自然生命。而此所谓自觉地表现的，即精神先冒出一超越的理想，以为精神之表现，再另表现一企慕追求理想，求有所贡献于理想之精神活动，以将自己之自然生命力，耗竭于此精神理想前，以成就一精神之光荣，与客观人文世界之展开，而不直接以文化滋养吾人之精神生命、自然生命。中国文化精神为前者，西洋文化精神为后者。[3]

这段比较深奥难解的文字，表达了如下的基本思想：人的文化理想内在于人，它通过人的自然生命力而实现于人的生活的各个方面，从而形成文化，并转而培育人的精神生命和自然生命，这是中国文化自觉地求“实现”的精神；人的文化理想外在于人，它是人的精神向外追求超越的一种表现，这种表现通过人的自然生命力而得以不断展开，却并不直接地培育人的精神生命和自然生命，这是西方文化自觉地求“表现”的精神。唐君毅强调说：“自觉地重实现之精神，乃先有一具足文化理想全体之心性在上，并视人文世界一切，唯是此心性之实现或流露，同时为此心性所包覆

---

① 唐君毅：《中国人文精神之发展》，第 77 页。

② 唐君毅：《人文精神之重建》（二），第 404—405 页。

③ 唐君毅：《中国文化之精神价值》，第 361 页。

涵盖。”[①]不难看出，重统绪的价值取向、天人合一的理念（以心性之学为代表）是唐君毅所谓中国文化“自觉地求实现”精神的核心，而重类分的价值取向、天人二分的理念则是西方文化“自觉地求表现”精神的核心。

2. 中西文化何以不同

唐君毅不仅指出了中西文化精神的主要差异，而且探讨了导致这种差异的原因。他认为，中西文化精神的不同主要起因于文化来源的一元性（或称一本性）与多元性的差别，其次起因于农业社会环境与商业社会环境的差别。

（1）文化来源的一元性与多元性。

唐君毅说：“关于中西文化之差别，吾人今将首提一义：即西方文化形成多元，其所历之文化冲突多，而中国文化之形成，几可谓一元，其所历之文化冲突少。”[②]西方文化源于古希腊文化，而古希腊文化受埃及文化、巴比伦文化、叙利亚文化、爱琴海文化多种文化的影响。古罗马精神融摄古希腊文化，形成了古罗马文化，它也是西方文化的来源。希伯来的犹太教、基督教精神与阿拉伯精神侵入罗马世界而有中古文化。此后再加上意大利文艺复兴和日耳曼精神之发挥，形成了西方近代文化。其中基督教精神虽曾主宰中古文化，浸成西方文化之统，但基督教精神毕竟为后起，与希腊精神不能水乳交融，因而出现文艺复兴时期的人以古希腊文化对抗希伯来精神之事。正因为西方文化之来源为多元，现代西方英、美、法、德、俄之间文化思想方面的冲突极多。

“中国文化之来源，近人因受西方文化之来源为多元观念之暗示，亦有论其为多元者”。[③] 但实际上自中国有史以来，夏、殷、周三代在文化上是一贯相仍的。中原民族用以表达学术文化思想之文字的统一，就是一个证明。后来中原民族对于其他民族的文化虽然时有所取，却都无损于文化之“大本大原”。汉唐以后印度佛教文化的传入，唐代中原文化与回

① 唐君毅：《中国文化之精神价值》，第 361 页。
② 唐君毅：《中国文化之精神价值》，第 1 页。
③ 唐君毅：《中国文化之精神价值》，第 2 页。

教、景教文化的接触,“亦未尝生文化之冲突,且未影响中国文化精神之核心”。[1] 明代西方传教士输入西方科学和基督教教义,也没有对中国文化发生大的影响。只是近百年来中国文化在与西方文化的接触中,由于这种接触最初为通商和帝国主义侵略所促成,才有种种文化冲突发生。可见中国历史上没有文化冲突,完全不像“西方之文化史,则整个为一不同文化之接触冲突、迄今未能融合之历史”。[2]

总之,唐君毅认为中西文化精神之所以存在着差异,“主要者即在西方文化之来源为多元,其文化之接触,恒与冲突相俱,而中国文化之来源,则可谓一元,其与印度文化之接触,亦未尝有大冲突之故”。[3] 他在此提到印度文化,意在以中国文化与印度佛教文化的“接触”为例,说明中国文化在接受外来文化时不发生文化冲突。[4] 在唐君毅看来,中国文化“所历之文化冲突少”而西方文化“所历之文化冲突多”,归根结底在于中国文化的来源为一元而西方文化的来源为多元。文化来源上的一元性与多元性的差别,是导致中西文化精神不同的主要原因。

(2)农业社会环境与商业社会环境。

唐君毅认为,西方文化兴起于商业而中国文化兴起于农业。“吾人由西方文化之发展史以观,吾人皆知希腊土地硗瘠,农业不足以营生,故其民族早业商,而其文化之兴起亦始于商业”。[5] 而从中国文化的发展历史看,“中国人经济生活之所托命,实在农业而非商业”。[6] 农业社会生活与商业社会生活对于文化产生了不同的影响。农业生活者求定住而安居,商业生活者则求远游而易方。远游者周行四方,见上天下地之相悬隔;农业之人向地工作,地上之植物上升于天,则见上天下地之相连通。农业之收获为实用具体的农产品,商业之获利则在货币和账簿上数字的增多。

---

① 唐君毅:《中国文化之精神价值》,第 2 页。

② 唐君毅:《中国文化之精神价值》,第 2 页。

③ 唐君毅:《中国文化之精神价值》,第 5 页。

④ 唐君毅如下一段话可资参考:“在西方历史中,不同文化之接触,皆复为实际利害之情势所促进,故接触恒与冲突相俱。非如中国人之过去接受印度文化,纯出内心之向往要求,而易如水乳之交融也。”(见《中国文化之精神价值》第 2 页。)

⑤ 唐君毅:《中国文化之精神价值》,第 6 页。

⑥ 唐君毅:《中国文化之精神价值》,第 10 页。

农产品重在质之美，可以量计而难以确定之数计，商业之货币则可以确定之数计。农业之人定住而安居，生于斯而食于斯，熟悉自然环境，惊奇之心少；商业之人远游异地，易见新鲜事物，惊奇之心强。求定住安居以勤力生产者自然爱和平，侨居异邦者则易滋生争斗之事。而且，定住安居、和平稳定的农业生活促成民族文化来源为一元，远游异方、多有争斗的商业生活则促成民族文化来源为多元。总之，“商业之生活，必使人倾向于外，多所希慕于人，而自我中心之情显。其精神之向上，则易为向一超越性之神，致其崇敬，并重纯粹求知之理性活动，及数之计算等。农业之生活，则使人倾向于内，重尽己力，求人我各安其居，互不相犯之愿浓；其精神之向上，则易为向一有内在性而周行地面之神致其崇敬；而对环境中之人物，易有悠久之情谊；伦理之念笃，艺术之审美心强，此皆促成上所谓超敌对性致广大之精神之实现者也”。[①] 可见中国社会的农业环境与西方社会的商业环境，也对中西不同文化精神的形成产生了作用。

三、中国文化的根本精神及其价值

唐君毅身处中西文化强烈颉颃而又交融会通的时代，面对各种关于中西文化会通、融合的言论，他认为国人首先应该认识中国文化的根本精神及其价值。他说：“现代世界上的人多有融合东西文化之理想。但至少在我们中国人之立场，则须以中国文化为主为本。我们更先有重新去讲出中国学术文化之精神之必要。”[②]以中国文化“为主为本”，体现了他作为现代新儒家的立场。他正是站在这样的立场去阐释中国文化的根本精神及其价值的。

1. 中国文化的根本精神

唐君毅论中国文化的根本精神，“不取时贤之无宗教之说”，也不取诸如刚健有为（正面）和缺乏科学与民主（负面）等说法。他认为“人性即仁”

① 唐君毅：《中国文化之精神价值》，第11页。

② 唐君毅：《人文精神之重建》（一），第7—8页。

的天人合一思想才是中国文化的根本精神。“中国思想，真为本质上之天人合一之思想。孔、孟之精神，为一继天而体仁，并实现此天人合一之仁于人伦、人文之精神。由孔、孟之精神为枢纽，所形成之中国文化精神，吾人即可说为：依天道以立人道，而使天德流行(即上帝之德直接现身)于人性、人伦、人文之精神仁道。此意，依宋明理学言之，即依太极以立人极，而于人极中见太极。依西方理想主义思潮之术语言之，即为直接依绝对之生命精神，以成就主观生命精神，而使绝对精神生命，内在于主观生命精神，而再通过主观生命精神，以表现于客观生命精神，即表现于人之各种对人对物之感应关系(人伦)及精神文化之活动(人文)上”。① 中国文化的根本精神是“天人合一”，其真谛是依天道以立人道，而于人道中见天道，或者如宋明理学家所言，依太极以立人极，而于人极中见太极。唐君毅借用黑格尔关于绝对精神的理念，说明作为中国文化精神核心的“天人合一之仁”，既内在于“主观生命精神”，又体现于“客观生命精神”，是主客、内外合而为一的精神本体。他说：“余以中国文化精神之神髓，唯在充量地依内在于人之仁心，以超越的涵盖自然与人生，并普遍化此仁心，以观自然与人生，兼实现之于自然与人生而成人文。此仁心即天心也。”②所谓“神髓”，指的是中国文化的根本精神。在唐君毅看来，这种根本精神就是“超越的涵盖自然与人生”的“天人合一”、“天人合德”精神。

一言以蔽之，“天人合德、天人合一、天人不二、天人同体之观念”体现了中国文化的根本精神，表明了中国文化真正是通天人、合主客、融内外的高明博厚的文化。唐君毅曾从伦理道德、政治经济、文学艺术等不同方面探讨中国文化精神之表现，而在他看来，中国文化的根本精神乃在于此。

2. 中国文化精神的价值

对于中国文化精神价值的阐释，是唐君毅文化哲学思想的重要内容。

世界上唯有中国文化有五千年的历史，而且这五千年的历史文化有

① 唐君毅：《中国文化之精神价值》，第348页。

② 唐君毅：《中国文化之精神价值》，第4页。

其一以贯之的统绪，这足以表明中国文化"有不容磨灭之价值"。这种"统绪"，正是中国文化不同于西方文化而又高明于西方文化之处。唐君毅说：

> 中国文化精神，至少在一点上，实有其至高无上之价值。此即依于人者仁也之认识，以通天地、成人格、正人伦、显人文是也。吾似不能谓：唯中国文化能知重人、重仁，因西方基督教之爱与佛教之慈悲，亦是重仁。基督教以上帝必命其子化生为人，以救人同入天国，并教人以在地若天之道，佛教以佛法主要为人而说，皆"重人"之精神。然中国思想之不以仁只为超越而外在于上帝之心或佛心，而以人性即仁，以至以一切善德，皆直接内在于人性；则特为数千年来之中国思想，万变而不离其宗者。[①]

中国文化万变不离其宗的统绪，在唐君毅看来就是"人性即仁"的天人合一思想。他说西方文化也包含着"重仁"的思想，印度的原始佛教也"重仁"，但是它们都把"仁"看成"超越而外在的"，都把人性与天道相分离。唯有中国文化以其"人性即仁"的思想，体现了"性与天道合一之智慧"。这是一种"极高明"、"极敦厚笃实"的智慧，是中国文化精神价值的根本所在。"吾人……论中国先哲对于心性与天道之智慧，并与世界之其他文化思想中，对于心性与天道之智慧比观；即可见在细密分疏方面，中国学术文化，虽不如西方与印度，然在洁净精微与高明一面，确有对人类文化永远不磨之价值"。[②] 就"细密分疏"（或曰"分殊发展"）而论，中国文化未见高明。中国文化的高明之处，在于它"洁净精微"——以"人性即仁"的观念将性与天道合而为一，从而使天道不外于人性，人性不离于天道。唐君毅认为，由孔、孟创立而在宋明理学中得到高度发扬的"天人合一之仁教"代表着中国文化的根本精神。此"仁教"的核心观念是"人性即仁"，它将"天道"与"人道"统一起来，依"天道"以立"人道"，于"人道"中见"天道"，充分地涵盖自然与人生，形成无比"宽平舒展"的人文主义精神。

西方的基督教和印度的佛教没有"人性即仁"的观念，因而它们使天

---

① 唐君毅：《中国文化之精神价值》，第347页。

② 唐君毅：《中国文化之精神价值》，第348—349页。

道与人性相分离。基督教“重仁”，提倡博爱，说上帝命其子化生为人拯救人类，但是又宣扬人人皆有“原罪”，只有被拯救入“天国”，灵魂方能净化。印度的佛教“重仁”，以慈悲为怀，但又认为人作为“有情众生”，必须被“超度”，而后方能成佛。因此从基督教的原罪说看孔子和释迦牟尼，则孔、释都是有罪之人；从印度佛教的有情众生说看孔子和耶稣，则孔、耶都是未度之人。但是从中国文化“人性即仁”的天人合德之说看释迦牟尼和耶稣，则释、耶都是圣人。唐君毅认为，其根源就在于西方的基督教和印度的佛教都将“仁”看成超越人之心性的外在之物，中国文化则认为“仁”既是天地之大德而又内在于人的心性。这与西方基督教、印度佛教将“仁”视为超越于人心、人性的上帝之心或佛心，有着根本的不同，这正是中国文化精神的“神髓”。中国历史上之所以没有文化冲突，中国文化之所以延续数千年而能保持一贯的统绪，皆植根于此“神髓”之中。惟其如此，中国文化具有包容天地万物的情怀，具有极强的宽容性、统摄性。这是世界上其他民族文化所不能比的。

基于这种见解，唐君毅说中国文化的根本精神不仅对于中国社会有其巨大价值，而且对于当今人类社会亦有其重要价值：

至于观中国文化精神之致广大而极宽平舒展一面，则吾人必须一方自中国儒者，对于天地万物之有情而不傲视；对于一切人之平等的礼敬仁爱，对于一切人伦关系、一切文化活动、一切人生之富贵、贫贱、死生、祸福之遭遇，均一一肯定其价值；而使此心之仁无所不运，不有丝毫之缺漏，而又能安仁而乐等见之，一方亦可自中国社会之大体而言，无阶级之对峙；社会之政治系统、家庭宗法系统、文教系统，与宗教系统，不相凌驾，而并行不悖；朋友尚和而不同等见之。而中国艺术文学精神之重游心于物，尚自然流露，重表虚实相涵之意境；中国民间日常生活中，宽闲自得之情趣；与中国人格世界中，侠义之士之宅心公平，豪杰之士之宏纳众流，风流文人之倜傥不羁，与僧道隐者高士之游世而超世忘世，皆见一广大宽平舒展之文化精神之表现。此广大而宽平舒展之精神，即中国所以能成一广土众民国家，常能以太平、太和之世为理想，而亦真能乐天以安居于世界者。今日诚欲停息人类之相争，而达天下一家之境，则中国过去人之致广大之心量与胸襟，与宽平舒展之气度，终将当普及于今之世界而后可……则中国文化有其永远之价值亦明矣。[①]

中国儒者对于天地万物、人伦、人生的态度，中国社会的政治系统、家庭宗法系统、文教系统、宗教系统，中国的文学艺术，中国人的日常生活和人格世界，都表明了中国文化的"广大而宽平舒展之文化精神"。这种极具融摄性的文化精神基于"人性即仁"的天人合一思想。从历史看，"广大而宽平舒展之文化精神"使得中国成为广土众民的国家而立于世界。从当今人类看，要停止争斗而实现"天下一家"的理想，就需要使中国文化的这种精神普及于当世，为世界上其他民族文化所资借。由此可见，中国文化"广大而宽平舒展"的天人合一精神，对人类文化"有其永远之价值"。对于中国文化的这种根本精神，我们今日仍要"保守"之、发扬之。这不仅是今日中国重建人文精神的需要，而且是当今人类救治"物化"之病和停息争斗、共达"天下一家"之境的需要。由此不难看出唐君毅对于中国文化的精神价值的高度推崇。惟其如此，他对否定中国文化价值的论调，总是给予坚决、有力的批驳。

唐君毅在探讨中国文化精神及其价值时，还对"中国心性之学"作了专门的论述。他认为儒家心性之学典型地体现了中国文化的根本精神及其价值。著者在此本该对唐君毅关于中国心性之学的见解作出阐述，但本书下一章将专门研究唐君毅参与撰写的《文化宣言》一文，而该文中则有关于"中国心性之学的意义"的专门论述。因此，著者拟在下一章评述唐君毅等人关于中国心性之学的见解。

3."不能将中国文化精神加以否定"

既然中国文化精神有其不可磨灭的永恒价值，则"我们不能将中国文化精神加以否定"。[②] 我们不能将近代以来中国社会的混乱、落后归罪于中国文化精神。唐君毅提出了"我们之所以不能将中国文化精神彻底加

---

① 唐君毅：《中国文化之精神价值》，第 349—350 页。

② 唐君毅：《人文精神之重建》(一)，第 217 页。

以改造及否定"的理由，主要有以下三条：

"第一是在势上不能"。[①] 贯穿五千年历史的中国文化精神，不是用几十年时间就可以彻底加以改造、否定的。过去数十年提倡富国强兵之说者，提倡科学民主之说者，均以富国强兵为至上，科学民主为至上，以期彻底改造中国文化精神，然而他们都一一失败了。"这失败，是由于中国文化之精神，乃直接贯注于想否定中国文化精神者之生命心灵与意识之底"。[②] 你想彻底否定中国文化精神，那只是你的意识、你的观念，然而你的存在本身，却必然要从你的生命心灵与意识之底透露出来，使你终于不能否定中国文化精神。也就是说，中国人——包括主张彻底改造、否定中国文化精神的中国人——的心灵与意识本身就贯注着中国文化精神，因而不可能对中国文化精神加以彻底的否定。

"第二是理上不能"。[③] 否定中国文化精神的观念、思想是外来的，人们在接受这种观念时，必须经过自身意识的认可，使之成为自己的观念，"然后此观念理想，对你个人乃有真力量"。[④] 而从全民族来看，这种否定中国文化精神的观念要被整个社会接受，必须得到社会意识的认可，"必须合于整个民族社会历史之文化精神之真正要求"。[⑤] 也就是说，真正能够否定中国文化精神的思想和观念，只能是植根于中国文化而又符合中国文化精神内在发展要求的。但实际情况是，否定中国文化精神的观念、思想是由外来的西方文化的冲击引起的。这种外来的观念不可能真正否定中国文化精神。

"第三是义上不当"。[⑥] 从文化方面看，中国社会之混乱是"由于世界文化与中国文化之相冲击"而造成的，正如瀑布落于大江之中，水花四溅，江水之流动因以错乱，这责任是双方面的。"中国文化精神自有其好的方面。此好的方面，原则上是应当保存的。其悲剧所以产生，乃由于一种好

---

① 唐君毅:《人文精神之重建》(一)，第216页。

② 唐君毅:《人文精神之重建》(一)，第216页。

③ 唐君毅:《人文精神之重建》(一)，第216页。

④ 唐君毅:《人文精神之重建》(一)，第216—217页。

⑤ 唐君毅:《人文精神之重建》(一)，第216页。

⑥ 唐君毅:《人文精神之重建》(一)，第217页。

与另一种好之相矛盾冲突，而未配合得好”。[①] 也就是说，由于中国文化好的方面与西方文化好的方面未能配合得好，才导致了近代以来中国的社会和文化问题。因此我们所应致力的是“实现更高的配合和谐之要求”，而不是对中国文化精神加以否定。正如瀑布落于江中使水花四溅的力量，转瞬就变为与江水和谐的、顺流而下的力量。其顺流而下，乃是顺着江水自身的流动方向，而不是改变原来的方向。

“中国数十年之混乱所表现之一切文化意识上之矛盾，皆可由中国文化精神之自觉的充量发展，而加以化除，由此而同时通接于世界文化精神之有价值的方面，如科学精神、民主精神之类”。[②] 所谓“数十年”，指的是“五四”新文化运动对传统文化进行激烈批判以来的数十年。唐君毅认为，中国文化精神有着永不磨灭的价值，至于它所存在的“矛盾”和“错乱”，是完全可以通过自身的充分发展去化除的，而不能由我们人为地对之加以否定。

针对否定中国文化精神及其价值的言论，唐君毅“不惜冒世俗之大不韪，申保守之义”，[③]阐述自己关于“保守”中国文化的思想。

“人类进步创造，必须先能保守，人要追求未来之价值，必须先肯定过去已存的价值，现在已有之理想，而守之保之”。[④] 所谓“保守”，乃是人类进步创造、追求新价值和新理想的必要前提。唐君毅说，人类求进步只是为了实现更有价值的理想，创造更有价值的事物，倘若对已知其有价值的旧事物和已有的理想尚且不能保守，那么所谓求进步就没有价值意识。而且，未来只是抽象的可能，过去和现在之已经存在者，才是真实的存在。因此我们“不要只谈进步，谈进步亦当先为保守而谈进步”。[⑤] 必须“有所守”，方能有所进步。犹太人对其宗教最为保守，并未妨碍其民族产生无数科学、宗教、哲学、文学天才。英国人重保守，政党中有保守党，亦不妨碍其“煊赫一世”。东方国家中，日本人接受西方科学技术最有成绩，而其

---

① 唐君毅:《人文精神之重建》(一)，第 217 页。

② 唐君毅:《人文精神之重建》(一)，第 217 页。

③ 唐君毅:《中华人文与当今世界》(一)，第 20 页。

④ 唐君毅:《中华人文与当今世界》(一)，第 21 页。

⑤ 唐君毅:《中华人文与当今世界》(一)，第 20 页。

所保存的传统风俗礼仪也最多。凡此皆可以表明，任何民族对于其文化传统，皆不必耻言保守。

面对"五四"以来中国传统文化受到激烈抨击的局势，唐君毅不无感叹地说："不管有好多中国文化中有价值的东西(被)破坏了，但总还有一些东西存在着，还值得我们加以保持守护"。[①] 所谓"保守"，就是"保持守护"。而在唐君毅看来，中国文化中最值得加以"保持守护"的"有价值的东西"，莫过于中国文化的根本精神。这种精神如今虽遭受挫伤，但本质上却是中国文化正在充实和完成自身，并终将走向中华民族之光明前途。对此，唐君毅充满信心：

> 中国文化之"精神"，乃一真实不虚之存在，乃贯注于中国过去历史中，表现于中国过去文化，亦贯注于中国当前之现实之历史中，而必再表现于中国未来文化之形成之一大力。此"精神"从未衰微，亦永不会衰微。其流行与运动，可以有曲折，有波澜，而表现为好好坏坏的形态。然而在本质上，则只是在求充实自己，而完成自己……此精神在外表看来，似已无力，而实潜在一大力，冥权密运，以主宰中国之前途。[②]

为了实现中国文化和中国社会的美好前途，唐君毅怀着强烈的使命感，苦心孤诣地思考中国文化存在的问题、探索中国文化的复兴之道。

四、中国现在的文化问题

唐君毅说："如吾人以上对于中国文化精神之解释为不误，则吾人可以进而讨论：中国现在之文化问题，中国文化将来应发展之趋向。"[③]他所谓中国现在的文化问题，指的是近代以来中国文化所出现的问题。由于中国文化出现了严重的问题，我们便有必要加以认识和解决，从而使中国文化得以继续发展。

---

① 唐君毅：《中华人文与当今世界》(一)，第23页。

② 唐君毅：《人文精神之重建》(一)，第205页。

③ 唐君毅：《中国文化之精神价值》，第343页。

唐君毅多次声明自己“不讳言中国文化之短”。他说中国文化固然有其不可磨灭的宝贵价值，却也存在着缺点和问题。例如，中国文化“抽象的分析概念之理性活动不著，个体性之自由意志之观念不强”。[①] 中国文化注重统绪，但是“分殊发展”不够。中国文化“多只见精神之圆而神”，却有欠于“方以智”。而且有清一代，整个中国学术文化精神呈现“退步”和“下降”之势，等等。而唐君毅最为关注的，乃是“中国现在”——即他所说的“近百年来”——的文化问题，因为这个问题的解决与他努力追求实现的中国文化复兴的理想密切相关。

唐君毅认为中国现在的文化问题主要是：西方文化的冲击和中国人未能对这种冲击采取正确的回应态度。

1. 西方文化对中国文化的冲击

“中国近百年来之文化问题，皆表现于西方文化对中国之冲击”。[②] 这种冲击，起自鸦片战争、太平天国时代。唐君毅说太平天国假借西方宗教中的上帝信仰宣传农民革命，平定太平天国则表明曾国藩、左宗棠、李鸿章所代表的中国文化传统的胜利。然而曾、左、李等人已知中国文化缺少西洋之坚甲利兵和富强之术，于是通过洋务运动向西方国家学习。清末国人又知非变法不足以图存，遂有西方式的君主立宪和民主立宪运动之发生。康有为、梁启超所领导的君主立宪运动不能满足中国民族推翻清朝政府的要求，孙中山领导的民主立宪运动取得了胜利，遂有中华民国之建立，这是中国政治在西方文化冲击下发生的大改变。中国文化的其他方面也在西方文化冲击下发生改变，诸如清末之废科举、兴学校，民国初年学习日本教育，新文化运动时提倡英美式个性教育，鼓吹语体文代文言，以科学与民主口号批判中国传统文化，打倒孔家店，提倡妇女解放、自由恋爱、劳工神圣和思想自由，等等，“皆若为革中国传统文化之命者”。此后国民党之民族主义、民权主义、民生主义思想，原本力求包括西方近代政治思想潮流，亦力求合乎中国文化精神。但是三民主义只是政治领

---

① 唐君毅：《中国文化之精神价值》，第 12 页。
② 唐君毅：《中国文化之精神价值》，第 343 页。

域的主义，它对中国文化精神的继承只限于一定的方面，所以在国民政府时期，中国社会的文化思想其实仍是鄙弃中国学术文化精神、崇拜西方新思潮的。“由此以观，则中国近百年之文化，至少在表面上可谓之为西方文化次第征服中国传统文化之历史，或中国文化在西方文化之冲击前，一步一步退却，而至于全然崩溃之历史可也”。[①] 在唐君毅看来，近百年来中国文化的历史，就是不断受到西方文化冲击而不断退却的历史。

唐君毅还说，在物质文明方面，中国文化原来的色彩“由消退而进于虚无”。在学术上，科学几乎全是西方来的。中国传统哲学与西方哲学在现代中国的地位相比较，“至多只到平分秋色”。在宗教上，基督教的社会势力已经“远盛于原有的佛教道教”。在文学艺术上，中国社会过去普遍崇尚的一种艺术——书法首先被忽视。中国民族乐器中的七弦琴无处可买。此外，诸如元明的水墨山水画，建筑物中“最代表中国精神”的回廊、飞檐、牌坊、亭子、重门深院与园林，皆很少有人能品鉴。中国传统文化所欣赏的“幽娴贞淑的女性，慈祥恺悌的老人，垂拱而立的童子”亦难得一见。社会文化生活中诸如此类的现象都表明了西方文化对中国传统文化的冲击。

2. 中国人回应西方文化冲击的态度

唐君毅认为，面对近代以来西方文化的猛烈冲击，中国人没有采取正确的回应态度，这是中国现在的文化问题的症结所在。

他说：“唯中国近百年来，人接受西方文化之意识态度，恒出于一欲望之动机，而显一卑屈羡慕之态度。同时西方文化之长，又常不能真正皆为中国人所倾心接受。人恒一方以为要接受西方文化之科学与民主自由等精神，必须打倒否定传统文化；然又终为传统文化之精神所牵挂。于是今之中国文化思潮，乃陷于种种矛盾，而无出路。”[②]近百年来中国人出于求富强的目的而接受西方文化，便是唐君毅所谓“欲望的动机”。他说在这种动机的驱使之下，中国人对西方文化表现出“卑屈羡慕”的态度，以致有

① 唐君毅：《中国文化之精神价值》，第 344 页。

② 唐君毅：《中国文化之精神价值》，第 345—346 页。

些人为接受西方文化而彻底否定中国传统文化。这种“以打倒中国文化之传统，作为接受西方文化之代价”[①]的态度，最典型地表现了国人面对西方文化的冲击而产生的怯弱、卑屈、羡慕之情。但实际上，这种态度使我们不能以诚挚之心真正地认识和学习西方文化精神，因为“凡以卑屈羡慕之态度学习他人之文化精神，皆不能真曲尽其诚”。[②]

面对西方文化的猛烈冲击，中国人惶然不能正确回应，对此唐君毅将其视为中华民族的悲剧。他在《中华民族之花果飘零》一文中说：“中国社会政治、中国文化与中国人之人心，已失去一凝摄自固的力量，如一园中大树之崩倒，而花果飘零，遂随风吹散；只有在他人园林之下，托荫避日，以求苟全；或墙角之旁，沾泥分润，冀得滋生。此不能不说是华夏子孙之大悲剧。”他以旅居海外的华人为例，说早年到美国等西方国家谋生的华人“仍保存中国社会之风习”，婚丧庆吊用中国礼仪，商店用中国字作招牌，房屋建筑用中国形式，回国结婚，告老还乡，设同乡会、宗亲会，过旧历年和旧节气，不信洋教，设立侨校以中国语文教学，用中国语言交谈、通信……这都表现了“不肯忘本之文化意识”。然而在今日旅居西方国家的华人社会中，中国之传统风习保存无几。试看他们作交谈之用的语言情况，便知“今非昔比”。在美国和欧洲的许多中国高级知识分子家庭中，多用英文而不用中国语文交谈。“一民族之无共同之文化与风习语言，加以凝摄自固，一民族之分子之心志，必然归于日相离散”。近代以来，中国人怀着“卑屈羡慕”的心态接受西方文化，在精神上托庇于西方文化而不能以民族传统文化“凝摄自固”，以致民族成员心志离散。唐君毅说这不仅表明中国文化“枝叶已离披，花果已飘零”，而且意味着中国文化“本根将斩”，这是“不可不为痛哭而长太息”的。

不过，唐君毅认为近百年来中国人在接受西方文化方面也表现出值得赞赏的精神，那就是“向上”和“向善”的精神。问题在于这种“向上”和“向善”的精神始终夹杂着对西方文化的“卑屈羡慕”之情，其根源即在于中国人学习西方文化太注重于功利的目的。这一方面导致了对西方文化

---

① 唐君毅：《人文精神之重建》(二)，第228页。

② 唐君毅：《中国文化之精神价值》，第352页。

的盲目崇拜，不对西方文化的长处与短处作出区分而主张全盘接受。另一方面则导致了对中国传统文化的盲目否定，因为以儒家思想为核心的中国传统文化不以“富强”为最高义，如今国人太偏重于以“富强”的功利主义目的去接受西方文化，势必要否定中国传统文化。这样，我们既不能真正学得西方文化的精华，也不能保存自己民族文化的传统。“其结果，是造成整个民族之精神上的虚怯”。①

应该指出的是，唐君毅在批评近百年来中国人对待西方文化的“卑屈羡慕”的态度时，将这种态度的产生归因于中国人向西方文化求富强之术的“功利主义”的动机，这个观点是难以成立的。人类任何行为都基于一定的功利动机，完全“超功利”的行为是不存在的，问题在于这个“功利”是为了什么。以近代以来的中国人学习西方文化而论，为求得民族昌盛、国家富强而向西方学习，此“功利主义”的动机是无可非议的。而且，基于求富强之术的动机学习西方文化，本身并不会必然地导致中国人在西方文化面前“卑屈羡慕”。

五、中国文化的复兴之道

唐君毅虽然认为由于西方文化的冲击和中国人对这种冲击的不能正确回应，中华文化已经到了“花果飘零”的境地，但是他对于民族文化的复兴并没有丧失信心。他说“中华民族之文化之树之花果飘零”的时代，同时也就是中国文化“自激流中拔出，而真正向前伸展的时代”，即中国文化走向复兴的时代。

唐君毅在论述其文化活动是道德理性之表现的观念时，强调人类的文化活动具有“自决性”、“自主性”、“自由性”。其目的，是为了说明国人通过自觉的努力，可以重建以儒家人文精神为核心的中国文化，使民族文化得以复兴。他在阐释中国文化的精神价值时，高度称颂中国文化的优良精神及其对于今日中国乃至人类社会所具有的重要价值，同样是为了

---

① 唐君毅:《人文精神之重建》(二)，第 224 页。

说明民族文化可以复兴，国人应该为中国文化的复兴而不懈努力。

中国文化怎样才能复兴？唐君毅认为："中国未来立国之文化思想，必须有待于吾人一面在纵的方面承前启后，一面在横的方面，作广度的吸收西方思想，以为综摄的创造。"[①]这可以说是唐君毅关于中国文化复兴的纲领性观点。围绕着这个纲领性观点，他提出了以下复兴中国文化的基本途径。

1. 返本开新

唐君毅认为，"人类文化潮流之进展，常由返本以开新"。[②] 中国文化的复兴同样如此。返本，才能开出中国文化的"新机运"。他明确地提出"复古方能开新"的观点："在文化思想中，除了科学思想以外，无论哲学、宗教、文学、艺术、政治、社会之思想中，不能复古者，决不能开新。这中间决无例外。"[③]他认为"复古"乃是"开新"的前提，是革除当前社会文化种种弊端的必经之途：

> 实际上，一切被认为复古主义者的人，常正是最富于开新的创造精神之理想主义者。一切被认为复古主义的人，都是因感于当前现实的社会文化之种种弊端，在具另一文化精神之前一代，则不存在。反之，救治此一时代之弊端之文化精神，恒恰巧在前一时代；于是便重加以提出，以为改造现代的文化之缺点，而推进时代向更合理之路上走的借鉴。所以真正被认为复古者守旧者的，实际上总是最富于开新创造的精神之理想主义者。反之，口口声声赶上时代，以今为是，以古为非的人，常正是只顺着潮流，牢执现实时代之一切，而不肯加以改造，亦莫有未来文化之远景向往的现实主义者；或只是以打倒历史文化一切有价值者之破坏性的怀疑主义者。[④]

他认为，中国古代政治家中，不仅孔、墨俱道尧舜，即便王莽、王安石

① 唐君毅：《人文精神之重建》(二)，第232页。
② 唐君毅：《人文精神之重建》(二)，第82页。
③ 唐君毅：《人文精神之重建》(二)，第247页。
④ 唐君毅：《人文精神之重建》(二)，第246—247页。

也是要复古的，而他们都是最要改造时代的。法家李斯、韩非和汉代王充都反对以古为法，因此他们思想的价值也都只在破坏与怀疑方面。就中国文学而论，提倡古文古诗者都是开创一代新风之大文豪；而只讲时文者，却是轻薄之辈。西方文艺复兴，就是要复希腊、罗马之古。启蒙运动时期的政治、法律思想，是复斯多喀派之自然法、自然理性观念之古。德国的浪漫主义文学运动，则一直要复到原始的神话歌谣之古中去。“复古者之动机，只在去当今之弊，其精神在底子上正是开新的创造的”。[①] 反之，一味颂今而非古的人，并不能革除当今时代的社会文化之弊，并不能解决中国现在的文化问题。

在唐君毅看来，中国文化的返本，要回归宋明理学的学术文化精神。宋明的学术文化精神是心性之学。清代三百年的学术文化精神是反宋明理学的，其核心是事功之学。以事功之学反对心性之学，注意了事功问题，这表现了清代学术文化的进步。但清代学术将心性义理之学完全遗弃，矫宋明理学之偏而过正，导致三百年来的学术文化过于强调事功，使国人心灵流荡而不能凝聚，这又表现了学术文化的退步。因此今日复兴中国文化，必须矫正清代以来学术文化之偏弊，“回念清以前之精神”，弘扬宋明心性之学，从而开出民族文化的“新机运”。

中国文化的返本，归根结底则是“充量发展其仁教”，“从中国文化中之仁教自身上立根”。在中国文化观念中，“仁心是人之价值意识的根源，亦即人之良知良心自己，或一般所谓良知良心的判断的根源……仁心即人之最广大的价值意识。人在不同时空之价值意识，可能只偏于某一方面，而蔽于另一方面。而人之仁心要求补其所偏，而彰其所蔽。因而仁心亦即为能判断一切价值意识之高下偏全之良知，或良心，与人之一切价值意识，得不断生长扩大，而充满成就的根源。因而他可以为人生在世之行为活动之至高主宰”。[②] 仁心，是人的价值意识的根源和行为活动的主宰，这就是中国文化之“仁教”的根本思想。这个根本思想，是孔子、孟子确立而又在宋明理学中得到高度发展的。唐君毅提出的“复古以开新”或者说

---

① 唐君毅:《人文精神之重建》(二)，第 247 页。

② 唐君毅:《中国人文精神之发展》(二)，第 107 页。

“返本以开新”，旨在让中国文化精神首先回归到“仁教”这个根本上来，再去谋求它在现代社会的新发展。

唐君毅认为，中国文化的优良精神都是可以而且应该在现代社会保存并发扬的。他说：“纵然中国过去文化中，比较缺乏科学精神民主精神，然而亦尽有其他的文化精神如道德精神、艺术精神、历史精神、人文精神值得保存于现代者。”①他对这些精神均有所论列，但是在阐述中国文化返本开新的途径时，他所强调的是保存和发扬“仁教”所体现的中国文化的根本精神。

2. 依本成末

唐君毅认为，中国文化之复兴不仅必须“返本”，而且尚需“成末”。“本”指文化的根本精神，“末”指文化的分途发展。前者是“体”，后者是“用”；前者为“全”，后者为“分”。他认为中国文化强于“本”而弱于“末”，倘若仅知“返本”而不能“成末”，“则中国文化之伞，仍未撑开也……故吾人今日必须自觉的依本以成末，依全以定分”。②

在唐君毅看来，中国的先哲偏重于“视人文为人之心性之实现或流露”，“直接为陶养人格精神之用”，从而使得中国文化未能“展开为一分途发展之超个人的人文世界”。文化之“本”与“末”、“体”与“用”、“全”与“分”的关系，如同人之身躯与四肢，树之主干与枝叶的关系，“夫四肢不灵，枝叶凋零，则躯干日以孤寒，此中国文化之危机”。③ 舍本而逐末固然不对，但重本而轻末同样导致文化的危机。为了消除此危机，“吾人可把稳中国文化精神之本源，以为躯干，知人之整全之心性，其高明广大，原足以涵盖天地，其敦厚笃实，足以顶天立地，以保任吾人上所谓通于道之大全之识度气量，则人之各献身于特殊之文化领域，以共求人文世界多方分途发展”。④ 中国文化注重“人”，从这个角度来说，“依本以成末”就是国人

① 唐君毅：《人文精神之重建》(二)，第 229 页。
② 唐君毅：《中国文化之精神价值》，第 377 页。
③ 唐君毅：《中国文化之精神价值》，第 377 页。
④ 唐君毅：《中国文化之精神价值》，第 377 页。

依据中国文化之“仁教”涵养心性、增长识度，同时投身于不同的文化领域，促成中国文化的多方分途发展。

唐君毅所提出的“依本以成末”，实质上就是“从内圣开出新外王”，这是现代新儒家的一个基本思想纲领。不过“依本以成末”是从文化的根本精神与分殊发展之关系的角度提出问题的。唐君毅说：“中国儒家所谓内圣外王之道之全部展开，正亦当涵摄整个西洋文化之重分途发展之精神于其内。”①这里说的，就是立足于中国文化的根本精神，促成它的分途发展。外王的基础在内圣，内圣应当化为外王。孔子言仁道，颜子、曾子、子思、孟子言性与天道，他们的内圣之学，是为事功奠定内在根据。没有这一基础和根据，外王事业便不能长久。然而汉唐之儒不懂得这个道理，以至汉唐国力虽盛，却终至衰亡。宋明之儒起而纠其弊，发扬颜、曾、思、孟内圣之学，正是为世人立千年的外王事业。后人不解于此，怀疑宋明儒者只知内圣、不知外王。其实在宋代，就连邵康节这样最无所事事的人，也把自己的书命名为《皇极经世》，表明时时不忘“经世”之业。宋儒固然在理论上偏重内圣之学，但未曾忘记外王事业。今日中国学术文化吸取西方文化的分途发展精神，“依本以成末，依全以定分”，则是全面地体现儒家的内圣外王之道。

3. 综摄超越

如前所述，唐君毅认为中国现在的文化问题是西方文化的冲击和中国人未能对这种冲击采取正确的回应态度。针对这个问题，他提出：“中国以后之接受西方文化，必须彻底改变以往之卑屈羡慕态度，而改持一刚健高明之态度。仍在自己文化精神本原(源)上，建立根基。”②他的主张是：在自己民族文化精神的根基之上，综摄西方文化的优良精神而超越之、转化之。

对于接受西方文化，国人首先要做的是以刚健高明的态度取代卑屈羡慕的态度，表现出自尊自重的志气。人不必因穷与弱而志气衰，国家

① 唐君毅：《人文精神之重建》(一)，第138页。

② 唐君毅：《中国文化之精神价值》，第346页。

民族亦然。唐君毅特别强调,“国家民族之气概,即系于其中之知识分子之气概”。[①] 百年来中国知识分子对西方文化的态度固然表现了“好人之善”之心,却同时不免于“恐怖,怯懦,羡慕,卑屈”之情。克服这种卑屈之情,“这是中国今日知识分子真要接受西方文化思想,必须彻底觉悟,自己忏悔,而正心诚意的工夫之第一步”。[②] 中国历史上,知识分子推崇“衣敝缊袍,与衣狐貉者立而不耻”(孔子),“说大人,则藐之,勿视其巍巍然”(孟子),“志意修则骄富贵,道义重则轻王公”(荀子),“麻鞋见天子,衣袖露两肘”(杜甫)。这种“堂堂正正、顶天立地”的气概,正该是今日中国知识分子对待西方文化应持的态度。我们要消除中国百年来与西方文化之矛盾冲突,以创造中国民族之前途、文化之前途,必须依赖这种气概。总之,在唐君毅看来,中国在对待西方文化的态度上,“一切的毛病,还是出在百年来中国知识分子之在精神上、意识上、心灵之所向往者上,不能顶天立地而站住”。[③] 因此当务之急是中国知识分子持刚健高明的态度对待西方文化,使中华民族面对西方文化的冲击能够自作主宰、顶天立地。

那么,在树立了对待西方文化的正确态度之后,又该怎样去接受西方文化呢?唐君毅主要提出了以下两点。

一曰“综摄”。唐君毅主张吸取西方文化中一切优良精神,而不限于学习西方的科学思想和民主思想,“放开胸怀,以涵盖今日之西方文化思想中一切有价值者,而加以综摄”。[④] 他承认科学思想、民主思想对于现代中国社会的重要作用,赞成“接受西方文化之一切向上的科学、民主、自由等精神于中国文化精神未来之发展中”,[⑤]但是认为国人从“现代化”这一目的出发,对于西方文化只知接受其科学和民主思想,则纯是“功利主义”的表现。这不仅忽略了西方文化在哲学、文学、艺术、道德、宗教等领域有价值的思想,而且更为严重的是,一味注重西方的科学技术,便会像西方社会那样无意间引导人民走“背离人文、面向自然、物化人生”的路。如果

---

① 唐君毅:《人文精神之重建》(二),第225页。
② 唐君毅:《人文精神之重建》(二),第225页。
③ 唐君毅:《人文精神之重建》(二),第224页。
④ 唐君毅:《人文精神之重建》(二),第230页。
⑤ 唐君毅:《中国文化之精神价值》,第356页。

社会文化只讲民主，社会则将走到只重视个人人格而忽视伦理关系的地步。因此对于西方文化，我们不应该片面接受其科学和民主思想，而应该对其一切优良精神加以采纳。“我们不能蔽于现代化之一名，而只注意西方近代文化中之科学精神、工业精神等，而看轻西方文化中由中古传来之宗教精神，及由希腊下来之审美精神与哲学精神。我们先有此一涵盖西方文化思想之全局的风度，然后再去择善而从”。[①]

近代以来，中国人学习西方文化主要学习西方的科学思想和民主思想，这是一种历史的必然，是合理的、应该的。但是唐君毅认为，中国人学习西方文化如果仅仅限于学习其科学思想和民主思想，将会导致中国社会和文化的偏弊，正确的做法应该是“综摄”西方文化的一切优良精神为我所用，而不限于学习西方科学思想和民主思想。这是有见地的。

二曰“超越、转化”。在“综摄”的基础上，唐君毅进一步提出了“转化”的要求，即吸纳西方文化的优良精神，然后通过中国文化的礼乐精神（亦即人文精神）的接引、陶冶，使之超越原来的形态，使之“中国礼乐化”、“中华人文化”，从而让西方文化的优良精神真正成为中国文化的有价值的内容。

唐君毅对此作出了较多的阐述。他说近代以来西方文化的输入，其实是对中国文化的挑战，中国文化必须作出回应。西方文化的挑战主要来自它的科学思想和民主思想。西方的科学思想代表的是一种为求知而求知的精神，它把一切人与物置于客观的研究对象的位置，这与中国传统文化的“天人合一”思想迥然异趣。因此西方科学思想的输入，使中国文化发生了一个如何重建人文精神的问题。西方的民主思想特别尊重个人的人格尊严，给中国传统的伦理思想带来了很大的冲击。因此西方民主思想的输入，使中国文化发生了一个如何重建伦理道德的问题。这都表明了近代西方文化对中国文化的挑战。

如何回应西方文化的挑战？唐君毅说：

须知中国之民族生命文化生命，亦自有其数千年的传统。

---

① 唐君毅：《人文精神之重建》（二），第232—233页。

此一民族，乃世界上唯一于其本土之绿野神州中，自己创造延续其文化的神圣民族。外来的民族入侵的挑战、外来文化的挑战、内部问题的挑战，它都分别在一时期经验过，亦都回应过去了。其能身经百战，屹立至今，即证明其中有一冥权密运的真实生命，真实力量。现在所经的挑战，虽好似过去所经之挑战全部再来，以前遭遇之一切磨难，结合成一大磨难；但是中国民族亦可回顾其过往之经验，将其过往之回应方式，亦来一大综合，以应付其今日所遭遇之大磨难……以自求回应之道。则我们之祖先能对一切磨难，有成功的回应，我们当自信其亦能以更大的努力，求其能。①

饱经磨难的中华民族在历史上就经受过各种挑战，其中包括外来文化的挑战。对这些挑战，我们民族都成功地一一给予了回应。这表明了我们的民族生命、文化生命是坚强有力的。今日我们遭遇了前所未有的严重挑战，但只要我们将以往回应挑战的经验加以综合，就能找出对于今日之挑战的回应之道。“此回应之道，简单说，即当如中国人之接受印度佛学，更超过印度佛学，创中国佛学而转化佛学之道，以接受今日所遇之世界文化有价值的部分，而超越之转化之”。② 在历史上，中华文化接受印度佛学，而加以超越、转化，形成中华佛学。今日中国文化则可以综摄世界文化有价值的内容而加以超越、转化，形成今日的中国文化。对于西方的科学技术，我们可以接受而加以艺术化，使之具有中华文化的“乐意”，以超越和转化西方文化的“纯技术主义”。对于西方的民主思想，我们可以接受而加以超越、转化，使之具有中华文化的“礼意”。也就是说，接受西方文化中有价值的内容，“加以‘中华礼乐化’、‘中国人文化’的理想……使西方来之科学技术、民主、宗教人文化、礼乐化，以形成一庄严阔大之人文世界、礼乐世界”。③

总之，唐君毅认为，改变国人对西方文化“卑屈羡慕”的态度而持“刚健高明”的态度，“综摄”西方文化的优良精神而“超越之、转化之”，这应该

① 唐君毅:《中华人文与当今世界》(二)，第 614 页。
② 唐君毅:《中华人文与当今世界》(二)，第 614 页。
③ 唐君毅:《中华人文与当今世界》(二)，第 615 页。

是今日国人对于西方文化挑战的回应之道，是中国文化复兴的必经之途。他的这个观点，反对了对于西方文化照搬照套、食洋不化的肤浅做法，体现了一种合理的、务实的学习西方文化的态度。

唐君毅又说：

> 吾人今日必须一反此数十年以卑屈羡慕心与功利动机鼓吹西方科学与民主自由之态度，而直下返至中国文化精神本原上，立定脚跟，然后反省今日中国文化根本缺点在何处，西方文化之精神异于中国者，毕竟有何本身之价值，而自一超功利之观点，对其价值加以肯定尊重，最后再看，中国文化精神自身之发展，是否能自补其不足，而兼具西方文化精神之长。①

在此，唐君毅所谓“超功利”地对待西方文化的说法，显然是不切实际的。其实，他自己所提出的中国文化的复兴、中华民族的复兴，本身也就是一种“功利”的目标。为了实现这个目标而对西方文化的优良精神加以综摄、为我所用，自然不可能是一种“超功利”的行为。

此外，唐君毅还提出了海外中华儿女通过“回流反哺”的途径促进中国文化复兴的主张。“各地区之中华儿女之共同发心与努力，终可形成一社会文化上的包围圈，建立一海外的中国文化长城，再形成一社会文化上之回流反哺的运动……此一工作，是海外三千万中华儿女共有的责任”。②这个通过“回流反哺”影响大陆、促进中国文化复兴的主张，是就海外华人而言的，它不是唐君毅关于中国文化复兴之全局的根本性主张。

上述“返本开新”、“依本成末”、“综摄超越”三项，是唐君毅关于中国文化复兴的根本性主张。其中最具特色的，是他就学习西方文化问题提出的“综摄超越”的主张。在阐述这个主张时，唐君毅首先提出了必须改变近百年来中国人对待西方文化的态度，即在西方文化面前的“怯弱、羡慕、卑屈”的态度，“改持刚健高明的态度”，以顶天立地、自作主宰的气概去接受西方文化。他认为只有这样，才不会导致对于自己民族文化的背弃。而且也只有这样，才能真正学得西方文化的优良精神。这个观点，是

---

① 唐君毅：《中国文化之精神价值》，第355—356页。

② 唐君毅：《中华人文与当今世界》(一)，第55页。

对全盘西化派盲目称颂西方文化、否定中国传统文化的言论的否定。虽然唐君毅在阐述这个观念时或有偏激之处，但是他所提倡的对于西方文化的“态度”和“气概”，在总体上是值得肯定的。

六、结　语

唐君毅被视为现代新儒家阵营中“文化意识宇宙的巨人”，这表明他的文化哲学思想在现代新儒家文化哲学中占有重要位置。就学术传承而论，唐君毅文化哲学的道德本位思想，基于他对传统儒家思想的继承。唐君毅说：“中国哲人之论文化，开始即是评判价值上之是非善恶，并恒是先提出德性之本原，以统摄文化之大用。所谓明体以达用，立本以持末是也。”[①]中国古代哲人视“德性”为文化的根源，为文化之“体”和文化之“本”。他们首先关注的，乃是“是非善恶”问题，即道德问题。这就决定了从古代开始，中国传统文化就是以“德性”（即“道德理性”）为中心的文化。惟其如此，中国文化被一些西方学者称为“道德文化”、“伦理文化”。唐君毅也正是这样一位“中国哲人”，他在现代社会继承、维护和弘扬传统儒家的道德本位思想。对此他是有着十分自觉、明确的认识的。他说自己的“文化哲学之系统”所继承的是“中国儒家论文化之一贯精神，即以一切文化皆本于人之心性，统于人之人格，亦为人之人格之完成而已”。[②] 儒家传统的以德性（亦即“心性”、“人格”）为本的观念，为唐君毅所继承和弘扬，成为他的道德本位的文化哲学思想的核心理念。

唐君毅虽然承认以儒家思想为核心的中国传统文化有其缺点乃至弊端，并且对此作过分析，但总的说来，他对中国传统文化的缺点认识不足。劳思光先生在《成败之外与成败之间》一文中，曾就唐君毅等现代新儒家对中国传统文化的缺点认识不足的问题，发表评论说：“一个能成功的中国文化运动，必须以克服传统文化的缺点为基本观念之一，以配合弘扬传统文化优点的观念。倘若不重视克服缺点一义，则振兴中国文化的要求，

① 唐君毅：《文化意识与道德理性》，第 5 页。
② 唐君毅：《文化意识与道德理性》，第 4 页。

在当前历史阶段中即无法落实。”方克立先生也认为，“唐君毅一辈新儒家，对传统儒学缺乏分析和批判的精神，有过多的温情和敬意，甚至抱着一种宗教崇拜的心理”。[①] 应该承认，他们的评论是符合实际并且切中要害的。

唐君毅认为，中国文化的人文精神与西方文化的科学精神、宗教精神是人类心灵倾向不同道路所产生的两类精神。“圆而神”的中国文化重在表现“仁的性情”，“方以智”的西方文化重在表现“智的条理”。他指出了中西文化根本理念的不同（即“天人合一”与“天人相对”），阐述了中西文化的不同特点，并且分析了中西文化之差异的形成原因。他的论述既包含着合理的、深刻的见解，也存在着值得探讨之处。他认为导致中西文化精神差异的主要原因有二：一是文化来源的一本性与多元性，即中国文化的来源为一元而西方文化的来源为多元；二是中西社会环境的不同，即中国的农业社会环境与西方的商业社会环境对各自的民族文化产生了不同的影响。这种见解无疑有其合理之处，特别是他能够用社会环境的不同来说明民族文化精神的差异，尽管他的某些论述在理论上并不深刻，却是值得肯定的。然而需要指出的是，文化来源和社会环境这两方面的差别，都是唐君毅所说的民族文化精神形成的“外缘”、“辅助因”，而不是“第一因”、“决定因”。按照他关于文化是道德理性的表现、道德理性是文化形态的决定者和“第一因”的观念，他本该通过中国民族与西方民族的道德理性的差异，来说明中西文化精神的差异。由于不能做到这一点，在理论上就必然地导致了唐君毅关于中西文化精神差异的形成原因的见解，与他“所持以论文化之中心观念”——文化是道德理性的表现——之间的矛盾。而他之所以不能做到这一点，根本原因在于用不同民族的“道德理性”的差异来说明它们文化精神之间的差异，在理论上还是有待证明的。

---

① 方克立、李锦全主编：《现代新儒家学案·代序》，上册第 37 页。

第六章

《文化宣言》论中国文化的永恒价值与现代意义

20 世纪 50 年代以后，现代新儒学主要是在港台地区得到发展，现代新儒家的文化哲学同样如此。

在港台地区现代新儒家文化哲学的发展过程中，一个十分重要的事件就是牟宗三、徐复观、张君劢、唐君毅联合署名发表了长篇论文《文化宣言》。

牟宗三，字离中，1909 年 4 月 25 日出生于山东省栖霞县牟家疃村一耕读世家，祖上系由湖北公安迁至栖霞。牟氏在当地原为望族，至牟宗三这一代，已经家道衰微。牟宗三 9 岁入乡村私塾，3 年后转入当地的新制小学，15 岁时考入栖霞县立中学。1927 年，牟宗三考入北京大学预科，两年后，升入哲学系。

当时传入中国的西方哲学，有许多流行的思潮，诸如柏格森的生命哲学、杜里舒的生机主义、杜威的实用主义、罗素的数理哲学、迈农等人的新实在论等等。尽管各种思潮对牟宗三都有影响，但他最感兴趣的是怀特海的有机哲学，同时喜爱中国传统的易学。1932 年，读大学三年级的牟宗三完成了《从周易方面研究中国之元学及道德哲学》(又名《周易的自然哲学与道德涵义》)一书，该书深受怀特海的有机哲学论和科学哲学观的影响，采用西方哲学观念和思维方式研究中国“纯粹的哲学”和科学的哲学。

1932年冬，经人引荐，牟宗三拜谒熊十力。牟对熊十力的为人和学问深为钦佩，感慨自己"始见了一个真人，始嗅到了学问与生命的意味"。熊十力对牟宗三的才识也甚为欣赏，乃至认为"北大自有哲系以来，唯此一人为可造"。1934年在一次讨论中，冯友兰与熊十力谈到王阳明的"致良知"，认为良知只是个假设，其存在与否未为可知。率性的熊十力当即给予一通反驳，说"良知是真真实实的，而且是个呈现，这须要直下自觉，直下肯定"。牟宗三后来回忆这次讨论时深有感触地说，熊十力的这"振聋发聩"的"霹雳一声，直复活了中国学脉"。

1933年，牟宗三大学毕业，回山东任教。1936年，赴广州私立学海书院任教，同年书院因故解散。他经熊十力介绍，与当时在山东邹平从事乡村建设运动的梁漱溟相识，后因观念相左，不欢而散。1942年，牟宗三在经过几年的颠沛流离之后，由唐君毅引介，赴成都华西大学任教。1945年，应中央大学之聘，赴重庆任教，与唐君毅共事。次年，随中央大学迁回南京。1947年，他离开中央大学，同时受聘于金陵大学和无锡的江南大学。第二年秋，应熊十力之邀，赴杭州任教于浙江大学哲学系。1949年春夏之交，他只身乘船去台湾。这一时期，牟宗三完成了他早期的代表作《逻辑典范》和《认识心之批判》。

1950年秋，牟宗三任教于台湾师范学院（今台湾师范大学）。次年夏，开始主持该校的人文讲习会，探讨"中国的命运和前途"问题。1954年，他发起成立"人文友会"，每两周聚会一次，旨在"疏导时代学风病痛之所在，以及造成苦难的症结之所在"，"重开价值之门，重建人文世界"。1956年秋，赴任东海大学人文学科系主任。1958年元旦，牟宗三与徐复观、张君劢、唐君毅联名发表《文化宣言》，全面阐述现代新儒家关于中国文化和西方文化的见解。

1960年秋，牟宗三应香港大学之聘，离台赴港任教。在港大任教的8年期间，他发表了一系列著述，完成了代表作《心体与性体》的写作。1968年，他应唐君毅之约，由香港大学转入香港中文大学新亚书院任教。

1974年，牟宗三由香港中文大学退休。1975年，新亚研究所脱离香港中文大学，牟宗三任教于该研究所，直至1992年6月辞任。在香港从事教学和研究的同时，牟宗三多次外出讲学。

1995 年 4 月 12 日，牟宗三先生在台北逝世，终年 86 岁。他的主要著作有《逻辑典范》《理性的理想主义》《道德的理想主义》《认识心之批判》《历史哲学》《政道与治道》《中国哲学的特质》《生命的学问》《名家与荀子》《才性与玄理》《佛性与般若》《心体与性体》《从陆象山到刘蕺山》《智的直觉与中国哲学》《现象与物自身》《圆善论》《中国哲学十九讲》《时代与感受》等，另有《康德的道德哲学》《康德纯粹理性之批判》《康德判断力之批判》等译作。鉴于牟宗三的学术成就，他被英国《剑桥哲学词典》誉为“当代新儒家他那一代中最富原创性与影响力的哲学家”。

徐复观，原名秉常，字佛观，后由熊十力更名为复观。1903 年 1 月 31 日生于湖北省浠水县一户贫穷的耕读之家。少年时代的徐复观备尝农村生活的艰辛和劳苦，这段记忆在他一生中难以磨灭，以至于他后来常以“一个农村的儿子”自称，并说自己“真正是大地的儿子，真正是从农村地平线下面长出来的”。而他将劳苦大众称为“中国文化的母亲”，也是与童年的农村生活感受密切相关的。

徐复观 8 岁时在教私塾的父亲的指导下读书，12 岁时考入浠水县高等学堂，15 岁那年考入省立第一师范。1923 年毕业后考入湖北省立国学馆，师从国学大师黄侃，学习中国文史典籍。在此期间，徐复观曾积极参加大革命，遭遇挫折后，1928 年他东渡日本留学，不久考入陆军士官学校，开始研读政治、经济、哲学等方面的书籍，视野为之大开。“九·一八”事变后，徐复观因秘密从事抗日活动被遣送回国。此后他在国民党政府军队历任团长、军参谋长、师管区司令等职。1937 年，“七·七”事变后徐复观在山西等地参加抗战，曾参与指挥山西娘子关、湖北阳新半壁山等战斗。1943 年，徐复观因得到蒋介石的器重，被任命为蒋介石侍从室机要秘书，并被授予少将军衔。他怀着“由救国民党来救中国”的幻想，多次向蒋介石提出关于治国和改造国民党的主张。

1944 年，徐复观前往重庆勉仁书院拜谒熊十力，熊氏“亡国族者常先自亡其文化”、“欲救中国，必须先救学术”的见解深深触动了徐复观，使他萌生了由政治转向学术的念头。从熊十力那里，徐复观找到了自己“生命的方向”。熊十力的思想和人格都对徐复观的一生产生了非常重要的影响。他曾在《我的读书生活》一文中说：“我决心扣学问之门的勇气，是启发自熊十力先生。对中国文化，从二十年的厌弃心理中转变过来，因而多有一点认识，也是得自熊先生的启示。”

抗战胜利后，徐复观弃政从学，以陆军少将退役，自此结束军旅生涯而致力于学术活动。他潜心探究中国文化典籍，并在南京创办《学原》月刊，进而结识了许多当时学界的著名人士。在此期间，他与牟宗三、唐君毅等人探讨中国社会所面临的问题，认为中国问题从根本上说是民族文化危机问题，要解救民族文化危机，就必须谋求儒家思想在现代社会的复兴。

1949年以后，徐复观在台湾、香港地区开始了他的学术生涯。他在香港创办综合性学术理论刊物《民主评论》，和牟宗三、唐君毅等人一道致力于宣扬现代新儒家学说。徐复观明确提出“要以中国文化的‘道德人文精神’，作为民主政治的内涵，改变中西文化冲突的关系，成为相助相即的关系”。《民主评论》成为20世纪50年代至60年代港台地区现代新儒家的主要舆论阵地。1958年，徐复观与牟宗三、张君劢、唐君毅在《民主评论》和台湾《再生》杂志元旦号同时发表由他们共同署名的《文化宣言》，系统地阐述他们的中西文化观。《文化宣言》的发表，标志着现代新儒家在港台地区的崛起。

1951年，徐复观赴台中任省立农学院教授。不久，又应聘为东海大学教授兼中文系主任。1969年，他被聘为香港中文大学客座教授、新亚研究所教授兼导师和中华文化研究所研究员。这期间他重理《民主评论》编务，并兼《华侨日报》主笔。

1982年4月1日，徐复观在台北逝世，终年80岁。他的主要著作有《中国人性论史·先秦篇》《两汉思想史》(三卷)、《中国艺术精神》《中国思想史论集》《中国经学史的基础》《中国文学论集》《中国思想史论集续篇》《儒家政治思想与民主自由人权》《周官成立之时代及其思想性格》《公孙龙子讲疏》《石涛研究》等。此外，他还有许多发表于香港《华侨日报》的政论性杂文收录在《徐复观文录》《徐复观杂文》等系列文集中。

张君劢、唐君毅两位先生的生平和著述，分别见本书第二章、第五章。

1957 年，唐君毅访问美国时，与旅居美国的张君劢在交谈中，共同感到西方人士研究中国文化的态度颇成问题。他们认为应该写一篇文章，对治西方学者研究中国文化所持的错误态度，同时阐明中国文化的精神生命之所在，并提出对于世界文化发展之期望。于是由唐君毅起草文稿，由张君劢致函当时在台湾的牟宗三和徐复观征求意见。初稿完成后，再由张、牟、徐修改，并反复函商，方才定稿。当文稿写成时也曾征求钱穆先生的意见，据说钱因为在某些问题上与牟等人意见相左而谢绝签名。此文的观点虽说是牟、张、徐、唐四人的“共同认识”，但他们也并非在所有问题上的观点都完全一致。例如，徐复观在《当代思想的俯视：擎起这把香火》一文中回忆说：“这篇宣言是由唐先生起稿，寄给张、牟两先生，他们两人并没有表示其他意见，就签署了。寄给我时，我作了两点修正：(1)关于政治方面，我认为要将中国文化精神中可以与民主政治相通的疏导出来，推动中国的民主政治。这一点唐先生讲得不够，所以我就改了一部分。(2)由于唐先生的宗教意识很浓厚，所以在《文化宣言》中也就强调了中国文化的宗教意义。我则认为中国文化原亦有宗教性，也不反对宗教；然从春秋时代起就逐渐从宗教中脱出，在人的生命中实现，不必回头走，便把唐先生这部分也改了。改了以后，寄还给唐先生，唐先生接纳了我的第一项意见，第二项则未接受。”不过可以肯定的是，从总体上说文章所表达的基本思想是四位作者的共识。

《文化宣言》的“案语”称，此文写成后，初意先由英文发表，故内容与语气多为针对西方人士对中国文化之意见而说。但中文定稿后，因循数月，未及迻译，同时“诸先生又觉欲转移西方人士观念上之成见，亦非此一文之所能为功。最重要者仍为吾中国人之反求诸己，对其文化前途，先有一自信”。遂决定先将《文化宣言》以中文在香港《民主评论》和台湾《再生》两杂志的 1958 年元旦号同时发表。英译文本先节译发表于香港道风山英文《中国宗教》杂志，后全译发表于台湾中国文化书院出版的英文《中国文化》季刊。

一、西方人士研究中国文化的态度

在近代以来尤其是“五四”以后中西文化的激烈碰撞中，中国传统文化处于“节节败退”的境地，以科学和民主为旗帜的西方文化在中国人面前显示了强大的力量。在这种形势下，不仅思想文化战线上自由主义的西化派等激烈的反传统派对中国文化给予彻底的否定，而且在大量的中国知识分子和普通民众心目中，中国文化也被视为丧失了生命力的、没有现代价值的历史陈迹。特别是新中国建立之后，在 20 世纪 50 年代的海外，崇拜西方文化、蔑视中国文化的社会心理尤为突出和普遍。《文化宣言》的作者正是有感于此并且深忧于此，而批评“今日中国及世界人士”对待中国文化的错误态度。

1. 近代以来西方人士研究中国文化的三种错误态度

《文化宣言》认为，近代以来西方人士研究中国文化所持的基本态度，可以归结为以下三种：

(1)传教士式的态度。《文化宣言》称：

> 中国学术文化之介绍入西方，最初是三百年前耶稣会士的功绩。耶稣会士之到中国，其动机是传教。为传教而输入西方宗教教义，及若干科学技术知识到中国。再回欧洲即将中国之经籍，及当时之宋明理学一些思想，介绍至西方。当然他们这些使中西文化交流的功绩，都是极大的。但是亦正因为其动机乃在向中国传教，所以他们对中国学术思想之注目点，一方是在中国诗书中言及上帝，与中国古儒之尊天敬神之处，而一方则对宋明儒之重理重心之思想，极力加以反对……故他们对宋明儒思想之介绍，不是顺着中国文化自身之发展去加以了解，而只是立足于传教的立场之上。①

这种对待中国文化的传教士式的态度，出于传教的目的，注重和强调

① 转引自封祖盛编《当代新儒家》，第 4 页。

儒家典籍中“言及上帝”的内容和“尊天敬神”的观念，而排斥、否定“重理重心”、体现中国文化精神的宋明理学。持这种态度，无疑不能真正了解中国文化。

(2)汉学家式的态度。《文化宣言》称：

> 近百年来，世界对中国文化之研究，乃由鸦片战争，八国联军，中国门户逐渐洞开，而再引起。此时西方人士研究中国文化之动机，实来自对运入西方及在中国发现之中国文物之好奇心……由此动机而研究中国美术考古，研究中国之西北地理，中国之边疆史，西域史，蒙古史，中西交通史，以及辽金元史，研究古代金石甲骨之文字，以及中国之方言，中国文化与语言之特性等，皆由此一动机一串相连。对此诸方面之学问，数十年来中国及欧洲之汉学家，各有其不朽之贡献。但是我们同时亦不能否认，西方人从中国文物所引起之好奇心，及到处去发现、收买、搬运中国文物，以作研究材料之兴趣，并不是直接注目于中国这个活的民族之文化生命、文化精神之来源与发展之路向的。[①]

这种基于对中国文物之好奇心的汉学家式的研究态度，视中国文化等同于已经中断、死亡的古代埃及文明、小亚细亚文明、波斯文明，自然不能发现中国民族活的文化生命、文化精神。而这种研究态度与注重文物材料考据的中国清代学风相凑泊，竟然蔚成近百年来世界人士研究中国文化之正宗。

(3)近代史学者式的态度。《文化宣言》称：

> 至最近一二十年之世界之对中国文化学术之研究，则又似发展出一新方向。此即对于中国近代史之兴趣……此种对中国近代史研究之动机，其初乃由西方人士，与中国政治社会之现实的接触，及对中国政治与国际局势之现实的关系之注意而引起。此种现实的动机，与上述由对文物之好奇心，而作对文物之纯学术的研究之动机，正成一对反，亦似较易引起人去注意活的中华民族之诸问题。但由现实政治之观点去研究中国历史者……则其所

---

① 转引自封祖盛编《当代新儒家》，第5页。

拟定之问题，所注目之事实，所用以解释事实之假设，所导向之结论，皆不免为其个人接触某种现实政治时个人之感情，及其对某种现实政治之主观的态度所决定。此皆易使其陷入个人及一时一地之偏见。[①]

这种近代史学者式的态度，表明它对中国社会的现实政治十分关注，对中国现实文化非常重视。就此而论，这种态度与汉学家式的态度正好相反。但是，这种态度过于注重中国政治及其与国际局势的现实关系，并由此出发追溯中国历史文化，因而不能正确理解中国文化的精神实质和演变发展过程。而且，持这种态度的研究者由于受个人主观的政治立场、观点、情感的影响，很容易产生对中国文化的偏见。

可见，上述三种态度都不是研究中国文化应有的正确态度。因此，《文化宣言》的作者“不能不提出另一种研究中国学术文化的动机与态度”。

2. 研究中国文化应持的正确态度

《文化宣言》提出了西方人士研究中国文化应持的正确态度，即承认中国文化“活的生命之存在”，给予中国文化“同情、敬意”的理解。

对西方人士研究中国文化的三种错误态度，《文化宣言》作者批评最多的是汉学家式的态度，因为这种态度将中国文化视为一种丧失了生命活力的、死亡了的文明。针对这种态度，《文化宣言》云：

我们首先要恳求：中国与世界人士研究中国学术文化者，须肯定承认中国文化之活的生命之存在。我们不能否认，在许多西方人与中国人之心目中，中国文化已经死了。如斯宾格勒，即以中国文化到汉代已死。而中国五四运动以来流行之整理国故之口号，亦是把中国以前之学术文化，统于一“国故”之名词之下，而不免视之如字纸篓中之物，只待整理一番，以便归档存案的。而百年来中国民主建国运动之著著失败，更似客观的证明，中国文化的生命已经死亡。于是一切对中国学术文化之研究，

① 转引自封祖盛编《当代新儒家》，第5—6页。

皆如只是凭吊古迹。这一种观念，我们首先要恳求大家将其去掉。我们不否认，百年来中国民主建国运动之著著失败，曾屡使爱护中国的中国人士与世界人士，不断失望。我们亦不否认，中国文化正在生病，病至生出许多奇形怪状之赘疣，以致失去原形。但病人仍有活的生命。我们要治病，先要肯定病人生命之存在。不能先假定病人已死，而只足供医学家之解剖研究。①

此处的笔调，是近乎沉痛的。近代以来中国文化百病丛生，特别是民主建国运动屡屡受挫，使很多中国和西方人士认为中国文化已经死亡，中国以前的学术文化已然成为"国故"和"古迹"。但这其实是一种误解。中国文化虽然病得"失去原形"，但它仍有活的生命存在，与"死人"有着根本区别。因此人们对中国文化的研究不该是解剖尸体，而应是治病救人，其前提是承认中国文化仍有活的生命。

《文化宣言》提出，研究人类历史文化，不同于研究客观外在的自然物，因为历史文化是人类精神生命的表现。"历史文化之本身，那是无数代的人，以其生命心血，一页一页的写成的……这中间有血，有汗，有笑，有一贯的理想与精神在贯注。因为忘了这些，便不能把此过去之历史文化，当作是一客观的人类之精神生命之表现。遂在研究之时，没有同情，没有敬意"。② 人类文化不同于自然界的化石，它是人的精神生命的表现，这就要求人们在对它进行研究时，采用"同情、敬意"的理解方式，对中国文化的研究正该如此。"敬意向前伸展增加一分，智慧的运用，亦随之增加一分，了解亦随之增加一分。敬意之伸展在什么地方停止，则智慧之运用，亦即呆滞不前……如果任何研究中国之历史文化的人，不能真实肯定中国之历史文化，乃系无数代的中国人，以其生命心血写成，而为一客观的精神生命之表现，因而多少寄以同情与敬意，则中国之历史文化，在他们之前，必然只等于一堆无生命精神之文物，如同死的化石。然而由此遂推断中国文化为已死，却系大错"。③ 倘若不能怀着"同情"和"敬意"去

① 转引自封祖盛编《当代新儒家》，第7页。
② 转引自封祖盛编《当代新儒家》，第8页。
③ 转引自封祖盛编《当代新儒家》，第9页。

研究中国文化，那就不能肯定中国文化精神生命的客观存在，就会导致中国文化“已死”的荒谬认识。《文化宣言》还说，用那种没有“同情与敬意”的、看似“最冷静客观”的态度研究中国文化，所得出的见解实际上是“最主观的自由任意的猜想与解释”。因此，中外人士研究中国文化唯一的正确态度是：承认中国文化“活的生命”之存在，给予中国文化“同情、敬意”的理解。

不过，《文化宣言》过分地强调了中外人士对中国文化应该持有的“同情”和“敬意”。所谓“敬意向前伸展增加一分，智慧的运用亦随之增加一分，了解亦随之增加一分，敬意之伸展在什么地方停止，则智慧之运用亦即呆滞不前”等说法，表现出强烈的主观感情色彩。此种情感当然是出于作者对中国文化的尊崇和挚爱，但执着于主观的情感毕竟有违于学术文化研究应有的客观、科学的态度。

二、儒家心性之学在中国文化中的价值

《文化宣言》有一个十分突出的观念，这就是强调儒家心性之学在中国文化中的价值。《文化宣言》云：

> 此心性之学，是中国古时所谓义理之学之又一方面，即论人之当然的义理之本原所在者。此心性之学，亦最为世之研究中国学术文化者，所忽略所误解的。而实则此心性之学，正为中国学术思想之核心，亦是中国思想中之所以有天人合德之说之真正理由所在。①

这表明，被中国文化研究者所忽略、误解的儒家心性之学，实则正是中国文化的核心。

1. 心性之学何以被世人忽略、误解

《文化宣言》在阐释“中国心性之学的意义”时，说现今研究中国文化

① 转引自封祖盛编《当代新儒家》，第 17 页。

的学者“不能了解此心性之学，为中国之学术文化之核心所在”，对心性之学多有忽略和误解，主要是由下列原因造成：

（1）清代三百年之学术，重视书籍文物之考古训诂，对宋明儒学持反对态度，因而“最讨厌”宋明儒学的心性之学。

（2）清末以来的西学东渐，中国人所羡慕于西方者，初为炮舰武器，进而为科学技术、政治法制。而“五四”时期的中国思想界提倡科学和民主，并且认为清代考证之学中有科学方法，于是推崇颜习斋、戴东原之学而反对宋明儒学。

（3）后来共产主义者讲存在决定意识，也不喜欢谈心性。

（4）中国传统的心性之学以性善论为主流，西方传来的宗教思想则认为人性中含有原始罪恶，二者是相反的。同时，宋明儒学不似中国古代典籍“多言上帝”，而是“喜论理气”，这也导致基督教徒不喜欢宋明儒家的心性之学。

（5）清末以来的中国思想界，只有佛家学者重心性之学。但佛家心性之学不同于儒家心性之学，因为佛学是“由观照冥会而来”，所以“佛学家亦多不了解中国儒家心性之学”。

（6）传教士将中国经籍及宋明儒学介绍到西方，他们将宋明理学的思想与西方一般的理性主义思想等量齐观，无人能对宋明心性之学作切实的研究。而且宋明儒家的思想常见之于语录，看上去较先秦诸子学说更为零碎，不易得其系统所在。这也与西方人治学风格不合。

《文化宣言》认为，正是基于上述原因，“于是中国心性之学，遂同为今日之中国人与西方所忽略”。[①] 而除了“忽略”之外，中国心性之学还为世人所“误解”。此种误解，主要是人们将心性之学所讲的人心人性理解为“人之自然的心、自然的性”，一讲到心性，“通常总是想到人之自然心理、自然本能、自然欲望上去，可以卑之无甚高论。人由此以看中国的心性之学，亦总从其平凡浅近处去解释，而不愿本西方较深入于人之精神生活内部之思想去解释”。[②] 中国心性之学是一种深入于人的精神生活内部的思

---

① 转引自封祖盛编《当代新儒家》，第 18 页。

② 转引自封祖盛编《当代新儒家》，第 19 页。

想，但往往被世人作了浅近的自然主义的解释，这是一种很大的误解。

2. 心性之学是中国文化之“神髓”

《文化宣言》指出，虽说心性之学至宋明而大盛，但是先秦的儒家、道家思想实际上已经以其对心性的认识为核心。古文《尚书》所谓尧、舜、禹相传之十六字心法，固是后人所伪造，但后人之所以要伪造此说，宋明儒家之所以深信此为中国学术道统之来源，正因为他们认为中国学术文化以心性之学为其本原。《文化宣言》无疑是赞同宋明儒家的这种认识的。

我们可以将《文化宣言》关于心性之学在中国文化中的重要性的阐述，概括为以下两个主要观点：

(1)心性之学是道德实践的基础。《文化宣言》云：“中国由孔孟至宋明儒之心性之学，则是人之道德实践的基础，同时是随人之道德实践生活之深度，而加深此学之深度的……此心性之学中，自包含一形上学。然此形上学，乃近乎康德所谓的形上学，是为道德实践的基础，亦由道德实践而证实的形上学。而非一般先假定一究竟实在存于客观宇宙，而据一般的经验理性去推证之形上学。”[①]《文化宣言》的作者认为儒家心性之学作为形上学，与康德《实践理性批判》所讲的形上学同样是道德的形上学。这种形上学向内追究人的道德行为在心性上的根据，而不是向外追究客观宇宙的终极本体。在这种形上学看来，人的道德实践不仅仅是在行为上遵从应有的伦理规范，而且是人的内在本性的要求。认识到这一点，乃是人对于自己的道德行为的一种“觉悟”，心性之学则正是开启、提升人们的此种“觉悟”，指导人们自觉地从事道德实践的形上学。人们“依觉悟而生实践，依实践而更增觉悟。知行二者，相依而进”。[②] 正因为中国由孔孟至宋明儒家的心性之学具有作为道德实践之基础的性质，一个人如果不从事道德实践，或者虽从事道德实践，却把道德行为仅仅理解为服从社会道德规范或服从神的命令，那就无法理解中国心性之学的意义。

(2)心性之学是“天人合德”思想的根据。心性之学是人的道德实践

---

① 转引自封祖盛编《当代新儒家》，第 19 页。

② 转引自封祖盛编《当代新儒家》，第 20 页。

活动的基础，因而也就是“中国思想中之所以有天人合德之说之真正理由所在”。在现代新儒家看来，道德实践活动基于人的内在本性，而这种本性乃是“天性”、“天道”、“天德”的分殊体现，“此心此性，同时即通于天。于是人能尽心知性则知天，人之存心养性亦即所以事天。而人性即天性，人德即天德，人之尽性成德之事，皆所以赞天地之化育。所以宋明儒由此而有性理即天理，人之本心即天心，人之良知之灵明，即天地万物之灵明，人之良知良能，即乾知坤能等之思想，亦即所谓天人合一思想。”[①]这表明中国文化之“天人合德”、“天人合一”思想的基本依据，即在于“人心”与“天心”、“人性”与“天性”、“人德”与“天德”、“人道”与“天道”的统一。

《文化宣言》说在西方文化中，言形上学、哲学、科学，则为外于道德实践之客观的求知对象，此为古希腊之传统；言宗教，则先设定一上帝之命令，此为希伯来之传统；言法律、政治、礼制、伦理，则先设定其为自外规范人群者，此为古罗马法制伦理之传统。中国心性之学与这三者皆不同。从先秦的孔孟到宋明儒家，都认为人的道德实践行为“依于吾人之欲自尽内在之心性，即出于吾人心性，或出于吾人心性自身之所不容自已的要求；共认人能尽此内在心性，即所以达天德、天理、天心而与天地合德，或与天地参。此即中国心性之学之传统”。[②] 人的道德行为不仅是对外在的社会规范的服从，而且是自身心性的内在要求。这是人的一种对于自身的、不容许自己不去遵循的要求，按照这种要求去做，便是儒家所说的“尽心尽性而与天地参”，与天地合其德。自孔孟至宋明儒家的这种观念表明，心性之学是中国文化“天人合德”思想的内在根据。

此外，《文化宣言》还说明了中国文化与西方文化同样具有超越性的宗教精神，中国文化的超越性的宗教精神基于内在而超越的儒家心性之学。心性之学表明，人的心性与天道的合一是儒家的信仰，内在超越是儒家的精神追求。在这种信仰与精神追求中，体现了儒家思想和中国文化的超越性宗教情感。因此，如果“以为中国文化中没有宗教性的超越感情，中国之伦理道德思想，都是一些外表的行为规范的条文，缺乏内心之

① 转引自封祖盛编《当代新儒家》，第20—21页。
② 转引自封祖盛编《当代新儒家》，第21页。

精神生活上的根据。这种看法,却犯了莫大的错误”。[①] 此处所谓“内心之精神生活上的根据”,指的就是儒家的心性之学。

通过如上的阐述,《文化宣言》作出了关于心性之学在中国文化中的价值的论断:

> 此心性之学,乃中国文化之神髓所在……不了解中国心性之学,即不了解中国之文化也。[②]

这个论断,表明了现代新儒家对中国文化的根本精神的理解。在牟宗三、徐复观、张君劢、唐君毅等现代新儒家看来,中国文化的根本精神就是一种内在超越的、以心性之学作为核心理念的天人合德(天人合一)精神。著者并不断定这种理解就是准确的,但认为至少它所包含的如下见解是正确的:“天人合德”思想的根本意义,乃是“内在超越”。今日学术界论中国文化的“天人合德”、“天人合一”之说,多从中国文化追求人与自然的和谐、人与他人的和谐、人与社会的和谐的角度立论,这当然是正确的、言之成理的。然而著者认为,从本原上、从更深的层次上看问题,其实“天人合德”思想首先表明的是:中国文化追求人的心性对天道的“内在超越”。此“内在超越”,方是“天人合德”之精义所在。

三、中国文化与科学、民主

《文化宣言》的一个十分重要的内容,是关于科学、民主与中国文化的阐述。“五四”新文化运动以来,这个问题一直是文化讨论中的重要议题。《文化宣言》就这个议题作出了独到的论述。

《文化宣言》坚决否认“中国文化历来反对科学与民主”的观点,认为中国文化不仅不反对科学和民主,而且本身就包含着科学和民主的“思想种子”。《文化宣言》称:“我们承认中国文化历史中,缺乏西方之近代民主制度之建立,与西方之近代的科学,及各种实用技术,致使中国未能真正

---

① 转引自封祖盛编《当代新儒家》,第 13 页。
② 转引自封祖盛编《当代新儒家》,第 21 页。

的现代化工业化。但是我们不能承认中国之文化思想,没有民主思想之种子,其政治发展之内在要求,不倾向于民主制度之建立。亦不能承认中国文化是反科学的,自来即轻视科学实用技术的。"[①]在"五四"以来的文化论争中,"全盘西化"派和一些激烈的反传统主义者认为,以儒学为主体的中国传统文化与科学、民主是水火不相容的,不否定传统文化就不能实现中国的现代化。正是针对此种论调,《文化宣言》作出了关于中国文化并不反对科学与民主的论断。

1. 中国文化与科学技术

《文化宣言》指出,中国文化不仅不反对科学技术,而且从来就包含着发展科学技术的内在要求:"关于科学与实用技术一层,我们须先承认中国古代之文化,分明是注重实用技术的。故传说中之圣王,都是器物的发明者。而儒家亦素有形上之道,见于形下之器的思想,而重'正德'、'利用'、'厚生'。"[②]对此,人们不禁要问:既然如此,中国文化何以没有发展出近代科学技术?答案是:中国文化过于重视"正德"、"利用"、"厚生",过于重视实用。

中国文化没有发展出近代科学技术,当然是由于欠缺科学精神。而中国文化之所以欠缺科学精神,在《文化宣言》的作者看来,不是如同"五四"以来颇为流行的说法——由于中国人长期轻视实用知识和技术而沉湎于八股文章、诗词歌赋、考据训诂等"无用之学",恰恰相反,中国人自古以来就特别重视实用知识和技术。中国的天文学、数学和医学发达甚早,而在18世纪之前,关于制造器物和工农业生产方面的技术知识,中国也高于西方。中国文化之所以欠缺西方近代的科学精神,原因在于:

> 西方科学根本精神,乃超实用技术动机之上者。西方科学精神,实导源于希腊人之为求知而求知。此种为求知而求知之态度,乃是要先置定一客观对象世界,而至少在暂时,收敛我们一切实用的活动,及道德实践的活动,超越我们对于客观事物之

① 转引自封祖盛编《当代新儒家》,第28页。

② 转引自封祖盛编《当代新儒家》,第28页。

一切利害的判断，与道德价值之判断；而让我们之认识的心灵主体，一方如其所知的观察客观对象，所呈现于此主体之前之一切现象；一方顺其理性之运用，以从事纯理论的推演；由此以使客观对象世界之条理，及此理性的运用中所展现之思想范畴、逻辑规律，亦呈现于此认识的心灵主体之前，而为其所清明的加以观照涵摄者。此种科学之精神，毕竟为中国先哲之所缺。因而其理论科学，不能继续发展；而实用技术之知识，亦不能继续扩充；遂使中国人之实用技术、利用厚生之活动，亦不能尽量伸展。①

科学精神的形成和发展，出于“为求知而求知”的超出实用价值的动机。出于这样的动机，人们才能把外在的世界当作客观的观察和研究的对象，对于客观对象所呈现出来的一切现象作理性的考察和逻辑的推演，从而形成科学的理论。此时人们需要暂时“收敛”一切实用的活动和道德实践的活动，而投入一种“为求知而求知”的认识活动，暂时脱开作为实用活动主体和道德实践主体的人，而凸显作为认识主体的人。中国文化则正是由于过分注重“正德”、“利用”、“厚生”的实用价值，而妨碍了科学精神的形成和发展。理论科学的不发达，又导致了实用技术不能充量发展。在这方面，中国文化与西方文化都表现了动机与效果的悖反：西方文化“为求知而求知”的动机，最终导致了实用科学技术的发达；中国文化过于注重实用效果的动机，最终导致了实用科学技术的落后。

《文化宣言》进一步提出，中国文化过于注重实用，是因为过于注重道德实践。“其根本上之症结所在，则中国思想之过重道德的实践，恒使其不能暂保留对于客观世界之价值的判断”。② 在“正德”与“利用厚生”之间，缺少理论科学知识作为媒介，“正德”之事就不能连通到“利用厚生”之事，而只能退为个人内在的道德修养之事，闭塞了道德主体向外打通的门路，而趋于主体自身的寂寞与干枯。明末的王船山、顾亭林、黄梨洲等人已经感受到道德主体向内收敛的毛病，认识到主体有向外打通之必要。但是由于中国缺乏理论科学的传统，到了清代，有学者虽欲向外打通，然

① 转引自封祖盛编《当代新儒家》，第 28 页。

② 转引自封祖盛编《当代新儒家》，第 28 页。

而对于外面世界所注意者，仍归于文物书籍，而以对之作考证训诂之功为能事，使精力僵固于文物书籍之中。这就既失宋明儒家对于道德主体之觉悟，亦不能正德以利用厚生，遂产生中国文化精神的更大闭塞。

因此，“中国人欲具备此西方理论科学精神，却又须中国人之亦能随时收敛其实用的活动，暂忘其道德的目标，而此点则终未为明末以来思想家所认清。今认清此点，则中国人不仅当只求自觉成为一道德的主体，以直下贯注于利用厚生，而为实用活动之主体；更当兼求自觉成为纯粹认识之主体。当其自觉求成为认识之主体时，即须暂忘其为道德的主体，及实用活动之主体”。[①] 中国人要具备科学精神，就需要“暂忘”其作为实用活动的主体和道德活动的主体，自觉地成为纯粹的认识活动的主体，成为“为求知而求知”活动的主体。此时道德的主体须退归于认识的主体背后，成为认识主体的支持者，直至认识主体完成其认识任务之后，再施其价值判断，从事道德实践，并引发实用活动。在《文化宣言》的作者看来，道德主体和认识主体都是可进可退的，而当道德主体能够主宰其自身的进退和认识主体的进退时，便成为“最高的道德主体”，这也就是所谓“人之最大之仁，乃兼涵仁与智者”。当其用智时，任此智去客观、冷静地了解对象，仁乃暂时退隐于后；当其不用智时，则一切智皆卷之以退藏于密，而“满腔子是恻隐之心，处处是价值判断”。这就是《文化宣言》提出的关于道德主体与认识主体的“进退”说。

《文化宣言》强调，道德主体如果有进无退，中国人如果不能兼使其自身自觉成为认识之主体，则亦不能真正实现其为道德之主体和实用活动之主体。就中国文化而论，“则中国文化中，必当建立一纯理论的科学知识之世界，或独立之科学的文化领域；在中国传统之道德理性的道统观念之外，兼须建立一学统，即科学知识之传承不断之统”。[②] 儒家“道统”观念所体现的是中国文化注重道德理性的传统，今日不突破此传统，不另外建立体现科学理性（自然理性）、科学精神的“学统”，便不能实现中国社会和中国文化的现代化。至于如何“由理论科学之应用，以发展实用技术，以

---

① 转引自封祖盛编《当代新儒家》，第 29 页。

② 转引自封祖盛编《当代新儒家》，第 30 页。

使中国工业化”,《文化宣言》认为只要中国文化建立起科学知识的“学统”,开辟出独立的科学文化领域,那么理论科学的应用——即实用技术的发明和进步——乃是顺理成章的事,因为在数千年的中国文化中,“重利用厚生之精神”是一以贯之的。

在《文化宣言》之前,第一代新儒家如梁漱溟、熊十力、冯友兰等人虽说也论及中国文化重视实用、缺乏为求知而求知的精神,但他们在解释中国文化何以未能像西方文化那样发展科学技术时,主要是说明中国文化注重向内求善,西方文化注重向外求知,因此中国文化发展出“内证圣智”的人生修养工夫,西方文化则发展出“勘天役物”的现代科学技术。也就是说,按照中国文化以往的价值标准,它并不需要科学技术,因此也就没有发展科学技术。这种解释,其实是一定程度地承认了以往的中国文化在价值取向上是排斥科学技术的。“五四”新文化运动以后另一种更为流行的观点是:中国文化之所以未能发展科学技术,是由于中国文化不重视实用,中国人长期沉湎于“无用之学”(如八股文章、考据训诂、诗词歌赋等),不像西方人治学注重实用。《文化宣言》则提出,近代以来的中国文化诚然欠缺科学技术,但这决不表明中国文化在“本性”上是排斥科学技术的。中国文化决非“自来即轻视科学实用技术”。中国文化之所以未能发展科学技术,恰恰是由于中国文化自始就太过重视实用,太过重视“正德、利用、厚生”,因而忽略了理论科学的研究,阻碍了应用技术的发展。

中国文化未能发展出近代科学技术的原因(或者说原因之一),是否如《文化宣言》所说——由于太过注重实用的目的,这应该是一个至今仍然值得讨论的问题。中国传统学问被世人称为“实学”,中国传统文化也可以说是一种“实学”文化。所谓“实学”,一个基本的含义便是对于“实用”的高度重视。中国文化自其形成时期便高度重视“正德、利用、厚生”的实用目的,比较忽视探索客观世界本质和运动规律的认知活动,由此导致比较欠缺科学理论和技术。应该说,这是有一定根据的见解。曾有论者提出如下的观点:中国科学(当然不包括现代科学)的发展始终基本上停滞在经验的层面,而没有真正进展到理论的层面。这当然也是有待探讨的观点,而《文化宣言》关于中国文化由于太过注重实用而未能发展理论科学的见解,可以视为对这种观点作出的一种值得人们思考的阐释。

总之,按照《文化宣言》的见解,中国文化之所以未能发展出近代科学技术,完全是由于过分注重实用,而不是由于根本理念和文化精神层面的欠缺。这种见解,再次表明了《文化宣言》对于中国文化价值的维护。

2. 中国文化与民主

《文化宣言》明确地承认:"中国文化历史中,缺乏西方近代之民主制度之建立。"[①]在中国历史上,除早期的贵族封建政治之外,自秦以后就是君主制度,政治上的最高权力在君而不在民。这使得中国政治"发生许多不能解决之问题",以致中国的政治历史总是显为一治一乱的循环之局。在《文化宣言》的作者来看,今日欲突破此种循环之局,只有系于民主政治制度之建立,但问题在于虽有中华民国的成立,迄今为止中国民族却尚未真正完成民主建国的事业。

"但是中国今虽尚未能完成其民主建国之事业,然我们却不能说中国政治发展之内在要求,不倾向于民主制度之建立。更不能说中国文化中,无民主思想之种子"。[②] 中国文化从来就有发展民主政治的内在要求,有民主思想的种子。为了论证这个观点,《文化宣言》作出了诸多阐述。我们可以将这些阐述概括为以下三个主要论点:

(1)中国文化历来以民意代表天命。

中国过去的政治实行的虽是君主制度,但是它与西方的君主制度不完全相同。中国最早的政治思想就是以民意代表天命,因此"奉天承运"的君主必须表现出对民意的尊重,必须接受民意的考验。中国古代的许多政治制度,如御史制度、宰相制度、征辟制度、选举制度、科举制度等,其本意就在于使政府与社会民间经常有沟通的桥梁,使君主在政府内部的权力受到一些限制。问题在于,"这些制度之本身,是否为君主所尊重,仍只系于君主个人之道德"。[③] 如果君主不尊重这些制度,并无一个为君主

① 转引自封祖盛编《当代新儒家》,第 30 页。

② 转引自封祖盛编《当代新儒家》,第 31 页。

③ 转引自封祖盛编《当代新儒家》,第 31—32 页。

和人民公认的根本大法——宪法——对君主加以限制。因此,仅由政府内部的宰相、御史对君主权力进行限制,必须转变为由政府外部的人民对君主的权力进行限制;仅由君主加以选择并作出最后决定的政治制度,必须转变为由全体人民作出决定的政治制度,即宪法下的政治制度。这是"中国文化对于君主制度下的政治之反抗与要求",中国文化已经表明了这种"反抗与要求"。这种重视民意、尊重民意的思想,表明中国文化包含着民主思想的种子。

(2)儒家具有"天下为公"、"人格平等"的政治思想。

儒、道二家的政治思想,都提出君主不应该滥用权力,希望君主无为而治、为政以德。而且儒家所推崇的尧舜之禅让、汤武之革命,表明了"天下非一人之天下,而是天下人之天下"和"君位可以更迭"的观念。儒家还认为,政治之理想就在于实现人民之好恶。这种"天下为公"、"人格平等"的思想,可以说,从孔、孟到黄宗羲都是一贯相仍的。问题在于儒家不知如何以法制成就君主之更迭,实现人民之好恶。因此,儒家"天下为公"、"人格平等"的思想必须发展为今日之民主建国思想,君主制度才能转化为民主制度。"但是从儒家之肯定:天下非一人之天下,并一贯相信在道德上,人皆可以为尧舜为圣贤,及民之所好好之,民之所恶恶之等来看,此中之天下为公,人格平等之思想,即为民主政治思想根源之所在,至少亦为民主政治思想之种子之所在"。①

(3)民主宪政是中国文化道德精神自身发展的要求。

《文化宣言》认为中国文化包含着民主思想的种子,还有一条"更深的理由",即中国文化重视人民的道德主体的建立,必然会发展为对于建立民主宪政的要求。在君主制度下,君主固然能够以德治国,人民亦可沐浴于其德化之下,但人民只是被动地接受德化,人民之道德主体并未树立。而仅有君主自树立其道德主体,则君主纵为圣君,也只能是一人之"独圣"。唯有肯定人人有平等的政治权力,肯定人人皆为平等的政治主体,人民之道德主体才能树立,才能说人皆可以为圣贤。"由是而我们可说,

---

① 转引自封祖盛编《当代新儒家》,第32—33页。

从中国历史文化之重道德主体之树立，即必当发展为政治上之民主制度，乃能使人真树立其道德的主体……而民主宪政，亦即成为中国文化中之道德精神自身发展之所要求”。[①]

上述论点表明了《文化宣言》如下的观念：尽管中国文化在其历史发展中缺少民主制度之建立，但这决不意味着中国文化发展之内在要求不倾向于民主制度之建立，决不意味着中国文化不内在地包含着民主思想的种子。因此今日之中国文化要发展出近代民主制度，是有其内在的根据的。这样，《文化宣言》的作者在继续维护中国文化价值的同时，表示了他们对在中国实现“民主建国之大业”的信念。

四、西方文化与东方文化

《文化宣言》认为，当今人类文化发展中的一个根本性的问题是西方文化与东方文化的关系问题，人类文化的前途如何在很大程度上取决于西方文化与东方文化的关系如何。

《文化宣言》提出，当今人类学术文化的方向应该是“求各民族文化有价值方面之保存与发展，由此以为各种文化互相并存，互相欣赏，而互相融合的天下一家之世界之准备”。[②] 古希腊文化重视智的精神和自由观念，罗马法中的平等观念，近代西方文化的民主政治和科学精神，希伯来文化的宗教精神，东方文化的天人合一精神、成圣成贤的心性之学、圆而神的智慧等等，都应该在人类学术文化的这个新方向中并存和融合。围绕着这个基本观念，《文化宣言》批评西方人士忽略其他民族文化的特殊性和价值，指出西方文化与东方文化应该互相学习，并且就“西方所应学习于东方之智慧者”作出了阐述。

1. 西方人士忽略其他民族文化的特殊性和价值

《文化宣言》称：“西方文化是支配现代世界的文化，这是我们不能否

① 转引自封祖盛编《当代新儒家》，第33—34页。

② 转引自封祖盛编《当代新儒家》，第49页。

认的事实。自十九世纪以来，世界各民族的文化，都受到西方文化的影响，都在努力学习西方之宗教、科学、哲学、文艺、法律、实用技术，亦是不能否认的事实。”[1]融古希腊文化的科学精神、希伯来文化的宗教精神和近代实用技术精神于一体的西方文化，经过宗教改革、启蒙运动，凭借关于自然的知识改造自然，凭借关于社会的知识改造社会。政治上之自由与平等、经济上之自由与公平、社会上之博爱等理想相缘而生。美国革命、法国革命、产业革命、解放黑奴运动、殖民地独立运动、社会主义运动相继而起，对于自然的改造与对于社会的改造相互为用，相得益彰。“于是一二百年之西方文化，遂突飞猛进，使世界一切古老之文化，皆望尘莫及。凡此等等，盖皆有其普遍永恒之价值，而为一切其他民族所当共同推尊、赞叹、学习、仿效，以求其民族文化之平流竞进者也”。[2] 这里充分肯定了近代西方文化的价值，肯定了其他民族文化应该向西方文化学习。

然而西方文化在其突飞猛进的发展过程中，也明显地表现出种种冲突和问题。例如，由宗教改革而有宗教之战争，由民族国家分别建立而有民族国家之战争，由产业革命而有资本主义社会中之劳资对立，由向外夺取资源、开发殖民地而有压迫弱小民族之帝国主义行动，以及为争夺殖民地而产生帝国主义国家之间的战争。这些也都是“近代西方文化之突飞猛进所带来之结果”。这些问题中的一部分，可以由西方文化自身逐渐解决。例如，宗教自由原则之确立，可以避免宗教战争；而对于劳资冲突，西方国家亦有各种政治上、经济上、社会上之措施加以解决，等等。“但是照我们的看法，这许多问题虽多已解决，但其问题之根源于西方文化本身之缺点者，则今日依然存在”。[3]

在《文化宣言》所说的“根源于西方文化本身之缺点”的问题中，一个重要的问题就是西方人士对其他民族文化的特殊性和价值的忽略。《文化宣言》指出，一些西方人士对西方文化有所反省，罗素、斯宾格勒就认为西方人在膨胀其文化力量于世界时，怀有一种强烈的权力意志、征服意

① 转引自封祖盛编《当代新儒家》，第 37 页。

② 转引自封祖盛编《当代新儒家》，第 38 页。

③ 转引自封祖盛编《当代新儒家》，第 39 页。

志。“但是照我们之意见，此权力意志还是表面的。真正的西方人之精神之缺点，乃在其膨胀扩张其文化势力于世界的途程中，他只是运用一往的理性，而想把其思想中之观念，直下普遍化于世界；而忽略其他民族文化的特殊性，因而对之不免缺乏敬意与同情的了解，亦常不从其他民族文化自身之发展的要求中，去看西方文化对其他民族文化之价值”。① 这段议论，包含着以下几层意思：

(1)西方文化“膨胀扩张”其势力于世界。

(2)在西方文化势力“膨胀扩张”的过程中，西方人士将自己的思想观念“普遍化于世界”，忽略其他民族文化的特殊性。

(3)因此西方人士不了解其他民族文化的价值，亦不能客观、正确地认识西方文化对其他民族文化的价值。

在《文化宣言》的作者看来，这是“根源于西方文化本身之缺点”的问题，因为近代以来的西方文化就其本性来说，就是一种不断追求向前发展、向外扩张的文化。因此这样的问题无法由西方文化自身通过向“内”的反省予以解决，而只能由西方文化在与其他民族文化的接触、交流中，通过向“外”的学习予以解决。

2. 西方文化所应学习于东方智慧者

受现代西方文化支配的当今世界文化已经表现出严重弊病。简言之，此种弊病在于：人类已经承载不起其自身所创造的知识世界和社会政治世界。《文化宣言》称：

> 人类之承载不起人类自身之所信仰及所造的东西，此根本毛病，正在人类之只求客观地了解世界，以形成知识，本知识以造理想，而再将此理想，不断客观化于自然与社会，成为如存在于人生以外之文化物财。其不断积累加重，而自成一机械的外在桎梏，遂非人力之所能主宰。此处之旋乾转坤的学问，则在人之主体的存在之真正自作主宰性之树立，而此主宰性之树立，则系于人生存在自身之超化升进。此一种学问，亦即中国之所谓

---

① 转引自封祖盛编《当代新儒家》，第 39 页。

立人极之学问。人极立而后人才能承载人之所信仰，并运用人之所创造之一切，而主宰之。这是这个时代的人应当认识的一种大学问。①

现代西方文化只求客观地了解世界，在这方面堪称成效卓著，但它却使人丧失了对于人自身的“自作主宰性”，丧失了人生的目标和精神根基。而追求人生价值之不断超化升进的中国儒家“立人极”之学，则可以使人树立对于自身的“自作主宰性”，确立人生的目标和精神根基，因此它对于当今世界的学术文化来说，是一种“旋乾转坤”的大学问。

“除东方人向西方文化学习之外，西方人是否亦有须向东方文化学习之处？”《文化宣言》提出了这个问题，并且作出了肯定的回答：

西方人如真欲其对人之态度，与其自身之精神，再进一步，或真欲与东方人，亚洲人及非洲人接触以调整人类关系，谋取世界和平，以保西方文化本身之永远存在于人间世界；则我们认为西方人之精神理想，尚可再上升进一步，除由承继希腊精神、希伯来精神，而加以发展出之近代之西方之精神以外，尚可有学习于东方之人生智慧，以完成其自身精神思想之升进者。②

西方文化要想长存于世，要想在精神上得到进一步的提升，除了发扬古希腊精神、希伯来精神和近代西方精神，还需要学习东方文化的人生智慧。《文化宣言》提出了“西方文化所应学习于东方智慧者”的五项内容：

(1)“西方人应向东方文化学习之第一点，我们认为是‘当下即是’之精神，与‘一切放下’之襟抱”。③

西方文化的长处是向前作无限之追求、无限之开辟，然而“其当下一念，实是空虚而无可在地上立足。由此念念相续，亦皆实空虚而无可在地上立足”。④ 中国文化由于以心性为一切价值之根源，人对此心性有一念之自觉，“人之生命，即当下安顿于此一念之中，此即所谓‘无待他求，当下

---

① 转引自封祖盛编《当代新儒家》，第50—51页。

② 转引自封祖盛编《当代新儒家》，第41页。

③ 转引自封祖盛编《当代新儒家》，第41页。

④ 转引自封祖盛编《当代新儒家》，第41页。

即是'之人生境界……当下即是之生活智慧可与西方人以随时可有立足之地,此即可增加西方文化自身之安全感与坚韧性"。① 视心性为一切价值的根源,就不会认为只有向前作无限的追求和开辟才能体现生命的价值,就会立足于"当下即是"的观念去理解生命的价值和人生的意义。中国文化这种安身立命的人生智慧,值得西方人士学习。

继承了古希腊"重智"精神的西方文化,具有很多概念性的东西。"此种概念的东西,包括我们预定的计划目标,用以联系人之抽象理想,用以衡量人之抽象标准、成见、习见等。这些东西在我们求与人有真实接触时,都应一切放下"。② 抽象的概念、理想、标准往往作为一种"执着"而"成为人与人的真实接触之阻隔"。对于这种"执着",人们理应"随时超越之而放下之"。这种"放下"的智慧,在印度思想中被称为空之智慧、解脱之智慧,在中国道家那里被称为虚之智慧、无之智慧,在中国儒家那里被称为"空空如也"、"毋意、毋必、毋固、毋我"等等。东方文化有此智慧,"于是人虽可照常的有概念的知识、理想,但他可以无执著,无执著则虽有而能超越此有,若无若有。这种智慧……实值得西方人之先放下其文化传统中之观念,去体会、欣赏、涵泳,然后知其意味之无穷"。③ 也就是说,西方人士应该学习东方文化"一切放下"的襟抱。

(2)"西方人应向东方文化学习之第二点,是一种圆而神的智慧"。④

所谓"圆而神"是《易经》中的概念,《文化宣言》将其与"方以智"相对照,说"西方之科学哲学中,一切用理智的理性所把握之普遍的概念原理,都是直的。其一个接一个,即成为方的"。⑤ 西方科学、哲学中的概念和原理,体现的是"方以智"精神。普遍的概念、原理是抽象的,应用到具体事物上,必然不能"曲尽事物之特殊性与个性",从而表现出一种对于"普遍者"的执着。"圆而神"的智慧则不执普遍者,它是一种"随具体事物之特殊单独的变化,而与之宛转俱流之智慧"。对于"普遍者之执",它能够"才

---

① 转引自封祖盛编《当代新儒家》,第42页。

② 转引自封祖盛编《当代新儒家》,第42页。

③ 转引自封祖盛编《当代新儒家》,第43页。

④ 转引自封祖盛编《当代新儒家》,第43页。

⑤ 转引自封祖盛编《当代新儒家》,第43页。

起即化”，即刚刚出现就将其化解，如同一条直线刚刚向某一方向伸展，随即运转而成圆，围绕着具体事物之中心旋转。这种智慧就是庄子所谓“神解”、“神遇”，孟子所谓“所过者化，所存者神，上下与天地同流”。《文化宣言》云：

> 而此种圆而神之智慧，则可对一切普遍者之执，才起而不待其凸出，即已在心灵之内部超化。于是在人之意识之前者，唯是一与物宛转，活泼周运之圆而神的智慧之流行。故略近于柏格森之所谓直觉，但柏格森之直觉，只是其个人之哲学观念。而中国人则随处以此圆而神之智慧体会自然生命，观天地化几，欣赏赞美活的人格之风度，以至以此智慧观时代之风会气运之变，并本此智慧以与人论学，而应答无方，随机指点，如天籁之流行。[①]

“圆而神”的智慧不是处处运用抽象的理智，而是处处通过具体的事物，体悟生命之意义与天地之化几，因而它有似于西方生命哲学家柏格森所说的直觉。然而它不是个人的哲学观念，而是中国文化所体现的民族哲学智慧。西方民族要想在其已经认识的理性世界、知识世界、上帝世界、技术工业世界、分门别类的历史人文世界之外，再认识真正的生命世界、人格世界与历史人文世界中之一切，则“亦必须有此圆而神之智慧”。

(3)“西方人应向东方文化学习之第三点，是一种温润而恻怛或悲悯之情”。[②]

《文化宣言》说西方人之忠于理想、社会服务之精神，对人之热情与爱，是至可宝贵的，而且“为东方人所不及”。但是人的权力意志和占有之念，可以透入人对人之热情与爱中，近代以来的西方文化已经表明了这一点。“要使此问题有究竟之解决，只有人在开始对人之热情与爱中，便绝去其权力意志与占有之念之根。要去此根，则爱必须真正与敬同行”。[③]现代新儒家要求人们对人不仅要有“爱”，而且要有真实的“敬”，即那种“直接的、绝对的、无条件的、真视‘人之自身为一目的’的敬”。有了这种

① 转引自封祖盛编《当代新儒家》，第 44 页。“博格森”，今译为“柏格森”。

② 转引自封祖盛编《当代新儒家》，第 45 页。

③ 转引自封祖盛编《当代新儒家》，第 45 页。

“敬”，人对人的爱就通过“礼”而表现出来，“于是爱中之热情，皆向内收敛，而成温恭温润之德。而人对人最深的爱，则化为一仁者恻怛之情。此可通于佛家之悲悯”。[①] 这就是东方文化的“恻怛悲悯”之情，其中所包含的“敬”(对人之敬)和“礼”(待人之礼)乃是中国文化的基本理念。

“恻怛悲悯”又被《文化宣言》解释为“自己之真正存在之生命精神，与他人之生命精神间之一种忐忑的共感，或共同的内在振动”，[②]这是颇为玄虚的说法。不过《文化宣言》同时也平实、简明地指出，“恻怛悲悯”就是人对人“有真正的同情”，就是自己与他人生命精神之间“直接的感通关系”。西方文化所推崇的“爱”应该与中国文化所推崇的“敬”和“礼”同行，从而“化为恻怛与悲悯”，使人与人之间、民族与民族之间有“真正的同情”和“直接的感通”。

(4)“西方人之应向东方学习之第四点，是如何使文化悠久的智慧”。[③]

科学技术和工业高度发达的近代西方世界“带着整个人类奔跑”，但是人类能乘火箭到星球世界并不是西方文化、人类文化的“真正长久存在之道”，因为人纵然飞上了星球，最终还是沉入太空之虚无。同时，笃信宗教的西方人终有一日会感到只有上帝之永恒而无历史文化之悠久，并不能安居乐业于此世界。现代西方文化虽然极为精彩灿烂，但如何能够免于如同古希腊文化、古罗马文化之衰亡的结局，已成为令西方人士忧虑的问题。而“中国文化是世界上唯一历史久而又自觉其久，并原于(应为“源于”——引者按)中国人之自觉的求其久，而后久的文化”。[④] 因此，西方人应该学习中国人如何使文化悠久的智慧。

“文化是各民族精神生命之表现”。[⑤] 而一切“表现”，都是力量的消耗，以至最终导致事物的衰亡，人的精神生命力也是如此。欲其不衰，作为民族精神生命之表现的文化就不能一味地顺着人的自然本性向外求表现，而应当养成一种由“上通古今，下通万世之历史意识”所成就的“心

① 转引自封祖盛编《当代新儒家》，第 46 页。

② 转引自封祖盛编《当代新儒家》，第 46 页。

③ 转引自封祖盛编《当代新儒家》，第 46 页。

④ 转引自封祖盛编《当代新儒家》，第 46 页。

⑤ 转引自封祖盛编《当代新儒家》，第 46 页。

量”，并由此心量而接触“天地万物深处之宇宙生生之原”。这是一种能够使民族文化悠久的智慧。中国人正是依据这种智慧，“在一切文化生活上，皆求处处有余不尽，此即所以积蓄人之生命力量，使之不致耗竭过度，而逆反人之自然的求尽量表现一切之道路，以通接于宇宙生生之原者。而以此眼光，看西方近代文化之只求效率之快速，这中间正有一大问题存在”。[①] 中国人在文化生活中不追求生命精神的外在“表现”，而追求以内在的“心量”去会通宇宙的生生之原，以“宽闲从容”、“有余不尽”的态度对待万物和人生，因而使民族生命精神不致衰退、耗竭，使民族文化悠久而长存。这就是中国人对于民族文化的“求其久”之道。西方人应该改变对于文化发展只知“求其快”、不知“求其久”的态度，学习中国人这种使民族文化悠久的智慧。

(5)“西方人应向东方人学习之第五点是天下一家之情怀”。[②]

人类已经建立许多民族国家，还有一些国家正在走上民主建国的道路。“但是人类最后必然归于天下一家。所以现代人，在其作为一国家之公民之外，必须同时兼备一天下人之情怀，而后世界真有天下一家之一日。在这点上说，东方人实更富于天下一家之情怀”。[③] 中国人历来喜言“天下一家”。墨家要人兼爱，道家要人与人相忘，佛家要人以慈悲心爱一切有情，儒家要人本其仁心而以“天下为一家，中国为一人”，本其仁心而相信“人皆可以为尧舜”等等，皆足以表明中国人“天下一家”之情怀。此外，印度的佛教和婆罗门教关于一切人皆可成佛而与梵天合一的思想，也体现了“天下一家”情怀。

西方基督教所提出的爱，也是遍及于一切人的，“但在养成人之天下一家之情怀上，则我们以为与其只赖基督教思想，不如更多赖儒家思想”。[④] 基督教是一种“制度的宗教”，有许多宗派组织，相互不易融通。基督教有天堂观念，亦有地狱观念，异端是要入地狱的，因此各宗派间永不

---

① 转引自封祖盛编《当代新儒家》，第 47 页。

② 转引自封祖盛编《当代新儒家》，第 47 页。

③ 转引自封祖盛编《当代新儒家》，第 47—48 页。

④ 转引自封祖盛编《当代新儒家》，第 48 页。

能立于平等地位。可见基督教对人之爱虽表面上看无条件，但其实仍然有一条件，即"信我的教"。儒家则没有教会组织，也不要求人皆崇拜孔子。儒家有天地之观念而无地狱之观念，无地狱以容"异端"。因此儒家之教，不与任何人之宗教成为敌对。儒家认为只要是人，皆有能够成圣而与天地合德之性。"'万物并育而不相害，道并行而不相悖'，乃儒家之信仰。则人类真要有天下一家之情怀，儒家之精神实值得天下人之学习，以为未来世界之天下一家之准备"。[1]

在对"西方人应向东方人学习者"的五项内容作出阐释后，《文化宣言》强调西方文化如要实现"其今日欲领导世界的目标"，实现其自身的"继续存在"和"更向上的发展"，就必须学习东方文化的这些智慧。当然这些智慧并不是在西方文化中完全没有种子，"不过我们希望西方文化中这些种子，更能由对东方之学习，而开花结果而已"。[2] 在此需要指出的是，《文化宣言》所说的西方人应该学习的"东方文化"的智慧，实际上主要是指中国文化的智慧，我们从以上的阐述中可以明显地看出这一点。

五、结 语

由牟宗三、徐复观、张君劢、唐君毅四人联名发表的《文化宣言》，曾被牟宗三称为"十年间吾人努力之综结"，视为他们在 20 世纪 50 年代反省中国文化之历史与价值、探讨中国文化与人类文化之未来所做的努力的综合性结果。由此可见，《文化宣言》在现代新儒家文化哲学发展史上具有里程碑的意义。诚如方克立先生在论及《文化宣言》时所言："它标志着第二代新儒家经过历史的巨大转折，抚今追昔，用心反思，重新贞定了自己的哲学和文化立场，而再度活跃于中国现代思想舞台上；同时它也反映了现代新儒家力图走向世界的努力和雄心。"[3]

《文化宣言》对现代新儒家文化哲学最主要的贡献，借用《文化宣言》

---

① 转引自封祖盛编《当代新儒家》，第 48 页。

② 转引自封祖盛编《当代新儒家》，第 49 页。

③ 方克立、李锦全主编：《现代新儒家学案》，上册，第 24 页。

本身的语言来说，就是“中国历史文化之精神生命之肯定”，即在特定的时代背景下论证了中国文化“活的精神生命”的存在，阐发了中国文化的永恒价值和现代意义。针对“中国文化已死”的观念，《文化宣言》强调中国文化是“病人”而非“死人”；既然是“病人”，则中国文化仍有“活的精神生命”存在。中国文化过去、现在和未来都存在一种从不断绝的“活的精神生命”；以儒家心性之学为核心的中国文化与西方文化同样具有宗教性的超越精神；中国民族文化之所以绵延数千年而不中断，是由于中国文化具有万古常新的精神价值；今日之中国文化仍有其现代价值，因此中国文化为实现现代化固然应该向西方文化学习，而西方文化为克服自身弊端也应该向中国文化学习。通过这些论述，《文化宣言》不仅反驳了激烈的反传统派否定中国文化的论调，而且深入地抉发、阐扬了中国文化一以贯之的精神生命及其现代价值。这对于消除一些西方人士对中国文化的误解和曲解，对于破除近代以来国人文化心理中的民族文化虚无主义意识，从而激发、增强国人的民族文化自觉意识和文化自信心，无疑具有积极的作用。

《文化宣言》在肯定中国文化的价值和现代意义的同时，再次彰显了现代新儒家的文化保守主义立场，这突出地反映在《文化宣言》关于人类文化“新方向”的见解中。《文化宣言》在提出以各种民族文化的“互相并存，互相欣赏，而互相融合”作为当今世界文化建设应该开出的新方向时，仍然认为这个新的学术文化方向“即为立人极之学所向往的究极目标”，[①]仍然将儒家的“立人极”之学所体现的中国传统文化精神，视为当今世界文化应该具有的主导精神，这当然反映了文化保守主义的态度。这里表明的是几代新儒家学者的共同观念，体现的是他们在文化的“古今中西”问题上所持的一以贯之的基本立场。

---

① 转引自封祖盛编《当代新儒家》，第 51 页。

附录一

中国当代哲学的宇宙情怀

——关于方东美、成中英与新儒学大师的对话

余秉颐　梁燕城

梁燕城(以下简称梁):余教授您好。您是对方东美哲学有过深入研究的,中国大陆这方面的学者并不是很多。我最有兴趣的是,方东美是20世纪中国哲学家中的一个大家,其思想也是一个大的系统。方东美的系统具有一种很特别的不同的情调,我中学时曾看到他的一本书叫《科学哲学与人生》(方东美著),有一种对古希腊文化很浪漫的情怀,也有一种宇宙情怀,他对宇宙的美、和谐,总是有一种很大的感觉,他连理性的希腊思想、文化都能看出宇宙的和谐。他到晚年研究华严宗,更具一种广大的宇宙和谐观。他深信宇宙是充满生命的,写了《生生之德》这本书。现在成中英哲学也具有这种广大和谐、宇宙无所不包、生生不息的创造性,也是不断创造性的人生。方东美宇宙的广大情怀,跟唐君毅、牟宗三等的新儒学有些不同。牟宗三是从康德来开展他的直接推论并讲到道德形而上学,从那里转出儒家思想,以康德思想为本,慢慢地把中国哲学的心性论,放在一个主体的架构里面,他的思想还是以人的主体为本,从心性论展开对宇宙人生的看法。唐君毅从不同境界的系统尝试对客观、主观及宇宙的不同方面进行超越,他对内在的不同境界的理解,还是从道德心开始的。在道德的自我建立方面,他在《文化意识与道德理性》讲整个文化世

界，再展开人生不同境界，基本上还是以道德为本的。而牟宗三的哲学是从认识的批判开始，再到建立知识心，最后开出道德心，这也是新儒学的传统。但方东美有些不同，宇宙反省是他思想的重点，不是以“我”为本，而是以宇宙为本，这大概是我对他们不同的理解。

余秉颐（以下简称余）：正如您所说，方东美先生有一种博大的广阔的宇宙情怀，而牟宗三先生主要是从“理”的角度来阐述宇宙和人生意义。当然牟先生对中国文化和哲学有很深的研究，对西方文化和康德哲学也有很深的研究，牟先生把康德的“理”和自己的“理”结合起来，推出了以“理”为核心的新儒家的哲学系统，应该说是很有贡献的。但方先生的最大特点，正如他自己曾经说过的，任何研究哲学的人，如果仅仅抓着“理”，而把“情”疏忽了不去发挥，那就是哲学上的一个极大失误。所以，方先生从他的生命本体论出发，认为哲学就是生命精神的表现，只有体现生命精神的思想才叫哲学。生命精神表现出来是什么呢？方先生讲了两个方面，一方面是要“契合宇宙之理”，二方面是“发舒人生情蕴”，人不能把宇宙看成一个机械的物质活动的场所，而要看成一个有情的天下，更不能像西方现代哲学某些流派那样把人的生命看成一束原子组成的结合体，把人的生命活动看成机械的物质活动。宇宙本体是一个生命的本体。生命的本体在方先生看来，就是处于“情”的不断向前发展的推动之下。方先生的哲学基于生命精神，表现出来的是一种生命情怀。这种生命情怀，向外可以与天地万物融为一体、浃而俱化，人可以参赞天地之化育。当然，方先生不否认作为哲学思维必然要去追求“理”，他讲的这个情，也是以理智为依托的。他讲到“哲学”的定义时，认为哲学的功能是两个，一是“纵览宇宙理境”，在事理上要对客观宇宙有一个真切的了解；二是“发舒人生情蕴”，在生命精神上主体要不断地向更高境界去追求。他说“哲学的建筑”有两大支柱，一是“客观的世界”，一是“主体的人类生命精神”。哲学思想从理论上看，起于境（宇宙理境）的认识，而从实践看，则起于情的蕴发。关于如何理解方先生所说的这个“情”，学术界有不同看法。方先生一再申明，他所说的这个“情”是广义的，不等同于我们平时所说的七情六欲的“情”，当然，二者之间有联系，不能说不相干，但方先生一再强调“情”

是对人生真善美的一种价值追求。所以我认为，如果要给方先生所说的“情”作一个简略的界定，那么可以说，所谓“情”是指人们对宇宙人生的价值化的追求。当“情”内敛于人们心中时，是一种价值意识；它抒发出来，就是方先生所说的“价值化的态度和活动”，就表现为对天下万物的博大情怀。我感到这种对于“情”的注重与推崇，确实是方先生哲学的一个明显的特点。正如您刚才所说，他和唐君毅先生在这方面有共同之处，唐先生也不是用冷漠的思维去认识这个世界的，虽然他的哲学根基是道德理性，以道德理性作为整个主体和客体的基本支撑。尽管如此，唐先生也具有一种浪漫的博大的宇宙情怀。而方先生更加突出的，就是很明确地定义了哲学是人的生命精神的体现。所以方先生虽说是一个新儒家，但他很有道家那种超脱的精神和情怀。他这方面在新儒家中是很突出的。方先生提出，人的生命精神总是要从物质文化向着精神文化追求，从精神文化的形而下层次向着形而上层次追求。科学属于精神文化的形而下层面，因为科学是解决物质方面的问题、技术方面的问题，即人生形而下方面的问题。形而上的文化则有艺术、哲学和宗教，它们体现了人类对真善美的价值理想的向往和追求。方先生对天下有一种不泯的情怀，他在论诗词的意义时说过，“生命的现实就是苦难”，诗词的意义则在于通过艺术的想象，让人们在思想中冲出现实的苦难，而得到一种真善美的享受，或者追求一种真善美的价值的满足。唐君毅先生也具有这种情怀和理想，例如，他说的“心灵九境”就体现了这种情怀和理想，但相比来说，方先生在这方面可能表现得更强烈，人生对真善美价值的向往在他的哲学中表现得很鲜明，可以说方东美的哲学是一种真善美的价值的结合体。

梁：到牟宗三那儿，就不太讲境界。虽然他也从形而上学角度讲境界，但境界在他那儿不作为人生意义，而是提到佛道儒境界时解决康德哲学的一种说法。牟宗三可以说是从“理”出发，非常理性地一步一步地进行研究，在康德那儿，道德和上帝只是一个预设，人们觉得不满足，而且在知识上只看到现象的物质性，也觉得不够，所以要解决这个问题。他提出假设人跟上帝一样，不仅可以看到物质性，而且通过中国形态的修养工夫，而呈现一种无限性。在此时，从某种意义上说，人的心的境界差不多变成与上帝一样的无限性。中国哲学的发展方向就是这样理性地慢慢地推出的。牟宗三的理性推理很美，而像方东美那样比较浪漫的美的情怀，却是很少的。

余：两位先生在气度上不同，我认为方东美更富有诗人气质，而牟宗三则更为冷峻。牟先生的很多研究成果，以及牟先生的一些行迹传记，都表明他的思维是非常具有思辨性的。他对问题想得很细，很深入，很深沉，而且推理也很严密，他的许多命题是推出来的。他有严谨的依据和概念，包括中国哲学和康德的概念，从中推出他的理论框架。方先生的理论有时看来不是那么严谨，包括他对中国古代某些典籍的看法，对孔子哲学的一些看法。例如，他反对以《论语》作为研究孔子思想的主要依据，认为孔子思想主要体现在《周易》里面，而不是体现在“格言体”的《论语》里面，《论语》固然是宝贵的“人生经验的结晶”，但它“没有论及宇宙全体”，因此远不如说明宇宙人生是“时间创造、时间变化”的《周易》能够代表孔子和儒家的真精神。严格说来，这种见解在学术界是引起争议的。这不像牟先生的见解，从理论上看都很有理据。方先生不一定一步一步地去追求学理的推演，没有那样的严谨，在他身上是更多体现了中国传统哲学的某种特点，有些时候比较直观，而不要求这些观点得到严格的论证。这可能是治学方法上的一个区别。

梁：牟宗三是通过推理方式来进行论证的，没有那样感人，而方东美讲课肯定是很感人的，唐君毅讲课也是很感人的。牟先生只是追着自己的理路推下去，他讲课时总是把康德的话一句句写在黑板上，这是非常不同的。唐先生讲课时总是想感动那些同学，方东美讲课时应该也是很有感人气质的。方东美出了一个大弟子成中英，算是一个大师形态的哲学家了。成中英继承方东美那种广大和谐的心态，同时受到西方很好的训练，这点很重要，因为无论如何，上面三位老先生在那时因为语言和文字等原因，受西方的训练还是有限的。成中英那个时代好一些。他留学时，有一段通过分析哲学从奎因那儿找到比较本体论的分析哲学，最后接上伽达默尔的诠释学这样一种经历。对西方有很好的基本理解之后，再转回中国哲学，方东美那种广大和谐的精神，就变成成中英的本体诠释学带来的一种同西方对话而产生中国哲学的特别系统，这个系统就是以为本体跟方法是不分开的，本体具有方法意义，方法具有本体意义，这是非常奇特的，跟西方不一样的，真的是体用无二了。他把价值论、本体论、伦理学每一方面都结合在同一系统中，这基本上也是从方东美精神发展出来的，然后，从华严宗大和谐精神，到成中英有下有上、有内有外的一个整体的统合，而形成一个可以跟西方对话的系统。对方先生和唐先生，外国人可能不能完全明白他们的进路，不明白他们所谓的境界是什么；对牟先生，外国人有些明白，但觉得他是一条线的解释，而且对康德的解释，外国人不一定完全同意，所以会引起争论。到成中英，外国人可能明白他的进路了，可以说是对中国哲学的一个新的突破性的发展。

余：我同意您的看法。成中英先生在上世纪 80 年代出版了一本名为《中国文化的现代化与世界化》的书，里面就谈到了这个问题，他说，面对近代以来西方文化的冲击，老一辈的哲学家，熊十力、梁漱溟等人所从事的工作主要是不遗余力地为中国哲学进行辩解，因为一些西方哲学家总认为中国哲学不是哲学，不过是“一套道德信条”，他们从来没有将中国哲学认可为一种独立的学术。到了方东美、唐君毅、牟宗三、徐复观等“新一代的哲学家”，就能够凭着他们在这方面高出前辈的能力，通过对西方文化与哲学更深切的了解，对西方哲学与中国哲学真正深入的比较，终于“将中国哲学以哲学面目示人”。

梁：这里面有一些中国哲学“反攻”西方的味道。

余：是的。到了成中英先生这一辈中国哲学家，就有了更大的进展。他们的外文到了熟练、精深的程度。他们对西方文化有着深切的了解和体验，不仅能更好地解读西方文化，同时他们对中国哲学所作的诠释，更能够为西方人所理解。接受不接受姑且不论，但至少觉得比较理解了。以前在很大程度上只是一个辩解，不要说第一代现代新儒家熊十力、梁漱溟，就是方东美，他所写的《中国哲学之精神及其发展》，起因就是抗战时期在重庆，印度哲学家拉达克利斯南到中央大学访问，他问方东美：我们印度人不满意西方对印度哲学的介绍，所以我们自己用英文向西方介绍印度哲学，你们中国人满意不满意西方人对中国哲学的介绍呢？方东美认为这是印度哲学家对中国哲学家的"挑战"，想看看中国哲学家能不能也用西方的语言向西方人介绍中国的哲学。为了让西方人正确地理解中国哲学，方东美下决心用英文来写中国哲学著作，其中最重要的一部，就是*Chinese Philosophy*：*Its Spirit and Its Development*（《中国哲学之精神及其发展》）用流畅、典雅的英文，向西方人介绍中国哲学。

梁：方东美用英文写的书，在西方人看来，是诗多过哲学的。严格说来，他们不是把它看成哲学著作，而是看成用哲学描述中国哲学和文化的美的东西，但这些描述没有达到哲学的严谨。相反，严谨的应该是牟宗三，这也引起人们的争论。到了成中英，不但用英语，而且用西方的学术语言。我们讲到西方文化的时候，还要讲到它的最高的精神文明，即基督教文明，方先生好像没怎么提，唐先生对基督教很尊重，他的"最高境界"第二个就列入了基督教。牟先生对基督教好像有意见，他大概那时遇到的是天主教的士林哲学，不同意他们对康德的说法。当时台湾《哲学与文化》与唐、牟支持的《鹅湖》发生争论，可能对牟先生有些批评，牟先生很不高兴，认为基督教是要偷梁换柱，把基督教的上帝同中国古代的上帝联起来才算正统，牟先生对基督教有很多批评，其实天主教也没有这个意思。天主教也训练出了不少人，像辅仁大学是很有学统的，出了像沈清松、傅佩荣等人，这批学者都是经过天主教士林哲学的整套哲学训练的，大主教罗光还写了一本中国哲学史，他对中国哲学的解释就用西方天主教士林哲学的方法来进行的，跟儒学整个讲法也不同。但他们有时会抬出方东美来同牟先生比对，牟先生当然很不高兴，毕竟方先生也是一个大师，这也引起很大争论。到成中英就不一样了，成中英希望从本体诠释学发展出一种对神学的反省，希望基督教的神学能通过中国化的过程来重建，这又不一样了，不只是反映一个外来文化的冲击。对此，唐君毅是同情，牟宗三是反对。而对成中英来说，不是外来不外来的问题，基督教作为一个庞大的精神文化来到中国，能不能通过中国文化的洗礼，把基督教精神重新讲出来而变成中国的基督教，这也变成一个有趣的话题。

余：从历史来看，不同时期外来的文明包括宗教，进入中国以后，它们在这块土壤的存在、发展，是要符合中国社会的需要，并且与中国本土文化相适应、相结合的。比如说佛教传入中国时，那之前中国本身的主要思想体系还是儒家和道家的，佛教传进之后，可能确实是符合了当时中国思想文化领域的某种需要，带来了一种精神上的补充。例如，儒家讲修身齐家治国平天下，道家追求精神上的超脱、逍遥，而对人的生命的终极的关怀，对于人生的必然归宿，似乎缺少一种精神上的安顿。佛家“知生死流转之故，立不生不灭之本”，启发人思考生死问题，从精神上给人以慰藉。这也可以说是对当时的儒家、道家思想的一种补充，是符合当时中国思想文化发展的某种需要的。

梁：特别是生死和苦这些问题，都可以从中得到一些启发和思考。

余：是的。孔子说“未知生，焉知死”，儒家基本不谈死的问题。道家追求长生久视，也不正视死的问题。其实，这个生死观不仅是现代人面临的，古代人也是面临的。佛家正视生死苦灭，把生死问题明确提了出来，目的是让人在精神上对生死有一种安顿。上面说的，是外来的文明要在中国存在发展必须符合中国社会、文化的某种需要。同时，外来文明进入中国之后，还必须与中国文明相适应、相结合。还以佛教为例，佛教传入中国之后，很注意同中国的思想靠近，特别是刚传入时，与道家思想的靠近。那时佛经的翻译，一种重要的方法叫做“格义”，主要是用道家的概念来解释佛教，例如，用《道德经》里面的“无”解释佛教的“真如”，说明“真如”是“本无品”，这对人们理解佛教产生了作用。佛教就是在这一片土壤经受了中国文明的洗礼，成为了中国人的佛教。至于基督教文明，要做到这一点还是很不容易。今天基督教在人们的心目中和在现实生活中，是很受尊重的。信仰它的人绝大多数都是很善良、很真诚的，他们有爱心，热心于社会公益，这对于构建和谐社会，建设精神文明，对于人的素质的提高，是很有益的。至于基督教是否能像佛教那样经过中国文化的洗礼，成为中国人的一种宗教，目前还看不出。但是，它确实可以成为在我们社会上很有影响力的宗教信仰之一，积极地在中国人的社会生活中产生良好的作用。

梁：这是很有意思的，反而是中国学者希望基督教有一种中国化的过程。基督教发展得越来越快，人数越来越多，按有系统的研究来说，它是中国第一大教。佛教人数当然很多，但比较散漫，信徒没有系统。在这种情况下，许多学者就认为受西方影响较大的基督教具有排他性，或者信了基督教以后对中国传统文化有一种不重视的态度，排他性成了被排斥的一个原因。非常有趣的是，呼吁基督教中国化的还是中国文化学的学者。成中英是比较早地提出这个想法的学者。我作为他的弟子也是一个虔诚的基督徒，另外一个大弟子费洛兰也是一个虔诚的基督徒。他早期两个很好的学生都是虔诚的基督徒，而且都是读过神学的、对基督教有体悟的人。他也很希望通过我们对基督教和中国文化作一个结合，因为我们对基督教有体悟，同时也受过中国文化的洗礼，中国文化对我们生命影响也很大。一些海外研究人员也把我看成儒家形态的基督徒——有儒味的基督徒，也有道味的基督徒，当然也有佛味的基督徒。基督教要同儒家沟通，沟通点其实很多，只差几个重点而已，儒家不否定神，不否定上帝，不过上帝没有那么重要，因为上帝没有救赎，上帝只在天上，赋予人道德，人只要行出道德，就符合天命的要求了。没有原罪的观念，大概是儒家同基督教的最大冲突。原罪问题处理并不难，关键是在基督教讲的原罪不是原恶，一般人以为原罪就是原恶，但从神学来说，上帝是不可能创造恶的。所以，恶的存在根本不是一个本体，也不是一个实体，恶是一种善的实体的亏损，或是善的实体的扭曲，同孟子"陷溺其心"的意思差不多。我二十多岁写的第一本书就是用了"陷溺"的观念解释"罪"，这跟儒家的冲突已经很少了。当然，基督教有救赎，儒家没有救赎，这是很关键的一个差别。但是信仰儒家的人要接受救赎的观念，我认为也不是一个大的难题，因为很多基本的冲突已经没有了，所以儒家可以同时成为基督徒，基督徒可以同时成为儒家，这个并不难。跟着来的，是方东美的易经和华严宗的系统，是一个大和谐的宇宙观，成中英也有这样一种宇宙观。神学如何解释这种宇宙观呢？对这个大和谐系统，基督教是如何处理的，基本上就是我提到的关系本体论。因为我们所说的大和谐系统，背后就是本体关系。儒家所说的人与人的关系，人与天的关系，易经的天、地、人的关系，都是关系本体论。佛家更明显地讲关系本体论，因为他讲因缘起灭，法界缘起，都是彼此相关而不是单独存在的。到道家显天地万物，庄子用"幻化"

这个概念，不是万有万物，而是“幻化”，事物彼此存在变化和相映之中，这也是一种关系本体论。这样一说，基督教也是一种关系本体论。那么基督教如何可以成为一种关系本体论，传统基督教不是如此，现在西方基督教为什么排他性比较重呢？首先，这同柏拉图以来整个西方文化的二分法即二元思维有关，到亚里士多德，总是主客对立，天人对立，从这个对立形态看，真理就是真理，是根本不能比的，自己就是启示真理，其他什么都不是了。这在古希腊、罗马文化中比较明显，这是主流，但西方的基督教并不排他，例如，印度的基督教，埃及的基督教，波斯的基督教，都有不同的传统，还有东正教也不一样。其次，这同古希腊、罗马文化的扩张性有关。亚历山大要把自己的文化推到全世界去。这本来与基督教无关，但基督教从中东地区进入西方以后，就有了类似西方文化征服其他文化的精神。当西方强大时，英国、美国等帝国主义的强国就有一种文化的征服性。所以我们要把基督教非希腊化，非西方化，这是我三十岁左右就提出的，当时我同儒家掌门、大师兄蔡仁厚进行对话。蔡仁厚提出很多难题要基督教响应，我就写书谈从中国思维来重新整理基督教的一些想法。那本书已经成为讨论基督教和儒家对话的经典了。只要把希腊形态的概念去掉，以中国形态的概念来讲，基督教就有可能产生不同的后果。不过要产生一种大和谐系统，就需要从关系本体论来建立。关系本体论不以西方的实体观或逻各斯的理性系统来讲，而改从基督教的神秘性和吊诡性讲。基督教最吊诡的就是三位一体论，上帝是三而一，耶稣是神又是人，不从本性的直线性来讲，而是从曲折的吊诡性来讲，三和一是一种关系，父子灵也是一种关系，所以上帝本身就是一种关系本体，而不是三个实体。假如是一个实体，就很难说，是三个实体又不行，但从关系本体入手就可以解决它自己的神学难题。从“三一关系”本体论来讲到上帝创造的人，也是彼此相关的，万物也是彼此相关的，这样的说法圣经也有类似的推论，这就推出一个相通的感通的宇宙，跟方东美的宇宙一样。不过由于人的犯罪，破坏了人和上帝、人和宇宙的关系。最后，上帝救赎人，重建人和上帝的关系，并且上帝和人立约，而“约”就是一种关系，就是《圣经》的旧约和新约。所以，如果以关系本体来重造基督教的理论，就可以跟方东美系统结合了，跟唐君毅的结合也可以（当然牟宗三有些困难）。这里我就想出一个可能，在中西文明的结合点上，找到一个以中国文化为本的本体论根据，来讲西方神学，就变成中国的神学。

余：这有一定道理。方东美把哲学的核心看成生命精神的体现，他所说的“生命”是指“宇宙的普遍生命”，不是指一个人的小我的生命。宇宙是这个普遍生命大化流行的境界。那么，在这个大化流行的境界中，每一个小我的生命，都要和其他的万事万物发生关系。从这个角度讲，人这个本体也是关系本体，是体现主体与客体以及其他各种关系的本体。方东美批评西方哲学的二分法，说从柏拉图开始，西方哲学传统将人与客观世界割裂开来，以主客二分、天人对立的思维看待人与世界的关系，将人的世俗生活与真善美的价值世界割裂开来，认为人只有脱离世俗世界这个“罪恶的渊薮”，才能实现真善美的价值理想，因此西方的哲学形上学是一种“超绝”的形上学。而中国哲学的形上学则是一种“超越”的形上学，以主客一如、天人合一的思维看待人与世界的关系，主张人与客观世界不可分割、世俗生领域活与真善美的价值世界不可分割，人们正是在世俗生活中实现真善美的价值理想，也就是“极高明而道中庸”。所以就像您刚才讲到的，西方哲学与文化，包括基督教文明，如果“去希腊化”，去掉古希腊、罗马文化在历史上的一些不好的内容，如二元对立的思维方式，然后再结合中国哲学所说的这种关系本体，并且将这种关系本体最终落实到追求万事万物的和谐，那么从这个角度理解基督教文明的精神，它就有可能成为我们中国文化的一种有机成分。

梁：是的，我们用中国思维来讲基督教文明，它就变成中国的了。比如要跟西方人辩论，牟宗三总是用西方人的思维来讲中国，但是他跟现在的基督教也格格不人。用中国人的思维讲基督教，不但是因为中国人面对西方时要用西方人的思维，而且西方人也要用中国人的方法，才能跟中国人进行沟通。现在美国人同中国人沟通较难，就是因为它不懂中国人的思维方法，它以为世界只有一个共同标准，就是美国标准，这就会产生问题，基督教也有同样的问题。美国思维就是这样，我是最强的、最好的，您跟我一样就是最好的，这同基督教一样。

余:这是于无形之中把自己看成唯一的标准,包括思维方式也是唯一的标准。

梁:我们再回到方东美哲学。您研究方东美哲学,最初是从什么个人经验开始的?

余:在中国大陆改革开放之前,方东美虽然是一代哲学大师,但即使在他的故乡安徽桐城,也几乎很少有人知道他。因为他在台湾,而那时两岸是隔绝的。20世纪80年代中期,随着思想解放运动的开展,学术研究的一些禁区就被冲破了,方东美研究才可能进入大陆学术界的视野。1987年,全国“现代新儒学思潮课题组”成立了,这个课题被列为全国哲学社会科学规划重点课题。这在当时是一个很大胆的突破,此前新儒家的研究在“左”的路线下是不可能开展的,特别是新儒家几位重要人物都在港台,这是一个问题。著名哲学家方克立、李锦全教授担任这个课题组的主持人。我们安徽社科院哲学所蒋国保先生和我接受了研究方东美思想的任务,当然这也与方东美是我们安徽先贤有关。那时起步很艰难,大陆上很难读到海外图书,当时可以找到方东美著作全集的地方,就是北京图书馆(国家图书馆)。国保和我就在中国人民大学招待所的地下室住了一个多月(当时课题经费极为有限,而地下室那层比较便宜),每天跑到国家图书馆,从早到晚在那里查阅方东美的著作,中午买面包或盒饭吃。当时国家图书馆的这类书不让借出来,我们就一本一本地复印了方先生的全部著作。复印的书篇幅比原著多,等我们返回合肥时,每个人都提着一纸箱复印资料上火车。回到安徽,我们就开始“啃”这些书,方东美研究就这么起步了。方东美文思敏捷,思维富于跳跃性,有时天马行空,而且他的诗人气质也在文字中屡屡展现出来,因此读他的书一开始不太好把握,慢慢读到中间才看出他的理路,看出他从青年学生开始做学问的基本进路,越来越感到他的书并不枯燥,因为他不是纯粹的逻辑推演,而是在理论的阐述之间,有他自己的思想和情怀的表现。尤其是他对生命精神和生命情调的表现,读来令人感到生气勃发、意趣盎然。在方先生看来,中国哲学的几大派,无论儒家、道家、墨家、佛家以及宋明新儒家,都是以生命为本体的,都是高唱生命礼赞、抒发生命精神的。这种对生命的肯定,都表现在了他的笔下，所以读他的书很有情趣。方先生学术著作的写法往往也是别具一格，如他早期的《哲学三慧》，就是用一种戏剧场景式的描绘，分别描绘了中国、希腊、欧洲这三种世界上典型的哲学智慧，读来就感受到那种理和情的交融，是一种享受。

再说说课题组的研究，课题组成员不多，但对于梁漱溟、张君劢、熊十力、马浮、冯友兰、贺麟、钱穆、唐君毅、牟宗三、徐复观、方东美十一位现代新儒家代表人物都展开了研究。当时课题组主持人的思路就是先把这些新儒家代表人物的学术资料系统地、准确地整理出来，因为在长达几十年之间大陆上基本没有他们的资料。这可以说是课题组的第一项工作，这项工作的成果就是中国社会科学出版社 1995 年出版的《现代新儒家学案》，这部书分上、中、下三部，包括了十一篇《学案》，分别介绍了这十一位现代新儒家的代表人物。在每位新儒家的《学案》中，前面是一个学术思想评传，后面则是体现他们主要观点的学术资料选编以及主要著作年表。这可能是大陆当时研究现代新儒家的一部标志性的著作。

梁：据我所知，很多学者就是看这一套书而了解到新儒家大师的主要看法。说起来，我们这二三十年来，能拿出的大师的东西并不多。那些年您们确实出了不少好东西。

余：从 80 年代开始，我们分别发表了一系列研究方东美的学术论文，其中很多被有关刊物转载。海内外第一部研究方东美的学术专著《方东美思想研究》（蒋国保、余秉颐著）先由天津人民出版社出版，并于前两年由北京大学出版社再版。我们所作的研究，有一些书刊也注意到。如郭齐勇教授的《近二十年中国大陆学人有关当代新儒学研究之述评》、胡治洪教授的《近二十年我国大陆现代新儒家研究的回顾与展望》、颜玉科教授的《方东美哲学思想研究简述》等文章，都介绍了我们的研究。颜玉科的文章（见《孔子研究》2005 年第三期）还介绍、评论了我对于方东美所说的“情”的理解，学术界对方东美的“情”有不同的理解，我认为方东美所谓“情”指的是对人生真善美的价值的向往和追求。

梁：这种追求是一种对真理追求的情，也是一种灵性的追求。

余：您这个提法很好，方东美的“情”不是一种纯理性的、纯逻辑的，而是一种内心向善、向真、向美的情怀,是为了提升人的生命价值。

梁:是一种灵魂里面的追求,中国大陆比较喜欢用“精神”这个词,海外喜欢用“灵性”这个词。

余:我们的研究范围,还从方东美哲学的个案研究扩展到现代新儒家哲学的整体研究,特别是现代新儒家文化哲学的整体研究。蒋国保先生出版了有关著作,台湾学生书局出版了我的《认识新儒家——以价值观为核心的文化哲学》,拙著探讨的是现代新儒家三代人的文化价值观,是专门从文化哲学这个角度研究现代新儒家的。

梁:您对方东美的文化哲学如何看?

余:首先他认为哲学的一个基本功能就是“批导文化生态”。文化可以说是很抽象的,很玄很高,但文化也很现实,就在我们的生活中间。方东美认为哲学思维就是要关注这个文化生态,文化中最核心的东西就是哲学,这是文化的精神核心,指导文化的演变、发展。所以方东美从事哲学研究,一直同文化紧密联系在一起。方先生还有一个很有名的观点是:任何一种哲学研究不与文化联系在一起,那就不是真正的哲学,所以他最后的概括是:任何一种哲学都不能不是文化的哲学。

我基本上将方东美的文化哲学分成两大部分,第一部分是以哲学为核心的文化价值观,探讨的是如何看待某种文化的价值的问题。方东美批导文化生态,首先就是看它的核心即哲学价值,方东美的文化哲学是以哲学为核心的文化哲学。他比较不同民族之间的文化,也是从哲学的角度来进行的。方东美把哲学和文化是看作融会一体的,当然,这融会一体的核心还是哲学,还是人的生命精神的表现。

梁:这么说来,方东美把文化看成一种宇宙的生命力的表现,宇宙的生命力表现在人性,人性表现在文化,这样就推出来了。

余:您概括得对。人性也就是人的生命精神,而在方东美看来,不同民族的生命精神在价值取向上是有区别的。因此,方东美文化哲学的第二部分,就是注重民族生命精神的比较文化学,其特点是注重民族生命精神的价值取向。他比较不同民族的文化,不是过于注重具体的、枝节的、外在的东西,而是抓着最核心的东西,就是民族生命精神。他认为在每一个民族中，都有一种共同的哲学智慧，他称之为“共命慧”。同时，每个民族中的杰出哲学家又具有他自己的哲学智慧，他称之为“自证慧”，老子、孔子、柏拉图、苏格拉底等哲人都具有这种“自证慧”，这是他们个人的哲学智慧。但在任何一个民族里面，“共命慧”是基本的。不同的民族有不同的生命精神，不同的生命精神决定了不同的哲学“共命慧”，不同的哲学“共命慧”又决定了不同的民族文化形态。方先生说，古希腊文化注重求真，因为希腊民族的哲学“共命慧”是如实慧，它决定了古希腊文化的核心是求真，最后演变成一种契理文化，就是契合事物之理的文化。由于要“求真”、要“如实”，所以这个“理”就很重要。西方科学技术就是起源于古希腊文化的求真精神。而近代欧洲民族文化的“共命慧”被方东美称为“方便巧”，这是一种给欧洲人带来很多物质享受、生活便利的机巧。“方便巧”决定了近代以来的欧洲文化是一种“尚能”文化，就是崇尚能力的文化，近代科学技术正是这种“尚能”的体现。方东美对近代欧洲文化的批评比较多，认为它在精神追求上不如古希腊文化。至于中国民族文化的哲学“共命慧”，方东美把它称为“平等慧”。所谓“平等”指的是万事万物的平等与和谐，这是一种天人合一的“广大悉备的和谐”。这种“平等慧”决定了中国文化是“妙性文化”，它追求人性的高尚、美妙，追求真善美的价值理想。上面的内容用方先生的话来概括，就是“希腊如实慧演为契理文化，欧洲方便巧演为尚能文化，中国平等慧演为妙性文化”。我把这一部分理论称为方东美的注重民族生命精神的比较文化学，它与方先生以哲学为核心的文化价值观共同构成了方东美文化哲学的基本思想。这种文化哲学引导人们领悟生命的境界和人生的意义就在于生命精神的不断超升，最后落实到一个真善美的价值世界。

（原载《文化中国》2015 年第 3 期，收入本书时文字略有压缩。）

附录二

儒学文明在当代

——海外新儒家的文化心态

现代新儒学在其演变、发展过程中，无疑会随着时代的变迁而经常呈现出新的动向、表现出新的特点。笔者于 1997 年 9 月至 1998 年 2 月应邀赴美国进行学术访问期间，在哈佛大学燕京学社访问了该社主持人、中国历史和哲学教授杜维明先生。同时，访美期间笔者还与国际中国哲学会荣誉会长、夏威夷大学哲学教授成中英先生有书信往来。通过与这两位海外新儒学学者的交流以及对有关资料的研读，笔者认为近年海外新儒家的思想动态以下三点是值得关注的。

一、以全球“文明对话”作为儒学复兴和发展的背景

宣扬儒学的复兴和发展，是自 20 世纪 20 年代以来现代新儒家几代人基本的学术使命。但几代新儒家学者在这方面又表现得不尽相同。第一代新儒家是在中国文化遭受西方文化猛烈冲击背景下，主要从捍卫儒家思想和民族传统文化的角度来宣扬儒学的复兴和发展。第二代新儒家更多地从中国文化如何适应时代要求、通过吸纳西方文化而走向现代化的角度，来宣扬儒学的复兴和发展。正活跃于海外的第三代新儒家学者，近年来在这方面所表现出的主要特点则是：在强调全球“文明对话”的重要意义的前提下，来谈论儒学的复兴和发展。

哈佛大学教授塞缪尔·亨廷顿(Samuel P. Huntington)于1993年发表了轰动一时的《文明冲突论》。他用不同文明之间的冲突,来说明国际政治的实质和人类社会的前景。1996年,他又在美国《外交》季刊上发表了《文明的冲突与世界秩序的重建》,继续发挥其"文明冲突论"。他认为,人类历史上最持久、最尖锐的冲突都起源于文明的差异。在当代,西方文明与非西方文明之间的冲突必将取代政治、经济冲突而成为今后国际冲突的中心,特别是儒教文化、伊斯兰文化与西方文化之间的冲突将成为今后国际政治的主宰。几年来,"文明冲突论"引起了强烈的反应。包括海外新儒家在内的很多学术界人士,都对它持批评态度。

杜维明对笔者说,亨廷顿所提出的"文明冲突"绝不是世界文化发展的主流。其实,亨氏对文化的理解非常片面。他不过是站在一种狭隘的政治学立场上,体现了美国社会一些人在冷战结束之后的一种不健康的心态。虽然自1993年以来,"文明冲突论"有一定的发展,但今后它的影响会越来越薄弱,因为它的论据就有问题。实际上,冲突不一定存在于不同的文明体系之间,在一个文明体系内部同样会有冲突。

这种文明体系内部的冲突,在不同的文明体系中具有共同性。例如,在当今世界,很多民族都面临着经济的发展与环境的破坏之间的冲突、物质生活的提高与精神价值的沦落之间的冲突,等等。这种共同性,决定了不同的族群具有共同关心的有待解决的问题。因此不同的文明体系之间可以而且需要进行广泛的对话。这种对话的广度和深度,完全可以而且应该超过德国哲学家雅士裴(Karl Jaspers,也译为雅士柏尔斯、雅斯贝尔斯)所说的人类文明的第一次"轴心时代"。在那个时代(约相当于中国的先秦时期),以色列的犹太教、希腊的哲学、中国的儒家和道家思想、印度的兴都教和佛教,成为当时世界文明的几大精神支柱。这些不同的文明体系之间相互沟通,共同构成了辉煌的"轴心文化"。后来经过两三千年的发展,上述几大文明体系分别成为人类文明的几个主要精神传统。这种轴心文化,体现了"文明的多元化"和不同文明体系之间的对话的重要意义。

杜维明说,现在我们面向21世纪,各种不同的族群、不同的文明之间应该有更多的沟通、交流，形成一种全球性的“文明对话”，甚至是“第二次轴心时代的出现”。西方文化与包括中国文化在内的东方文化之间，完全可以通过对话来互相取长补短，求得共同发展。他强调，在西方文化与非西方文化之间即使存在着一定的文明冲突，但文明对话是全球文明发展的主要趋势；或者说，正因为存在着文明冲突的可能性，更有必要进行文明对话。总之，“文明之间的对话是为人类文明创造和谐条件的一个重要机制”。儒家文明在当代复兴的根据，就在于它至今仍然具有作为全球轴心文明重要组成部分的精神价值。在当代世界的文明对话中，以儒家、道家和大乘佛学为代表的中华文明应该是十分重要的参与者。其中尤以儒家文明对于当代人类文明建设具有重要作用，因为儒学人文主义思想对于解脱人类文明发展所面临的困境具有启发意义。总之，儒学在当代的复兴和发展，是在全球文明对话的大环境中进行的。

由此可见，近年来海外现代新儒家是在强调全球“文明对话”的必要性和重要意义的前提下，来宣扬儒学的复兴和发展的。换言之，他们是以全球的“文明对话”，作为儒学现代发展的背景的。

二、认为“儒学文明不能单独地成为当今世界文明发展的主导”

杜维明认为，儒学文明尽管有复兴和发展的必要与可能，但当今人类文明日益明显的多元化趋势，决定了它不能单独地成为世界文明发展的主导。

杜维明从他的“世界文化观”出发，历来注意把儒学的发展问题放在人类文明发展史中加以考察。他认为儒学的第一期发展（先秦儒学）成为世界“轴心文明”的重要组成部分，第二期发展（宋明儒学）成为“东亚文明的体现”。此番他在与笔者的谈话中，多次谈到“儒学在当代的发展（即第三期发展）以全球文明为背景”的问题。他说，这正是我们谈论儒学复兴和发展问题时的基本前提。在当代，任何一种文明——包括儒学文明——都不可能单独地成为世界文明发展的主导。“欧洲中心论”已经破产。现代化已呈现多元化的格局，它并不等于西化。同样的道理，当代人类文明的发展既不等于西化,也不等于"儒化"。我们认为儒学文明在当代仍然具有十分重要的价值,但绝不是说只有儒学文明才有价值。其他的文明系统,作为全球多元文明的组成部分,作为文明对话的参与者,同样有其价值。

杜维明还举例说,哈佛大学燕京学社经常举行关于现代新儒学的研讨会,而被邀请参加会议的并不限于现代新儒家学者。他们十分注意邀请具有不同文化理念的东西方学者,尤其是对现代新儒学持批评、否定态度的学者参加研讨会。世界文明的多元化,儒学文明与其他文明的对话,在这些研讨会上得到了生动的体现。

现代新儒家的第一代,把儒家文明看成人类文明发展的唯一"正道"。梁漱溟在《东西文化及其哲学》中就说过,全世界的文化发展终归要走"中国的路、孔家的路"。第二代新儒家提倡东西文化的会通和互补,肯定了西方文化的长处和以儒家思想为核心的中国文化的不足,但仍然认为唯有儒家思想能解救人类文化的危机。牟宗三在《人文主义的完成》中说,传统儒学只要"转出民主与科学",那就"岂徒创造自己而已哉?亦所以救西方之自毁也",即不仅能够"自救",而且可以解救西方文化"自我毁灭"的危机。这还是以中国的儒家文明作为人类文明发展的主导与归宿。正活跃于海外的现代新儒家第三代则比较客观,特别是近年来,他们以更具现代眼光的见识,以更为开放、平等的心态看待东西方文化,看待儒学文明在当今人类文明建设中的作用。尽管他们一如既往地宣扬"儒家思想的现代意义",认为儒学对于现代中国文化乃至当今人类文明仍然具有重要的、独特的精神价值,但他们却已经将儒学文明视为当代人类文明建设的有价值的重要资源之一。杜维明说,作为现代新儒家的第三代,所要做的工作就是"将儒学人文精神推向世界",使之成为推动当今世界文明发展的一支重要的精神力量。

三、提出对传统儒学必须"深刻理解,重新创建"

成中英先生将自己的一篇近作寄赠笔者,他在其中写道:"我虽被忝列为第三代的新儒家学者，我的基本看法却是：我们对传统儒学必须采取深刻理解的但却是重新创建的态度。”在现代新儒家学者中，明确地提出“重新创建”传统儒学的问题，这似乎是第一次。

他所说的深刻理解，是指正确认识和肯定传统儒学所具有的内在价值。而“重新创建”，则是主张在承认传统儒学有缺陷的前提下，对之进行改造。他指出，牟宗三提出“内圣开出新外王”，认为儒学的传统可以充足地引生科学和民主，但实际上，即使在最宽广的解释之下，内圣也是不可能凭借其自身的力量导引出科学与民主的。内圣之学本身必须发生“转化”，然后才能实现“新外王”。传统儒学具有“传统的局限性”，它只有经过重新创建，才能适应现代社会的需要。

当包括儒学在内的中国传统文化受到西方文化的猛烈冲击时，第一代新儒家所做的，主要是维护传统儒学和中国文化的价值体系。他们拒斥“全盘西化”派对于儒学和中国文化价值体系的否定，极力论证这个价值体系的合理性和它对于中国社会的必要性。第二代新儒家则能够随着时代的前进，较多地从中国文化如何走向现代化的角度看待儒学和传统文化。他们承认了儒学和中国文化在其发展中的欠缺，牟宗三谓之“从知识方面说，它缺少了‘知性’这一环……从客观实践方面说，它缺少了‘政道’之建立这一环”，即缺少科学精神和民主制度。他们说为了中国文化的现代化，必须从传统儒学的“德性主体”转出“知性主体”，“从内圣开出新外王”，发展科学和民主。所谓“转出”，应该说体现了对传统儒学有所变通的主张。但是他们所认可的变通，只是在“外王”的层面，也就是在实践中如何运用儒家思想的层面。至于“内圣”的层面，即儒学的根本义理方面，在他们看来既无需变革，也不能变革。传统的内圣之学不存在如何适应现代化需要的问题。它成了超越时代、超越社会形态的“恒道”、“恒理”。“外王”必须有新内容，而“内圣”则完全可以依据旧传统。在他们看来，传统儒学所追求的人格境界（“希圣希贤”），所采取的修养手段（“尽心尽性”），皆无需站在新的时代高度予以重新认识和改造。

第三代新儒家则在传统儒学的继承与超越的问题上有所前进。他们提出了儒家思想自身的“转化”问题，肯定了对传统儒学进行现代改造的必要性。杜维明认为，要使传统儒学在现代社会发挥积极作用，必须使之发生“创造性的转化”、“现代转化”。他对此作了不少论述。而成中英在其近作中，则更进一步地、明确地主张“重新创建”传统儒学，并将这种“重新创建”与自己的“本体诠释学”结合起来，认为重新创建应该是“在一个更根源的更广阔的文化哲学的基础上，建立一套结合过去、适应现在、开拓未来的理解与诠释的方法，就整体的与个别的问题提出创建的系统思考”。他主张通过系统的思考、评判与诠释，去克服传统儒学的局限性。这表明，近年来海外现代新儒家把对传统儒学的现代改造，放到了一个更加突出的位置上。他们在主张继承和发扬儒家精神的同时，已经提出了对传统儒学的超越问题。

上述情况表明，近年来海外现代新儒家在传统的儒学文明与当代人类文明的关系以及如何对待传统儒学等问题上，形成了远比他们的前辈开放的文化心态。这种心态的形成，自然与特定的时代背景分不开。和平与发展这两大主题，决定了随着人类文明的不断进步，东方与西方之间、不同的国家和区域之间，正在进行着日益广泛的接触和对话，有着愈来愈多的沟通和交流。当今社会发展中的这一客观现实，在现代新儒家的文化心态中也得到了反映。

（原载《哲学动态》1998 年第 12 期，原题为《近年海外新儒学的动向述介》）

附录三

以生命的精神价值为中心

——方东美论中国哲学的“通性与特点”

方东美提出，原始儒家哲学、原始道家哲学和大乘佛家哲学最能体现中国哲学的价值取向和内在精神。而这三家哲学尽管持论有别，在思想上却有相互贯通之处。正是这些相互贯通之处，构成了中国哲学的“通性”。而“从本身看起来是通性，同其他的思想体系比较起来又构成了特点”，[①]三家哲学的“通性”与其他哲学思想体系（例如西方哲学）相比较，则表现为中国哲学的“特点”。因此他将儒、道、佛三家哲学的相互贯通之处，称为“中国哲学的通性与特点”。他说：“原始儒家、原始道家与大乘佛学三家……其系统虽然歧异，然却同具三大显著特色：（一）旁通统贯论（二）道论（三）个人品格崇高论。”[②]这三项“显著特色”，就是方东美所说的中国哲学的“通性与特点”。

一、“旁通统贯论”

所谓“旁通统贯论”，是说中国哲学把宇宙万物看成“纵之而通、横之而通”的整体。方东美认为，这是中国哲学各家各派在理论上的第一个共

① 《方东美先生演讲集》，台湾黎明文化事业公司1980年版，第101页。

② 方东美：《中国哲学之精神及其发展》，台湾成均出版社1984年版，第36页。

同取向。至于如何把宇宙万物看成统而贯之的整体，各家的做法有所不同。方东美论述了儒、道、释三家“旁通统贯论”的不同表现形式。用他的话说就是，中国哲学各家虽然都讲旁通统贯，用什么样的贯法，却各有讲究。

儒家的“旁通统贯论”，就是孔子所说的“吾道一以贯之”。这个“道”，方东美说最根本的是“忠恕之道”，即《大学》中所讲的“挈矩之道”。也就是“启发广大的同情心”去看待万物，特别是看待人。人在宇宙中，各有自己所处的位置和角度。如果我们不能依据广大的同情心去理解别人，那就会产生种种偏见。因此儒家的“旁通统贯论”所采取的形式是：“整个的家庭、社会、宇宙都成为广大同情的领域，每个人都能设身处地以各种观点体察各种人在不同境界中的问题，如此使天下之所有境界纵之而通、横之而通，贯穿起来成为统一的系统。”[①]方东美认为，儒家的“旁通统贯论”基本上是从“人事”的角度来讲的。

道家的“旁通统贯论”，则“不像儒家在这一点上比较平易近人”，即道家不是从“人事”的角度去建立其“旁通统贯论”的。道家要“了解宇宙里面最高的秘密与真相，乃至于最高的价值”，在此基础上，把宇宙看成旁通统贯的整体。对于道家主要代表人物老子和庄子在宇宙论方面的不同，方东美还作了具体分析。他说，老子提出“道可道，非常道，名可名，非常名”，其目的是去追求不可言说、玄之又玄的“众妙之门”，也就是宇宙的最高秘密、最高价值。老子的宇宙论“由无说到有，由有追到无”，“是要将一切表相幻相了解之后再撇开，向内在深处求其真相”。[②] 所以老子说“为学日益，为道日损”，认为只有将表相、幻相一层层地剥去，才能发现宇宙的最高真理——“道”。可见老子是一心向上，追求宇宙的最后真相、最高价值。庄子同样追求宇宙的最高价值，但是他“多多少少受了儒家的影响，把老子这一个超越的道，再回徼到变化的世界里面来”。[③] 这里所说的“变化的世界”，指的是现实的世俗世界，它与永恒的超越世界相对应。庄子

① 方东美：《原始儒家道家哲学》，台湾黎明文化事业公司 1985 年版，第 27 页。

② 方东美：《原始儒家道家哲学》，第 29 页。

③ 《方东美先生演讲集》，第 47 页。

将老子所提出的超越价值，拉回到现实世界来体验。“所以庄子的这一种道家的思想是在儒家与道家之间想求一个折衷的一条路”。[①] 但不管怎么说，老子和庄子都是在对宇宙最高价值的追求之中，把宇宙看成旁通统贯的整体。这种共同之处，体现了道家“旁通统贯论”的基本形式。

佛家的“旁通统贯论”，是要消除自我的各种执着和偏见，修炼出“内在的精神之光”，然后“投射到宇宙上面，宇宙才变成光天化日，一切黑暗扫除了，一切迷惘、疑惑丢掉了，而在精神之光照耀之下，全盘的宇宙才赤裸裸地把它最后的真相和最高的真理揭示开来！”[②]佛家通过修炼，摆脱各种世俗的寻常见解，使自己的精神和宇宙的“最高真相”化为一体，从而将“全盘的宇宙”看成旁通统贯的整体。方东美认为，在这一点上佛家和道家十分相似，那就是都要将精神提升到超越界，把握宇宙的最高价值、最后真相，从这样的精神高度，视宇宙为旁通统贯的整体。方东美曾说，正因为道家的思想“先已在精神上面给它（“它”指佛家思想——引者按）铺路”，外来的佛家思想才能在中国生根，从而导致了中国大乘佛学的产生。在方东美看来，道家和佛家的“旁通统贯论”都是在对超越界的追求、对宇宙最高价值的追求之中形成的。

儒家、道家、大乘佛家，“这三类哲学都在不同的形式之下，没有把宇宙当作一个孤立的系统……要旁通统贯到宇宙各种真相，把宇宙的各种真相显现出来，把人生各方面的意义与价值显现出来！然后形成一个统一的理论，这就是第一种所谓‘一以贯之’的精神”，[③]也就是中国哲学的第一个“通性”。方东美认为，儒、道、佛诸家的“旁通统贯论”尽管具有不同的表现形式，而其实质则完全相同，即：“总是要把多元对立的系统化成完整的一体。”[④]“总是要说明宇宙，乃至于说明人生，是一个旁通统贯的整体。”[⑤]宇宙是天地万物浑然一体的境界，人与自然、人与人、人与社会，都处于彼此相因的交感和谐之中。这就是中国哲学的“一贯之道”。

---

① 《方东美先生演讲集》，第 4 页。
② 《方东美先生演讲集》，第 48 页。
③ 《方东美先生演讲集》，第 49 页。
④ 《方东美先生演讲集》，第 26 页。
⑤ 《方东美先生演讲集》，第 45 页。

二、“道论”

中国哲学把宇宙理解为旁通统贯的整体，“在一以贯之的形式之下，再去追求它的内容”。[①] 中国哲学对于宇宙的“根本之道”的追求和探索，叫做“道论”。而“‘道’之一词，虽为诸家通用，堪称共名，然于各系统之中，意指不一”，[②]虽然“道”在中国哲学中是个普遍概念、基本范畴，但“道论”的理论内容，在不同的哲学派别那里却有所不同。

(一)儒家的“三极之道”。儒家“道论”的内容，是“讲天道、地道、人道；用周易的名词即所谓三极之道”。儒家将包罗宇宙万象的“‘一以贯之’之道”析而为三，即：

> 一曰天之道(又名天道或乾道)，天道者、乾元也，即原始之创造力，资始万物，复涵盖万物，一举而统摄之，纳于健动创化之宇宙历程之中(易曰：“大哉乾元！万物资始，乃统天”)，俾人与天地生命皆能充其量、尽其类、致中和、育万物、位天地，尽性发展，充分实现，臻于最高价值理想之极诣，以完成“继善成性”，“止于至善”之使命。二曰地之道，地道者、坤元也，乃顺承乾元天道之创造力，而成就之，厚载万物，而持养之，使乾元之创造力得以绵延久大，赓续无穷，蕲向无限圆满之境。(易曰：“坤厚载物，德合无疆，含宏光大，品物咸亨”)。三曰人之道，人道者、参元也。夫人居宇宙之中心位置，兼天地之创造性与顺承性，自应深切体会此种精神，从而于整个宇宙生命创进不息生生不已之持续发展历程中，厥尽参赞化育之天职，其特色也，端系乎一种对个人道德价值之崇高感，对天地万有一切内在价值之同与感，并藉性智睿明，洞见万物同根、天地一体之同一感。[③]

天道，就是《周易》的乾元所象征的宇宙“大生之德”，即原始的创造力。方东美说，《易·系辞》所谓“夫乾，其静也专，其动也直，是以大生

---

① 《方东美先生演讲集》，第49页。

② 方东美：《中国哲学之精神及其发展》，第37页。

③ 方东美：《中国哲学之精神及其发展》，第37—38页。

焉”，乃是表明：“乾元就是在宇宙里面一个‘宇宙的创造冲动’（Cosmic Creative impulse），一个有广大性的宇宙的创造精神，有一切事物的根源，为一切生命的根底，而以创造的方式把它发泄出来，这用周易的专门名词来说，这天道就是大生之德。”①可见，“天道”的提出，体现了儒家对宇宙的创造力的尊崇。

地道，就是《周易》的坤元所象征的宇宙“广生之德”，即孕育万物的能力。《易·系辞》称“夫坤，其静也翕，其动也辟，是以广生焉”，这表明，坤元“是维持生命持续的一个孕育力量，这是创造力量的一个辅助力量，所谓广生之德！假使宇宙一创造了各种生物，没有这一种资源可以维持它的生命继续存在，这个生命还是要毁灭、死亡，至少是要枯萎”。② 宇宙不仅创造了万物，而且还要让万物得以存在、延续，这就需要以广袤的大地，为万物提供不竭的生存资源。这就是《周易》所说的“广生之德”，亦即儒家所谓“地道”。

人道，就是孟子所说的“君子所过者化，所存者神，上下与天地同流”。万物承受了天的创造力和地的孕育力，而人类以外的其他生命虽然可以存在、可以延续，但是“对于生命不能提高它的意义与价值”。唯有人类，“他在意义同价值上面求真善美，把人类的精神价值向上面发展，向上面提升……在立体的境界中，表现人生的意义同价值！”③也就是说，人在精神上面可以而且应该“上下与天地同流”，成为“贯通天与地”的大“人”。这就是人之“道”。

可以看出，方东美所说的儒家“三极之道”，最终落实于“人道”。他说儒家所持的一个基本信念，是“人为万物之灵，人为万物之长”。人凭借昊天之创造力、大地之孕育力，得以生存繁衍，并执着地追求自己的价值理想，实现人生的意义。因此“天道”和“地道”，最终落实于“人道”的实现。人承受天的“大生之德”和地的“广生之德”（统称之，即天地的“生生之德”），发扬创进不已的生命精神，追求崇高的价值理想，便是“立人极”。

① 《方东美先生演讲集》，第 49 页。

② 方东美：《中国哲学之精神及其发展》，第 50 页。

③ 方东美：《中国哲学之精神及其发展》，第 50 页。

（二）道家的“超脱解放之道”。谈及道家哲学的“道论”，方东美首先指出它在价值理想方面与儒家的区别。他说儒家看重“六艺精神”，即“诗以道志，书以道事，礼以道行，乐以道和，易以道阴阳，春秋以道名分”。这表明，儒家在价值理想方面所关注的，乃是一种“社会、政治的、和历史的世界；而在这个世界里面所成就的主要价值，是就家庭、社会、国家的制度里面所流行的人类创造出来的价值”。[①] 儒家把人看成宇宙的中心和主体，把人类社会的价值看成宇宙的最高价值。道家也承认人类社会的价值，但提出：“人法地，地法天，天法道，道法自然。”人类社会的价值固然重要，“但是在宇宙里面，并不是最高的绝对价值”，而只是相对的价值。因为“人性的弱点”决定了在一定的社会中流行的价值理想必然有其缺陷，社会一旦变迁，“流行在一种社会制度里面的价值标准，就表现缺陷出来！”因此，道家不满足于儒家所追求的人类社会的价值系统，不满足于这种相对的、并非最高的价值，而要在儒家所主张的人类社会价值标准之上，“再向上面追求”，不断地“超脱解放向上面寥天一的高度发展”。因此“道家所讲的道，是超脱解放之道”。鉴于这种区别，方东美说儒家哲学讲“本体论（Ontology）”，道家哲学则不仅讲本体论，而且还讲“超本体论（Me-ontology）”。“透过超本体论看出其隐藏一切表相之后的最后真相，这就是道家之道。”[②]

方东美在将儒、道两家的“道论”进行比较时，说过这样一段话：“道家所讲的道的内容，不像儒家，儒家一方面也有高度，他是下学上达，上达之后，再下来形行，那么一切理想在人类的家庭、社会、国家、国际的秩序里面，或者是在人类世界里面去兑现。但是不管怎么样子兑现，假使从历史这方面看起来，历史的世界是一个多元的世界，在一个时代认为最好的精神成就，等到世界再以它的创造过程到达很高的第二种境界时，再回顾原来第一种境界里面所流行的价值，我们不满意，在那上面就要求再进一步向上面超升。所以，历代，尤其从汉代以来，一直到宋代以后，我们认为中国最高的智慧只有儒家，这是一个很褊狭的见解，道家的精神至少可以纠

① 方东美：《中国哲学之精神及其发展》，第51页。
② 方东美：《中国哲学之精神及其发展》，第30页。

正儒家的弊端。所以讲中国文化只讲儒家而抹杀道家,不是智慧。”[①]在方东美看来,儒家所追求的价值最终要落实到人类社会,这种价值就必然要受到时代的限制,而道家则追求不受时代限制的、永恒的“最高价值”,这体现了道家的哲学智慧。正是在这个意义上,方东美说道家精神可以纠正儒家的弊端。

(三)佛家的“菩提道”。谈到佛家的“道论”,方东美将它分为两种:“束缚道”和“解脱道”。他说就小乘佛学来看,人生无非是“痛苦愚昧的活动,最后是毁灭、死亡这一套苦、惑、灭所构成的一套大轮回”。小乘佛学认为人们今生今世只能被束缚在这套轮回之中,将脱离苦海的希望寄托于来生。这就是“束缚道”。大乘佛学则认为,人在生活中之所以感受精神痛苦和困惑,最主要的原因“在于人类的‘愚钝’,缺少知识,更没有智慧”。因而大乘佛学教人如何“本着最高的智慧”看待人生,从痛苦和困惑之中解放出来。这就由“束缚道”上升到了“超脱道”,亦即“菩提道”。方东美以释迦牟尼为例,说他未成道时,“只有诅咒世界、罪恶、痛苦、人类、甚至自己。等到他在菩提树下成道之后,将所经历的烦恼、痛苦、罪恶都体会深切,再以智慧提升,便知道这些都不属于自己,所以不再为其沾染,他的智慧使他出离烦恼、罪恶、痛苦……所谓‘菩提道’,是将一般人认为真实的世界,用‘缘生法’找出它构成的因缘条件。如果不能超出此种束缚,生命必在烦恼圈中永远不止地轮回;如果能够看穿现实世界生命构成的条件,人类生命如何附着在世上的道理,就不再受这套思想(指小乘佛教把人生看成‘苦、惑、灭所构成的一套大轮回’的思想——引者按)的束缚……如僧肇的《般若无知论》看透一切似是而非的知识系统而不再受其束缚,看清现实世界只是似是而非的表层世界,这之后才不会再将生命陷入生死苦海,而得以进入自由的精神世界,得到‘真空论’,像老子所谓‘为道日损’的办法,以否定态度看透宇宙一切表相而得到精神上的解放”。[②]看透现实人生,但不像小乘佛学那样对现实人生持消极、悲观态度,而是以高度的智慧,勘破“轮回构成的原因及其解放之道”,悟出“人生的理想

① 方东美:《中国哲学之精神及其发展》,第53页。

② 方东美:《原始儒家道家哲学》,第31页。

和价值”，追求精神上的自由和解放。这就是方东美所说的大乘佛家的“解脱道”，亦即“菩提道”。他认为，在对于最高理想境界的追求方面，中国大乘佛家的“道论”所显示的哲学智慧，可以与道家的“道论”等量齐观。“在佛学上面我们中国接受印度来的思想，不仅仅局限在小乘佛教里面，而把小乘佛教提高到哲学上面极高的智慧，甚至可同道家的智慧平衡。如此，我们才能了解佛家所讲的道，就是‘菩提道’。”[①]也就是说，理解了中国大乘佛家的“解脱道”，才能真正理解佛家“道论”中的哲学智慧。

对于“道”，儒、道、佛三家各有说法。唯其如此，方东美又将“道论”称之为“殊异道论”，以表明三家“道论”内容的区别。但他认为，中国哲学诸家都追求宇宙人生的根本之“道”，诸家哲学理论的基本内容，都是关于“道”的探索和阐发，则是共同的。所以他提出，“道论”是中国哲学的第二个“通性与特点”。

三、“人格超升论”

方东美说，中国哲学诸家的“旁通统贯论”和“各种不同的道论”，最终“都是要把世界提升到理想的存在平面，人生要配合这个理想的世界，要从人类现实的知能才性培养出来美的人格、善的人格、真诚的人格，这样产生‘理想化与圆满无缺的人格’（idealized personality, integrity of human personality）”[②]。这是中国哲学的又一个“通性与特点”，即“人格超升论”，或曰“个人品格崇高论”。

在如何看待“个人”的问题上，中国哲学与西方哲学具有不同的着眼点。方东美说：“作为个人而言，人性本质及其功能在哲学中乃一争议主题，聚讼纷纭，莫衷一是。”[③]对此，西方哲学中存在着两种极端的倾向。一种是贬低人性，例如基督教哲学认为“人性悉有原罪”，其结果是导致人的“自我贬抑，自我否定，甚至自我毁灭”。另一种是抬高人性，例如近代西

① 《方东美先生演讲集》，第 54 页。

② 《方东美先生演讲集》，第 72 页。

③ 方东美：《中国哲学之精神及其发展》，第 39—40 页。

方哲学认为“个人为自然演进之巅峰”，人是宇宙万物至高无上的主宰，其结果是导致人的“自我崇高，自我赞美”，乃至流于狂妄自负。中国哲学与这两种极端的倾向不同。“其论个人，恒兼顾其可观察之现实性（实然）与理想化之可能性（应然）两方面着眼。由现实至可能，其间原有一种极细密之自我实现历程，一种极艰苦之自我修为功夫，以及全幅自我实现之道”。[①] 中国哲学着眼于人性的“实然状态”与“应然状态”之间的差别，致力于将人的德性、品格从实然状态提升到应然状态。这方面的内容，构成了中国哲学的“人格超升论”。

这种人格的超升，在儒家那里表现为如下的途径：常人——士——贤——圣——大圣。儒家追求圣贤理想，认为人应该不断地提升自己的人格境界，朝着“大圣”的目标攀登。尽管并非人人都可以达到这种境界，但人人都应该在精神上确定这个目标，并且在行动中为此而努力。原始儒家的这种精神，后来被宋明新儒家所继承和发扬。宋儒从周敦颐开始，就主张“士希贤，贤希圣，圣希天”，大讲“圣者气象”。这正是继承了原始儒家“博厚配地，高明配天”的人格理想。道家所说的人格超升，则是指朝着“博大真人”的理想境界提升自己的人格。这种“博大真人”，就是《庄子·天下》篇所赞叹的：“古之人其备乎！配神明，醇天地，育万物，和天下，泽及百姓，明于本数，系于末度，六通四辟，小大精粗，其运无乎不在！”道家所谓“不离于宗”，就是指向着“天人、至人、神人、圣人”的境界提升自己的人格。至于佛家讲的人格超升，则有一个预设，那就是认为“现实的人是一个颠倒的人、愚昧的人”。因此佛家提出，人须得不断地“自我解放”，脱去尘世的重重束缚，历经《华严经·十地品》所说的种种境界，方能超凡入圣，成为菩萨、阿罗汉、大菩萨，然后再成佛。“如此把人性发挥到一个最高的最光明的精神阶段，变作佛性”。[②]

这表明，儒家、道家、佛家都主张把人性从现实的境界提升到理想的境界。方东美说：“就儒家、道家、佛家乃至于新儒家来看，人生活于这个

---

① 方东美：《中国哲学之精神及其发展》，第 40 页。

② 《方东美先生演讲集》，第 72 页。

世界，这个世界是一个塔形的组织。”[①]“个人”生命的价值，便在于不断地提升自己的生命精神，追求人格上更高的层次。中国哲学诸家都主张人在现有的知能才性的基础上，努力培养真诚的人格、善的人格、美的人格，即“理想化与圆满无缺的人格”。这种理想化的人格，就是儒家所谓“圣人”、道家所谓“至人”、佛家所谓“觉者”。在这三家看来，人的一生就是向着这种理想人格层层上跻、不断超升的过程。在这方面，三家的致思趋向是一致的。

同时，方东美也指出儒、道、佛三家的“人格超升论”在价值取向上有所不同。他说这三家所共同追求的人格，可以说是一种“先知、诗人、圣贤”三重复合的人格，而“这三重复合的人格，有时有单向发展”。就儒家而论，从原始儒家直到宋明新儒家，“儒家真正的精神集中在圣人这一方面”。而且，儒家的圣贤理想要体现在现实人生。“他的圣者气象要在身体力行中表现哲学的智慧。因此儒家的生命焦点集中现在世界的阶段！他的圣者气象属于现在的世界这一个阶段”。[②] 可见，儒家的人格精神侧重于“圣贤”。就道家而论，“他是艺术的才情多过圣者气象”。对现实世界，道家有很多地方“看不惯”。按照道家的价值标准，对看不惯的东西“可以掉头不顾”，而凭借诗人的“奔放的想象力”，在精神上陶醉于“过去梦呓的时代”和“未来可能的境界”。因此，道家是“more a poet than a sage”。可见，道家的人格精神侧重于“诗人”。就佛家而论，为了让世人在精神上走出尘世烦恼、困惑的泥淖，不仅讲“缘生论”，讲“轮回说”、“业障说”，而且还“从事反轮回，在精神上求解脱，找到精神出路”，凭借其宗教家的先知，为世人指点出精神上的光明未来。因此，佛家是“more a prophet than a mere poet or a sage”。可见，佛家的人格精神侧重于“先知”。

但方东美强调，尽管诸家的人格精神各有侧重，而追求人格超升则是共同目标。他说：“就儒家言，主张‘立人极’，视个人应当卓然自立于天壤间，而不断地、无止境地追求自我实现；就道家言，个人应当追求永恒之道

① 《方东美先生演讲集》，第65页。
② 《方东美先生演讲集》，第77页。

遥与超放；就佛家言，个人应当不断地求净化、求超越、求解脱，直至各派所企仰之人格理想在道德、懿美、宗教三方面之修养俱能到达圆满无缺之境界为止。”①三家的理想人格精神虽然各有侧重，但三家都追求圆满的人格境界。方东美说，苏格拉底曾称赞伊索格拉底“其人有哲学”，就中国哲学而论，我们可以反过来说“其哲学体系中有人”。而中国哲学对于“人”的关注，归根结底是关注人格精神的提高、超升。因此，“了解中国哲学一定要透视那一个哲学系统后面所隐藏的精神人格，把它呼之欲出！就一个人格的精神来看学说的内容，这是中国哲学思想上面的一个特点。”②方东美视此为中国哲学的第三个“通性与特点”。

方东美提出中国哲学的这三条通性与特点，目的在于说明：“在中国哲学上面，随便哪一派都是以价值为中心的哲学。”③他所谓“旁通统贯论”，说的是以生命价值为中心的旁通统贯；所谓“道论”，说的是人类的价值理想实现之“道”；所谓“人格超升论”，说的是个人的人格如何不断地提升到更高的价值境界。他所提出的每一条，都与“价值”观念紧密相连。可见方东美关于中国哲学通性与特点的阐述，归结起来反映了他的一个基本观念：中国哲学从根本上说，是一种“以价值为中心的哲学”，更准确地说，是以生命的精神价值为中心的哲学。

在方东美看来，中国哲学的本体论，是“以生命为中心的本体论”。作为宇宙本体的“普遍生命”，以其生生不息的本性，创造、孕育着天地万物。作为万物之灵的人类，以其创进不已的生命精神，参赞着宇宙的创化。在这创化过程之中，世界不断地“超化”而更臻美好，人类不断地“超升”而更臻高尚。这种超升，是人的生命精神——亦即人格精神——无止境地向上提升的过程。生命精神不断地超越各种相对价值而蕲向更高的价值理想，就是人格的超升。方东美认为，就中国哲学的主流——儒家、道家、大乘佛家——来说，这种对价值理想的追求，不以贬抑、否定现实人生为前提。中国哲学诸家，其学说虽有歧异，却都是将宇宙视为生命大化流行的

---

① 方东美：《中国哲学之精神及其发展》，第 50 页。

② 《方东美先生演讲集》，第 77 页。

③ 《方东美先生演讲集》，第 104 页。

旁通统贯整体，而探求其中的真善美价值意涵，“把宇宙的各种真相显现出来，把人生各方面的意义与价值显现出来”。中国哲学总是致力于阐明：任何个人，均应当于现实生活之中不懈地追求更高的价值理想，实现生命精神的“内在超越”。由此可见，中国哲学是一种“价值学的理想主义”，是一种以人的生命的精神价值为中心的哲学。对中国哲学的此种价值取向，方东美持全盘肯定和热烈赞扬的态度，而不去分析这种价值取向的偏颇之处，未能看到（或者说不愿看到）这种价值取向亦有其弊端。但方东美的论述作为对于中国哲学基本精神的一种阐释，尤其是其中对于中国哲学基本价值取向的理解，应该说是比较准确的。

（原载《中国哲学史》2003年第2期，收入本书时，文字有删改）

参考文献

[1] 梁漱溟:《东西文化及其哲学》,商务印书馆 2005 年版。

[2] 梁漱溟:《中国文化要义》,上海人民出版社 2005 年版。

[3] 梁漱溟:《梁漱溟全集》(八卷),山东人民出版社 1989 年版。

[4] 梁漱溟:《人心与人生》,学林出版社 1984 年版。

[5] 张君劢:《明日之中国文化》,山东人民出版社 1998 年版。

[6] 张君劢等:《科学与人生观》(一、二册),辽宁教育出版社 1998 年版。

[7] 吕希晨、陈莹编:《精神自由与民族文化——张君劢新儒学论著辑要》,中国广播电视出版社 1995 年版。

[8] 贺麟:《文化与人生》,商务印书馆 2005 年版。

[9] 汤一介、杜维明主编:《百年中国哲学经典·三四十年代卷》,海天出版社 1998 年版。

[10] 方东美:《方东美先生演讲集》,台湾黎明文化事业公司 1980 年版。

[11] 方东美:《中国人的人生观》,台湾幼狮文化事业公司 1984 年版。

[12] 方东美:《生生之德》,台湾黎明文化事业公司 1980 年版。

[13] 方东美:《原始儒家道家哲学》,台湾黎明文化事业公司 1985 年版。

[14] 方东美:《科学哲学与人生》,台湾黎明文化事业公司 1980 年版。

[15] 方东美:《新儒家哲学十八讲》,台湾黎明文化事业公司 1985 年版。

[16] 方东美:《哲学三慧》,台湾三民书局 1970 年版。

[17] 唐君毅:《文化意识与道德理性》,中国社会科学出版社 2005 年版。

[18] 唐君毅:《中国文化之精神价值》,广西师范大学出版社 2005 年版。

[19] 唐君毅:《心物与人生》,台湾学生书局 1975 年版。

[20] 唐君毅:《人文精神之重建》(一、二册),广西师范大学出版社 2005 年版。

[21] 唐君毅:《中国人文精神之发展》,广西师范大学出版社 2005 年版。

[22] 唐君毅:《中华人文与当今世界》(一、二册),广西师范大学出版社 2005 年版。

[23] 唐君毅:《生命存在与心灵境界》(上、下册),台湾学生书局 2006 年版。

[24] 牟宗三:《道德的理想主义》,台湾学生书局 1985 年版。

[25] 牟宗三:《历史哲学》,台湾学生书局 1984 年版。

[26] 牟宗三:《人文讲习录》,广西师范大学出版社 2007 年版。

[27] 徐复观:《徐复观文录选粹》,台湾学生书局 1980 年版。

[28] 徐复观:《徐复观杂文——记所思》,台湾时报文化出版公司 1980 年版。

[29] 徐复观:《中国学术精神》,华东师范大学出版社 2004 年版。

[30] 李维武编:《中国人文精神之阐扬:徐复观新儒学论著辑要》,中国广播电视出版社 1996 年版。

[31] 胡适:《胡适语萃》,华夏出版社 1993 年版。

[32] 熊十力:《新唯识论》,中华书局 1985 年版。

[33] 熊十力:《十力语要》,上海书店 2007 年版。

[34] 熊十力:《返本开新——熊十力文选》,上海远东出版社 1997 年版。

[35] 冯友兰:《三松堂学术文集》,北京大学出版社 1984 年版。

[36] 冯友兰:《中国哲学之精神》,中国青年出版社 2005 年版。

[37] 方克立、李锦全主编:《现代新儒家学案》(上、中、下册),中国社会科学出版社 1995 年版。

[38] 方克立:《现代新儒学与中国现代化》,长春出版社 2008 年版。

[39] 阿尔贝特·施韦泽:《文化哲学》,陈泽环译,上海人民出版社 2008 年版。

[40] 米夏埃尔·兰德曼:《哲学人类学》,张乐天译,上海译文出版社 1988 年版。

[41] 杜维明:《人性与自我修养》,中国和平出版社 1988 年版。

[42] 杜维明:《现代精神与儒家传统》,生活·读书·新知三联书店 1997 年版。

[43] 杜维明:《东亚价值与多元现代性》,中国社会科学出版社 2001 年版。

[44] 成中英:《中国文化的现代化与世界化》,中国和平出版社 1988 年版。

[45] 成中英:《中国哲学与中国文化》,台湾三民书局 1979 年版。

[46] 成中英:《本体与诠释》,生活·读书·新知三联书店 2000 年版。

[47] 余英时:《从价值系统看中国文化的现代意义》,台湾时报文化出版公司 1984 年版。

[48] 辛华、任菁编:《内在超越之路:余英时新儒学论著辑要》,中国广播电视出版社 1992 年版。

[49] 余英时:《现代儒学的回顾与展望》,生活·读书·新知三联书店 2000 年版。

[50] 刘述先:《文化哲学》,黑龙江教育出版社 1988 年版。

[51] 景海峰编:《儒家思想与现代化——刘述先新儒学论著辑要》,中国广播电视出版社 1992 年版。

[52] 韦政通:《儒家与现代中国》,上海人民出版社 1990 年版。

[53] 殷海光:《中国文化的展望》(上、下册),台湾桂冠图书股份有限公司 1988 年版。

[54] 封祖盛编:《当代新儒家》,生活·读书·新知三联书店 1989 年版。

[55] 郑家栋:《现代新儒学概论》,广西人民出版社 1990 年版。

[56] 宋志明:《现代新儒学研究》,中国人民大学出版社 1991 年版。

[57] 颜炳罡:《当代新儒学引论》,北京图书馆出版社 1998 年版。

[58] 郭齐勇:《熊十力思想研究》,天津人民出版社 1993 年版。

[59] 张祥浩:《唐君毅思想研究》,天津人民出版社 1994 年版。

[60] 曹跃明:《梁漱溟思想研究》,天津人民出版社 1995 年版。

[61] 宋志明:《贺麟新儒学思想研究》,天津人民出版社 1998 年版。

[62] 蒋国保、余秉颐:《方东美思想研究》,天津人民出版社 2004 年版。

[63] 陈少明:《儒学的现代转折》,辽宁大学出版社 1992 年版。

[64] 韩强:《现代新儒学心性理论评述》,辽宁大学出版社 1992 年版。

[65] 武东生:《现代新儒家人生哲学研究》,辽宁大学出版社 1994 年版。

[66] 柴文华:《现代新儒家文化观研究》,生活·读书·新知三联书店 2004 年版。

[67] 洪晓楠:《文化哲学思潮简论》,生活·读书·新知三联书店 2000 年版。

[68] 洪晓楠:《当代中国文化哲学研究》,大连出版社 2001 年版。

[69] Cheng Chungying, *New Dimensions of Confucion and Neo-Confucion Philosophy*, State University of New York Press, 1991.

[70] *The Confucian World Observed: A Contemporary Discussion of Confucian Humanism in East Asia*, edited by Tu Weiming and others, Honolulu, Hawaii: Institute of Culture and Communication, The East-West Center, 1992.

后 记

在书稿即将付梓之际，著者谨将有关情况向读者作如实说明。六年前，本书稿曾以《认识新儒家——以价值观为核心的文化哲学》为名，由台湾学生书局出版繁体本。近年来，我在继续从事学术研究的过程中，感到书中的内容需要有所修订、调整。同时，鉴于繁体本不在大陆发行，我希望书稿能够在大陆出版简体本，以期得到大陆学术界同仁和更多的读者关注、指教。当我这样想的时候，安徽大学出版社表示，尽管出版这样的学术著作没有经济效益，但仍愿出版此书。同时，安徽大学"中国哲学与安徽思想家研究中心"决定资助此书出版。所以，著者在此要深切感谢台湾学生书局的理解和包容，深切感谢安徽大学出版社和安徽大学中国哲学与安徽思想家研究中心的信赖和支持！

限于著者学养，书中必有肤浅乃至欠缺之处。成中英教授《序言》中的溢美之词，只能视为成先生对著者的鼓励。

著者期望学界方家和读者不吝赐教！

责任编辑程中业先生为本书的出版付出辛劳，谨此深致谢忱！

余秉颐

（2017 年 3 月于合肥翡翠湖畔椿仁书屋）